创新型大学生素质教育精品教材

大学生职业生涯规划与就业指导

主编　张普权

内容提要

本书从实用的角度出发，系统地阐述了大学生职业生涯规划与就业指导的相关知识。全书共分十章，内容包括职业与职业生涯、职业生涯规划、大学生职业生涯规划、就业形势与就业政策、就业心理与就业观、就业信息资源、就业策略和方法、权益保护、大学生自主创业和其他相关指导。

本书结构编排合理，内容深入浅出，语言通俗易懂，且配有丰富的案例和拓展阅读，集实用性、指导性、操作性于一体。本书既可作为高等院校就业指导课程的教材，也可作为就业指导人员的参考书和从业人员的学习材料。

图书在版编目（CIP）数据

大学生职业生涯规划与就业指导 / 张普权主编. --上海 : 上海交通大学出版社, 2015（2023 重印）

ISBN 978-7-313-13153-9

Ⅰ. ①大… Ⅱ. ①张… Ⅲ. ①大学生—职业选择—高等学校—教材 Ⅳ. ①G647.38

中国版本图书馆 CIP 数据核字(2015)第 164178 号

大学生职业生涯规划与就业指导

DAXUESHENG ZHIYE SHENGYA GUIHUA YU JIUYE ZHIDAO

主　　编：张普权

出版发行：上海交通大学出版社　　地　　址：上海市番禺路 951 号

邮政编码：200030　　电　　话：021-64071208

印　　制：北京市科星印刷有限责任公司　　经　　销：全国新华书店

开　　本：787mm×1 092mm　1/16　　印　　张：18.5

字　　数：427 千字

版　　次：2015 年 8 月第 1 版　　印　　次：2023 年 2 月第 9 次印刷

书　　号：ISBN　978-7-313-13153-9

定　　价：46.80 元

前　言

近年来，随着我国高等教育由大众化阶段步入普及化阶段，大学毕业生人数逐年增加，大学生就业问题已成为社会关注的热点问题。

大学生就业难，原因是多方面的。从高校来讲，就业指导跟不上形式发展的需要，也是一个重要原因。因此，加强就业指导的重要性和紧迫性不言而喻。

常言道："凡事预则立，不预则废。"从大学生来讲，做好自己的职业生涯规划和接受有效的就业指导是非常必要的。教育部与人力资源社会保障部要求：高校要按照"全程化、全员化、信息化、专业化"的要求，进一步提升就业指导和服务水平，将就业指导课程切实纳入高校教学计划。各地和高校要定期开展就业指导教师培训，开展高校就业指导人员资格认证工作，努力建设一支相对稳定、高素质、专业化、职业化的就业指导工作队伍。

根据这一要求，我们组织省属各高校多年从事就业工作教学和指导的教师，共同编写了这本《大学生职业生涯规划与就业指导》。编者在书中汇集了自己的教学经验和典型案例，在保证具有较完备理论体系的前提下，更注重教材的实用性，力争做到结构合理、内容实用。

特别需要指出的是，本书结合大学生就业中经常碰到和可能出现的问题，提出了解决的对策，并结合西部大开发和青海省情，阐述了今后的就业趋势和就业的优惠政策，使这本书具有很强的实用性。

本书经过前面几年的使用，部分内容已显得过于陈旧，因此，我们这次又下大力气对原书进行了全面修改。这次的修订工作主要包括如下几个方面：

- 全面更新了内容，使其反映最新的就业形势与就业政策。
- 书中增补了一些典型案例和图片，增强了本书的可读性。
- 对原书版面重新进行了设计，使之更加精美，读起来令人赏心悦目。

相信这样的一本就业指导图书不仅能够帮助同学们很好地进行职业生涯规划、实现自己的职业理想，还能帮助大家更加深入地了解自己、了解社会。

全书共分十章，内容包括职业与职业生涯、职业生涯规划、大学生职业生涯规划、就业形势与就业政策、就业心理与就业观、就业信息资源、就业策略和方法、权益保护、大学生自主创业和其他相关指导。

本书由张普权担任主编，全书由丁春丽、牛生、王青、李永芳、李华威、李钦俊、汤晓滋、宋占林、张庆武、张凯、张普权、杨桂花、陈慧玲、周全厚、梁留增、董海峰、董占明、鲍缇夕、穆一波合力编写。

本书在编写过程中，我们参考了大量的文献资料。在此，我们对这些作者表示诚挚的谢意。由于编写时间仓促，编者水平有限，书中疏漏与不当之处在所难免，敬请广大读者批评指正。

本书配有精美的教学课件，读者可以登录文旌综合教育平台“文旌课堂”（www.wenjingketang.com）下载。

编写委员会

主　编　张普权

编　委　（以姓氏笔画为序）

丁春丽　牛　生　王　青　李永芳

李华威　李钦俊　汤晓滋　张庆武

宋占林　张　凯　张普权　杨桂花

陈慧玲　周全厚　梁留增　董海峰

董占明　鲍缇夕　穆一波

目　录

第一章

职业与职业生涯

本章导读

职业是一种社会历史现象，是人类社会发展到一定阶段的产物。现代意义上的职业是社会分工的产物，是一种专业化的社会劳动岗位。职业生涯是一个人的终生的职业经历，是追求自我实现的重要人生阶段，对实现人生价值起着决定性的作用。本章将对职业和职业生涯进行简单介绍。

学习目标

知识目标

- 理解职业的概念、特征、功能，熟悉职业的分类
- 熟悉基本职业素质，了解各类职业对人才素质的具体要求
- 了解职业生涯的概念和分类，熟悉职业生涯的发展阶段

能力目标

- 掌握职业分类及必备的职业素质
- 掌握各类职业对人的素质要求，能够根据所学专业选择合适的职业

第一节　职业概述

职业是在人类长期生产活动中，随着生产力发展和社会劳动分工的出现，逐步产生和发展起来的。职业的产生和发展是社会生产力进步的结果，同时又促进生产力的提高。一个国家的经济结构、产业结构、科技结构和生产力总体水平决定了社会职业的构成，而职业构成的变化也客观反映着经济、产业、科技以及生产力水平的状况。总之，职业是社会发展的客观产物。

一、职业的概念与特点

职业是一种社会劳动岗位，是人们从事的相对稳定的、有收入的、专门类别的社会劳动，是个人社会地位的一般性表现，也是一个人的权利、义务和职责的体现。

总体而言，职业一般包括如下特点：

（1）获得现金或实物等报酬是从事职业的目的。

（2）职业是从业人员在特定社会生活环境中所从事的一种与其他社会成员相互关联、相互服务的社会活动。

（3）职业是在一定历史时期形成的，具有较长的生命周期。

（4）职业必须符合国家法律和社会道德规范。

（5）职业必须具有一定的从业人数。

此外，我们还可以通过如下几个方面来理解职业：

（1）并不是任何工作都能成为职业，某项工作只有变得足够重要、足够丰富以至能吸引劳动者长期稳定地投入其中才能够成为职业。并且，劳动者从事这项工作时还能够取得一定的经济收入，取得合理的劳动报酬，满足劳动者的物质需求。

（2）职业是劳动者获得的一种社会角色，劳动者必须按照社会结构中这一社会角色规定的规范去行事。

（3）职业为劳动者提供了一个体现个人价值的机会。

拓展阅读

产业、行业与职业的关系

产业是指具有某种同类属性的经济活动的集合或系统。我们通常所说的三大产业是联合国使用的分类方法：第一产业包括农业、林业、牧业、副业和渔业；第二产业包括制造业、采掘业、建筑业和公共工程、上下水道、煤气、卫生部门；第三产业包括商业、金融业、保险业、不动产业、运输业、通讯业、服务业及其他非物质生产部门。行业一般是指按生产同类产品或具有相同工艺过程或提供同类劳动服务划分的经济活动类别，如饮食行业、服装行业、机械行业、金融行业和移动互联网行业等。

产业、行业、职业三者之间既联系密切，具有相同点，又是有区别的。

三者的联系表现在：三者都是社会分工的产物，都是社会生产力不断发展的必然结果，这是它们在本质上的共同点。在社会发展中，随着新技术的出现，产生了新产品及相应职业的从业人员。随着新产品的生产及相应从业人员数量的不断扩张，新的行业逐渐形成。当新行业发展到一定规模时，就会与其他相关行业进行整合，依据其发挥作用的程度并入或形成新的产业。

三者的区别表现在：它们在国民经济领域中，从层次上是由高到低、概念上涉及的范围是由大到小。产业的着眼点是生产力布局的宏观领域，体现的是以产业为单位的生产力布局上的社会分工，产业由行业组成；行业的着眼点是企业或组织生产产品的微观领域，体现的是以行业为单位的产品生产上的社会分工，行业由企业或组织组成；职业的着眼点是组织内工作人员的具体工种，体现的是以人为单位的劳动技能上的社会分工，职业是由人的技能组成。

二、职业的特征

（一）同一性

某一类别的职业内部，其劳动条件、工作对象、生产工具、操作内容相同或相近。因此，人们就会形成统一的行为模式，有共同的语言习惯和道德规范。基于此，才形成了诸如行业工会、行业联合体等社会组织。

（二）差异性

不同职业之间存在很大差异，劳动条件、工作对象、工作性质等都不相同。随着社会的进步和发展，新的职业不断涌现，各种职业之间的差异也不断变化。

（三）层次性

从社会需要的角度看，职业没有高低贵贱之分，但现实生活中由于对从业者的素质要求及人们对职业的看法或舆论评价的不同，不同职业就有了层次之分。这种职业层次是由不同职业所需付出的体力劳动和脑力劳动、收入水平、工作环境、社会声望、权力地位等因素所决定的。

（四）时空性

随着社会的发展和进步，职业变化迅速，在旧职业逐渐消失、新职业不断出现的同时，同一职业的活动内容和方式也在发生变化，所以有些职业具有明显的时代性，不同时代有不同的热门职业。例如，我国曾出现的“当兵热”“从政热”“下海热”“外企热”等，都反映出特定时期人们对某种职业的热衷程度。在不同的区域，有些职业也会体现出明显的地域特征。

三、职业的功能

职业在人们的社会生活中居于重要地位，处理好职业问题对人一生的发展和维持社会的正常运行与进步具有重大意义。

（一）职业的个体功能

对个人而言，职业具有以下功能：

（1）职业是个人获得经济收入的来源，是个人维持家庭生活的手段。

（2）职业是促进个性发展的手段，当个人从事的职业能使个人的特长、兴趣得到充分发挥时，也就促进了个性的充分发展。

（3）职业是个人在社会劳动中从事具体劳动的体现，是个人贡献于社会的途径。

（4）职业是个人获得名誉、权力、地位和金钱的来源。

（二）职业的社会功能

对社会而言，职业具有以下功能：

（1）职业存在和职业活动构成了人类的社会存在和社会活动。

（2）职业劳动创造社会财富，为社会的存在和发展奠定物质基础。

（3）职业分工是构建社会经济制度的前提，也是社会经济制度运行的基础。

（4）职业是维持社会稳定、实现社会控制的手段。

（5）职业的运动（如职业结构的变化、职业层次间矛盾的解决）是推动社会进步的一种动力。

第二节　职业的分类与发展趋势

一、职业的分类

职业分类是运用一定的科学方法和手段，对社会全体从业人员所从事的各类经济性活动进行分析和研究，按活动的性质、对象、内容、形式、功用和结果等进行类型划分和归总的工作。职业分类的目的是将社会上纷繁复杂的现行工作类型，划分成规范统一、井然有序的层次或类别。

职业分类是国家经济、劳动和职业教育培训工作的基础，科学的职业分类能有效掌握和观测国家经济结构及就业结构的变动发展，并能为国家职业教育培训确定目标与方向。

由于各国国情不同，职业分类方法和标准也有所差别，下面简要介绍一下国外和我国的职业分类标准。

（一）国外的职业分类

根据国外一些学者提出的理论，一般按照以下三种标准对职业进行分类。

1. 按体力劳动和脑力劳动的性质、层次分类

按照这种分类标准，可将从业者划分为白领工作人员和蓝领工作人员两大类。其中，白领工作人员包括：专业性和科技性的工作人员，如会计、建筑师、计算机专家、工程师、法官、医生、教师、牧师、社会科学家和作家等；农场以外的经理和行政管理人员；销售人员；办公室工作人员。

蓝领工作人员包括：手工艺及类似工人，如木匠、砖瓦匠、建造工、保养工和油漆工等；运输装置操作工人；农场以外的工人，如饲养人员、建筑工人、垃圾工和伐木工等；服务性行业工人，如清扫服务工、农场工人、私人服务人员等。

2. 按心理个别差异分类

这种分类方法是根据著名的职业指导专家霍兰德创立的“人格—职业”类型匹配理论，把人格类型分为六种，即现实型、研究型、艺术型、社会型、企业型和常规型，与此相对应的是六种职业类型。

- **现实型：**主要是指熟练的手工和技术工作，通常指运用手工工具或机器进行的工作，在西方常被称为“蓝领”职业。从事这类工作的人包括木匠、鞋匠、锁匠、产业工人、运输工人（司机）等。
- **研究型：**主要是指科学研究和试验工作。从事这些工作的人，包括研究自然界和人类社会是怎样构成和发展变化的工作人员。

- **艺术型：**主要是指艺术创作类工作。这些工作是人们使用语言、音像、动作、色彩等创造艺术的工作。作家、艺术家、舞蹈演员、摄影师、书画家和雕塑家等各类文艺工作者就是从事这类职业的人。
- **社会型：**主要是指为人办事的工作，即教育人、医治人、帮助人、服务人的工作。从事这类工作的人包括教师、医生、护士、服务员、家庭保姆等。

- **企业型**：是指那些劝说和指派他人去做某事的工作。从事这类工作的人包括国家机关及工作机构的负责人、党政干部、经理、厂长、律师、商业顾问、推销员等。
- **常规型**：通常是指办公室工作，即与组织机构、文件档案和活动安排等打交道的工作。从事这类工作的人包括办公室办事员、图书管理员、统计员、银行出纳、商店收款员和邮电工作人员等。

课堂讨论

你所学的专业将来可以从事哪些职业？你倾向于从事哪种职业？为什么？

3．按各个职业的主要职责或从事的工作分类

这种分类较为普遍，主要有以下两种具体分类。

（1）国际标准职业分类国际标准职业分类把职业由粗至细分为 10 个大类、43 个中类、133 个小类。这种分类便于提高国际间职业统计资料的可比性和国际交流。

（2）加拿大《职业岗位分类词典》的分类

它把分属于国民经济中主要行业的职业划分为 23 个主类，主类下分 81 个子类，489 个细类，7 200 多个职业。这种分类对每种职业都有定义，逐一说明了各种职业的内容及从业人员在普通教育程度、职业培训、能力倾向、兴趣、性格以及体质等方面的要求，有较大的参考价值。

（二）我国的职业分类

1986 年，我国首次颁布了《职业分类与代码》（GB6565-86），并启动了编制国家统一职业分类标准的宏大工程。1992 年，在中央各部委的大力支持和协助下，原劳动部组织编制了《中华人民共和国工种分类目录》，这个目录将当时我国近万个工种归并为分属 46 个大类的 4 700 多个工种，初步建立起行业齐全、层次分明、内容比较完整、结构比较合理的工种分类体系，为进一步做好职业分类工作奠定了坚实基础。1998 年 12 月，国家职业分类大典和职业资格工作委员会，编制完成了《中华人民共和国职业分类大典》，并于 1999 年 5 月正式颁布实施。

《中华人民共和国职业分类大典》是我国第一部对职业进行科学分类的权威性文献。由于它的编制与国家标准《职业分类与代码》（GB6565-86）的修订同步进行，相互完全兼容，因此，它本身也就代表了国家标准。《中华人民共和国职业分类大典》把我国职业划分为由大到小、由粗到细的四个层次：大类（8 个）、中类（66 个）、小类（413 个）、细类（1 838 个）如表 1-1 所示。细类为最小类别，亦即职业。

表1-1 国际标准职业分类

大类	中类	小类	细类
第一大类：国家机关、党群组织、企业、事业单位负责人	5	16	25
第二大类：专业技术人员	14	115	379
第三大类：办事人员和有关人员	4	12	45
第四大类：商业、服务业人员	8	43	147
第五大类：农、林、牧、渔、水利业生产人员	6	30	121
第六大类：生产、运输设备操作人员及有关人员	27	195	1 119
第七大类：军人	1	1	1
第八大类：不便分类的其他从业人	1	1	1

我国古代的职业分类

我国是最早开展职业分类的国家。如2 500年前《春秋·榖梁传》写道：“古者立国家，百官具，农工皆有职以事上。古者有四民：有士民，有商民，有农民，有工民。”《周礼》更像一部古代的职业分类大辞典，其中《周礼·冬官考工记》说：“国有六职，百工与居一焉。或坐而论道，或作而行之……”通篇论述了王公、士大夫、百工、商旅、农夫和妇功等不同职业的分工和职责，分类精细，描述详尽。当时职业分工还有很强的世袭性，代代相传，甚至以职业作为姓氏（如姓屠、师、桑、陶、卜、贾等），反映了人们很强的职业归属感。我国古代先进的职业分类是构筑我国古代灿烂文明的重要制度支柱，也为我们留下了丰富的文化遗产。

二、职业的发展趋势

（一）当前职业的发展态势及特点

随着社会的不断进步，职业在不断地分化、重组，新的职业层出不穷，传统的职业面临着消亡。目前，第一、第二产业的社会职业以消亡变动和重组为主，第三产业正在迅猛发展，特别是信息产业，发展潜力巨大。这些新兴行业的出现和兴起将为社会提供更多的就业岗位。而且由于新技术、新成果的不断推广应用，又为传统行业提供了新的发展机遇，整体呈现出以下特点：

第一，社会职业种类越来越多。由于分工不断趋于精细，职业之间的差异不断加大，许多新兴职业应运而生，已远远超过“三百六十行”。据有关资料介绍，大约在20世纪

70 年代，全世界的职业种类就超过 42 000 种，现在则更多。

第二，社会职业结构变迁的速度越来越快。从农业革命到工业革命经历了数千年，而从工业革命到新的产业革命，才 200 多年。其间，不断出现新的行业，且行业的主次地位变化也越来越快。

第三，脑力劳动者职位在社会职位总额中所占比例越来越大。据有关资料介绍，1960 年美国的脑力劳动者占就业人口总数的 43.3%，1997 年上升到 51.4%。在我国，脑力劳动者的比重也在不断增大，劳动岗位中体脑混合且体力劳动所占的比例越来越少。

第四，劳动岗位的地域空间越来越小，行业特征愈加淡化。同类岗位在不同地域都会存在，行业间的互相依赖、融合程度不断提高，使得同类岗位的地域集中度愈加密集，相互依赖的行业趋于同一，特征愈加隐化。

第五，岗位所需的职业知识和技能更新周期加速，复合程度提高。

这些特点使宽口径、复合型、通用型专业的大学生择业余地较大，也使用人单位对大学生非专业综合素质的要求空前提高。

（二）未来职业的发展趋势

从总体上来看，未来职业的发展趋势主要表现在以下几个方面。

1. 职业分工更趋细化，专业化程度越来越高，出现综合化和多元化趋势

科学技术和生产力的飞速发展，使得社会分工更为精细和具体，各个职业的专业化程度越来越高。许多传统的职业进一步分解，细化为许多专业化程度更深的职业，如财政工作现在已经包括资产评估、税务、会计、精算等一系列职业在内的职业群体。

在我国，隋朝有 100 多个行业，宋朝有 220 个行业，到了明朝，就增加到 300 多个行业，所谓的 360 行就源于明朝。到目前为止，我国已有近 2 000 种职业。

同时，职业逐渐向综合化、多元化的方向发展，打破了以往每种职业都有相对固定范围的界限，职业间的相互交叉、延伸，使职业间的界限越来越模糊。

2. 职业结构的重心发生转移，第三产业的职业数量不断增加

从职业结构的发展变化来看，第一产业的就业数量比例降低，劳动生产率提高，产品呈现出绿色、高科技、深加工等特点，职业岗位则“少而精”，其知识、技术含量高，对从业者的技能层次要求高。第二产业的结构随着社会需求变化而不断变化、更新，其产品和技术工艺的种类繁多，职业岗位的数量与层次将增多。

第一、第二产业的高度发展，人民收入的普遍提高，生产机械化、自动化的日益发展，劳动生产率不断提高，都可以节约出大量的社会劳动力投入到第三产业部门。因此，未来以服务为主的第三产业的职业将迅速发展，数量和比例进一步加大，岗位种类与层次众多，

职业层次提高，形成若干大的“高新第三产业”职业群，如金融证券、物业管理、旅游、保健类职业，以至人们已提出“第四产业”“第五产业”的概念。在未来相当长的时期内，与新科技革命相关的信息、能源、环境、生命和空间领域的技术岗位都将成为热门职业。

提 示

第四产业又称知识产业或信息产业。在新技术革命的推动下，人们把从事各种信息工作的部门称为第四产业。例如，网络经济产业、通信产业、卫星产业等都属于第四产业的范畴。

第五产业又称文化产业，是指按照工业标准生产、再生产、存储以及分配文化产品和服务的一系列活动的统称。第五产业属于智慧产业范畴，包括咨询、策划、广告、文艺、科学和教育等，它直接获取和利用人自身的智慧资源，满足人或机构在知识、文化、技术等方面的需要。

3. 职业活动内容不断弃旧更新

同样的职业在不同年代，工作内容有很大的变化。旧的业务知识、技术方法不断被新的业务知识和技术方法所取代。社会同一行业或职业对人才的要求也将随时代的不断变化而变化。

例如，会计这一职业在古代以“账房先生”的形式存在着；在电子技术出现以前，只要会账簿式记账就行了，所要掌握的业务知识和技术也就是懂数学和会打算盘；之后，随着社会进步和经济发展，尤其是电子技术出现以后，会计的种类也越来越多，大致可分为出纳会计、成本会计、现金会计等，对会计这一职业的业务知识和技术要求也越来越高，不仅要会用传统的算盘、会账簿式记账，而且还要会用电子计算机来进行操作管理，懂会计电算化等，同时还要拿到会计上岗证，才能从事会计这一职业。

4. 职业人员的社会活动方式正在发生根本性的变革

职业作为人们参与社会生活、从事社会活动、进行人生实践的最主要的场所，从多方面向决定了从业人员的特征和境遇。他们的社会活动方式在工作方式、组织方式和人际关系方面发生着根本性的变革。

1）工作方式的变革

现代社会中，工作以项目为核心的发展趋势日益明显，由于城市化的发展使员工居住地方越来越分散，SOHO（Small office，Home office 的简称，意为“居家办公”）正在成为人们重要的工作方式。据统计，在美国已有 1/5 的工作人员是 SOHO 族，且以每年 5%的速度增长着。信息产业成为第四产业，从事信息行业的人数将逐渐超过从事传统服务业和制造业的人数，现代化的通信手段如电子邮件、网络会议的使用将成为人们工作联系的主要方式。

2）组织方式的变革

较稳定的内部组织结构、可预期的活动计划、易于分割的流水线工作流程、易于分解的职能和责任范围是工业社会中组织的基本特征。而知识经济时代，职业结构将发生变革，越来越多的工作转变为对知识的加工而不是对物质的处理；传统的长期固定的工作正在被临时性工作、项目分包、专家咨询、交叉领域的合作所代替，生产方式呈现多元化态势。与其相适应的组织方式也正在发生变革，网络技术支持下的虚拟组织、交叉领域的团队组织以及完成外包工作的工作小组都将成为现代社会的组织方式。

3）人际关系的变革

伴随着组织方式的多元化以及社会保障体系的完善，职业人员对组织的依赖性减弱，传统的固定组织中的人际关系被弱化。组织中群体间的思想、情感交流趋于表层，群体冲突和“办公室政治”相对弱化。人际沟通方式呈现多样化，但以网络技术和现代通讯手段为主。非正式的组织迅速发展，以此来满足人们人际交往的需求。由于工作项目支撑的或以合作交流为目的的非正式组织大多发展成为新的正式组织，职业人员因此有了第二、第三职业，这就使职业人员的人际关系更加广泛。

5. 职业模式趋于易变

标准、秩序、生产、规律性和效率是工业时代的典型特点。从业人员终身为一个组织工作，从事一个稳定的、长期固定的职业是工业时代有效的职业模式。而知识经济时代，职业模式趋于易变，具体表现在以下几个方面：

1）从业多样化

现代社会，人们愈发清楚地认识到，科技发展的真正方向是“让工作走开”。从制造业开始，继而进入办公室，每天都有更多的工作被自动化了，很多职业正在衰退甚至消失。这就使职业本身的生命周期越来越短，人们一生从事一种职业的可能性在减少，职业人员必须在多个职业领域出入。

2）就业自主化

随着企业掌握了越来越多的技术手段，工作就越来越不受时间和地点的束缚，终身依附一个组织的固定职业不断削减，不依赖组织的自由职业不断产生。人的就业自由选择权越来越得到承认和实现。政府通过法律、就业服务、失业救济或保险来对人们自由择业的基本权利加以保障。

3）流动加速化

随着市场经济的不断深入，从业人员由全社会来整体配置，强调职业转换和职业流动，从业人员的职业空间大大扩展，职业趋于无边界。同时，个人寻求自身发展的动机和行为大大强化；在高度竞争条件下，用人单位人力资源优化配置的动机和行为也进一步加强，这从供给和需求两个方面使得社会职业的流动加速。

（三）未来有发展潜力的职业

了解职业的发展趋势是从整个社会职业的角度对职业社会的内外部结构变化进行分析，是我们科学规划职业生涯的前提和社会背景，但它还不足以对职业选择发生决定性的作用。要在 21 世纪——知识经济时代、信息化社会、学习型社会——科学地规划职业生涯，从事社会需要、适合自己的职业，还要认识、了解哪些是具有发展潜力的职业，具体如表 1-2 所示。

表 1-2　未来有发展潜力的职业

类别	热门工作	发展潜力
金融保险	银行职员；保险代理商；邮政职员；期货经销商；信用合作社职员；证券经济商；精算师、外汇操作等相关人员	市场开放；迈向亚洲金融营运中心；高专业化、高附加价值、高所得；未来五年需求大于供给；具备事务经验者吃香
资讯服务	程序设计师；电脑操作员；系统分析师；系统整合师；娱乐软件设计师；电脑服务技术员	制造业升级后的明星产业；各行业全面电脑化；属尖端行业；智力密集；获利高
商业	报关代理商；船务代理商；陆、海、空运输服务人员；贸易商；国贸人才等相关人员	出口导向仍是未来经济发展主流；国际贸易、区域经济及两岸市场交流频繁
	人力资源经理；人才中介、派遣；人事招募人员；中介经济人；公关专员	人力资源管理事关企业盛衰；企业考量用人成本及个人工作观改变，临时性人力吃香；企业形象塑造日益重要；依赖专人代理房地产事务
	连锁商店经营者；采购代理商；邮购代理商	满足现代人个性化、便利性的消费需求
医疗保健	老人医疗保健、护理人员；家庭保健人员；物理治疗师；医师；心理医生；营养师；医疗技术人员；职业治疗师；医疗行政人员	人口老龄化；家庭保健受重视；职业病防治重要性加强；高收入；医疗品质提升
文教休闲	旅游代理商；生活休闲开发专家；旅馆经理	精致、主题旅游盛行；休闲行程规划及硬件开发越来越受重视
	各级学校教师；学前教育人员；特殊教育人员；职业训练教育人员；企业教育讲师	“活到老、学到老”观念深入人心；人力运用质重于量；学校教育不足以应付社会与工作发展所需
	情报工作者；新闻记者；刊物主编；广告文案人员	资讯整合；最富创意的工作，潜力无穷
工程师	制造工程师；电机工程师；机械工程师；土木工程师；环保工程师；品管工程师；工业工程师	具备专业、创意、智力密集等热门工作特质；担负产业升级的重任；社会精英的集合

续表

类别	热门工作	发展潜力
公共及个人服务业	税务专家；律师；会计师；建筑师	专业地位受社会肯定；担负产业升级的重任；高收入
	翻译人员；投资顾问；城市规划师；管理顾问；工程顾问	靠专业吃饭；适合个人工作形态，亦可依附在企业内
	保姆；社会工作者；就业辅导咨询顾问	因现代工作趋势及社会福利所需
	造型设计师；服装设计师；商业设计师；工业设计师	符合个性化、流行、少量多样的弹性需求；讲究创意，极富潜力

第三节　职业素质与职业资格

职业素质是个人适应现代社会生产力发展，从事职业活动所必备的素质，包括从事任何职业都必须具备的基本职业素质和专业素质两个方面。大学生毕业后，面临的第一要务是如何做好自己的工作，胜任自己的工作，以及怎样在工作中实现自己的人生价值。因此，对于职业素质的了解、形成和培养，就自然成为当代大学生所关注的问题之一。

一、职业素质的概念与特征

职业素质是指劳动者在一定的生理和心理条件的基础上，通过教育、劳动实践和自我修养等途径形成和发展起来的、在职业活动中发挥作用的一种基本品质，具体表现为职业道德、职业技能、职业情感、职业习惯等。

职业素质具有以下特征：

（1）职业性

不同职业所需的职业素质是不同的。对建筑工人的素质要求，不同于对护士职业的素质要求；对商业服务人员的素质要求，不同于对教师职业的素质要求。

（2）稳定性

一个人的职业素质是在长期执业过程中日积月累形成的。它一旦形成，便具有相对的稳定性。

（3）内在性

职业从业人员在长期的职业活动中，经过自己学习、认识和亲身体验，体会到怎样做是对的，怎样做是不对的。这样，有意识地内化、积淀和升华的这一心理品质，就是职业素质的内在性。

（4）整体性

一个从业人员的职业素质与其整体素质密切相关。我们说某人的职业素质好，不仅指他的思想政治素质、职业道德素质好，而且还包括他的科学文化素质、专业技能素质，甚至还包括身体心理素质。一个从业人员的思想道德素质好，但科学文化素质、专业技能素质差，就不能说这个人的整体素质好；同样地，一个从业人员的科学文化素质、专业技能素质都不错，但思想道德素质比较差，也不能说这个人整体素质好。

（5）发展性

一个人的素质是通过受教育、自身社会实践和社会影响逐步形成的，它具有相对稳定性。但是，高速发展社会的对人们不断提出新的要求，人们为了更好地适应、促进社会发展的需要，总是不断地提高自己的素质，所以，职业素质又具有发展性。

二、基本职业素质

未来社会职业的流动性增强是一种必然，但是，不管未来社会职业流动的频率如何，任何职业对从业者的基本职业素质的要求是不变的。一般而言，基本职业素质主要包括以下几个方面的内容。

（一）优秀的道德品质

道德品质是社会道德现象在个体身上的反映，是一定的道德原则和道德规范在个体的思想和行为中的体现，是个体在实现其社会化过程中所表现出来的稳定的特征和倾向。优秀的道德品质是“作为一切社会关系的总和”的人所必须具备的素质。大学生若是没有一定的敬业精神、奉献精神，而是事事都以自我为中心，对工作抱着极端功利的态度，认为“理想，就是有利就想；前途，就是有钱就图”，那么，可以判定，这样的学生不管有多么出色的专业水平，也都不会做出一番成就的。对从业者而言，不管他将来要从事什么职业，优秀的道德品质必然是人生第一张“通行证”。

（二）扎实的专业技能

当一个人具备了优秀的道德品质之后，起决定作用的就是他的专业技能是否过硬。所谓专业技能，是指从事某一职业所必需的专业理论知识和实践操作能力，即一个人对其所学习的专业及非专业知识的掌握和应用程度。最基本的专业技能就是大学生所学专业的知识技能。例如，中文系的学生应该具备较多的文学知识，能写得一手漂亮的文章；计算机系的学生要对计算机的研究领域非常熟悉，自身也具有一定的开发潜能。此外，大学生在保证自己所学专业知识技能过硬的同时，还应该对自己专业领域外的知识有所了解，争取把自己塑造成为复合型人才。

（三）健康的身体素质

身体素质通常指人体肌肉活动的基本能力，是人体各器官系统的机能在工作中的综合反映。身体素质是其他各种素质赖以存在和发展的基础。在这个充满竞争的时代，人们要承受巨大的工作压力，经受长时间紧张工作的考验，或者忍受长途工作旅行的辛劳，这一切都要求从业者必须拥有充分的身体健康资源，否则将无力适应未来日子里艰苦的工作考验。正如约翰·洛克在《教育漫话》中所言：“我们要能工作，要有幸福，必须先有健康；我们要能忍耐劳苦，要在世界上做个人物，也必须先有强健的体格，这种种道理都很明显，用不着任何证明。”

（四）良好的心理素质

心理素质是指一个人在心理过程和个性心理特征方面所表现出的本质特征。作为人的整个精神活动的基础，心理素质渗透到人的一切行动中，影响和制约着人的各方面素质的发展，因为人的一切言行实际上就是其心理活动的不同程度的外在表现。在充满竞争意识的当代社会，各种职业对劳动者的心理素质越来越重视。因此，大学生在大学的学习生活期间，必须认真学习并通过各种途径接受心理素质方面的训练，通过改变自身的生理状态和心理状态，解决在认知、情感、人格等方面的问题，不断提高自身的心理素质。

（五）广泛的人际交往能力

人总是作为社会关系的总和而存在，正如荀子所言：“人之生也，不能无群。”人际交往是人类基本的社会性需求，无论是乐于交往还是惧怕交往，都不能避开它。对于我们绝大多数人而言，人际交往的成败在很大程度上决定着我们事业的成败。哈佛大学就业指导小组在调查了数千名被解雇的人员之后，得出了这样的结论：这些被解雇的人员中，因为人际关系不好而遭到解雇的人数占总数的2/3。因此，大学生必须要改变过去传统的人际交往观念，加强个性品质修养，学习并掌握良好的人际交往艺术，从而培养自己健康的人际交往态度，增强自己的人际交往吸引力。

（六）强烈的竞争和创新意识

社会主义市场经济在将竞争机制引入社会各行各业的同时，也为人与人、企业与企业之间的公平竞争提供了条件。竞争机制的引入，既要求从业者有勇于获胜的胆识，也要求他们有敢于承担失败的勇气。因此，新时代的职业素质要求我们必须具有强烈的竞争意识，学会在竞争中求生存，在竞争中求发展。

世界经济的一体化趋势使“创新”成为一个国家和民族屹立于世界民族之林的灵魂，一个国家和民族生存和发展的不竭的动力。社会主义现代化建设各项事业的兴旺发达，需要一大批具有开拓进取、勇于创新精神的创业者。当代大学生是未来中国社会主义事业的建设者和接班人，担负着实现祖国繁荣强盛的历史重任，必须要具有强烈的竞争和创新意识，唯有如此，才能不辜负祖国和人民的殷切期望。

（七）一专多能的素质

在新技术革命的带动下，新工艺、新产品、新部门必然要求从业者不断地变换工作，进行适应性流动。同时，随着社会主义市场经济体制的发展与完善，将引起社会经济各部门发生巨大的变化，要求新型人才能不断适应市场发展的需要。这些情况的出现使得一专多能的复合型人才日益成为各行各业的优先选择。因此，面对社会发展给职业发展带来的新变化，大学生不管将来要从事何种职业，都要在认真学习本专业，即精通“一专”的基础上，努力扩展其他方面的知识和技能，实现“多能”。

（八）利用信息的能力

信息能力（包括信息采集、分析、存储、加工、运用、交流能力）是衡量国民素质高低的重要尺度之一，信息能力能够在一定程度上决定一个人的社会财富和社会地位。由于网络化的实现即通过网络来开发信息资源将成为主流，网络中运行的正是信息，因而对信息的开发、占有、控制、使用就成为未来社会各职业的核心。这样，信息人才及每个人的信息能力就显得格外重要。因此，当代大学生必须学习掌握计算机的基础知识和网络技术，以获取有关的信息，并在充分占有信息的基础上，不断加强自己识别信息、分析信息及利用信息的能力。唯有如此，才能在以后的工作岗位上不断创新，不断发展。

三、各类职业对人才素质的要求

生产力的发展以及社会分工的不同，使得职业种类的发展日益呈现出多样化的趋势。尽管所有职业都有相同的基本职业素质要求，但随着职业发展的专业化，不同种类的职业对从业者的职业素质提出了不同的规范和要求。以下就几种类型的职业素质要求，分别从职业道德、职业能力和知识结构三个方面进行简要概述。

（一）社会文化型职业

社会文化型职业是指从事文化创作，为社会成员提供精神产品的职业，如文艺创作、服装设计、舞蹈设计和广告设计等职业。

1. 职业道德

1）坚强的毅力和不屈不挠的精神

创作是社会文化型职业的生命，而且也是一个非常艰苦的过程，从材料的收集至艺术作品的完成，往往要作者历经多次重复不断地调整、修改，因此，从业者必须具备坚强的毅力和不屈不挠的精神，才能促使自己为社会创造出更多更好的作品。

2）强烈的社会责任感

由于社会文化型职业内容的丰富性和广泛性，所以从业者承担的社会责任是多方面的，概括起来有两个方面的具体内容：一是对社会公众的责任。主要表现在对自己创作的作品质量负责。作者必须以对社会、对公众负责任的高尚品德来从事这一职业，多给社会创造出激奋人心、催人向上的精神产品，避免发表带有污秽、愚昧或反动内容，容易误导公众，给社会造成危害的作品。二是对国家和政府的责任。一些社会文化型的职业岗位涉及国家的机密，关系到国家、政府在国内外的形象，有的甚至是代表国家和政府舆论的喉舌。因此，在这些岗位上工作的人员要怀着对国家、政府负责的高度责任感去面对工作，努力为国家和政府服务，使自己的工作与党和国家的方针、政策保持高度一致。

2. 职业能力

1）敏锐的观察力

敏锐的观察力是从业者对周围事物有目的、有计划、有准备的一种知觉能力，它贯穿于作者每一次创作的全过程。只有具备这种观察力，从业者才能从平淡中看出奇迹，从险峻中看出平稳，从而形成自己独特的艺术风格。所以，敏锐的观察力是这一职业者的基本素质。

2）丰富的想象力

创作是在以材料为基本的前提下，通过作者的思维和想象进行加工创造而形成的。想象力是艺术创作的原动力，保持丰富的想象力，就要保持与发展好奇心，提倡怀疑精神，因为创造性是社会文化型职业的特征。所以文化型职业者要真正取得艺术创作的成功，必须具备丰富的想象力。

3）迅速吸收新思想的开放心态

艺术作品的价值主要体现在新颖性和独特性上。而作品要具有新颖性和独特性，要求作者具有吸收新思想的开放心态，在继承传统艺术文化的基础上，通过吸收新的文化，丰富自己作品的内涵，从而形成自己独特的艺术风格。

4）不断创新的精神和能力

在艺术创作过程中，创新的精神和能力是每一个成功的艺术家首先要具备的素质之一。唯有创新，才能使自己的艺术创作充满生机和活力，也只有这种精神，才能使自己独具慧眼，从变幻莫测的情势中挖掘和发现有价值的创作素材，然后，通过艺术加工使之成为符合时代发展需要的精神产品。

5）特殊的气质和全神贯注的创作冲动

特殊的气质主要指创作者的个性心理、个人品质和个人风格。社会文化型职业的从业者要有独特的个性，特别是追求真善美的精神，要敢于从实际出发，打破旧的传统，敢于标新立异。另外，在创作时，要集中精力，以全神贯注的创作冲动投入到创作的每一个环节，只有这样，才能创造出符合时代精神的艺术作品。

3．知识结构

1）良好的美学知识

美学主要研究美感的本质，美感的产生和发展的一般规律，美感的心理形式、审美标准等基本问题。社会文化型职业的从业者要创造出合乎美的规律、合乎人性的作品，就必须对美学有较多的了解，不仅要掌握美学的基础知识，而且还要从美学角度去从事创作活动，灵活地把美学知识运用到创作实践中去，只有这样才能按照美的规律生产出符合社会生活要求和人们审美要求的艺术作品。

2）对主流文化的充分了解

主流文化体现着时代的风尚，显示出时代的思潮。社会文化型职业者创作的每一个艺术产品，要与时代的发展同步，就必须在作品中反映时代发展的脉搏，体现时代的风貌，否则，作品就会囿于传统而无新意。

（二）技术应用型职业

技术应用型职业主要是指从事技术应用与开发的职业。

1．职业道德

1）不辞劳苦、艰苦奋斗的创业精神

野外作业、劳碌奔波是技术应用型职业从业者要经常面对的工作状况，特别是工程类的技术应用型职业，风餐露宿更是习以为常。因此，这一职业必须锻造不辞劳苦、艰苦奋斗的创业精神，随时准备着同各种困难和挫折作持久的斗争，只有具备了这种素质，方可称得上一名合格的技术人员。

2）严肃认真、一丝不苟的工作态度

技术应用有严格科学的操作规范，来不得半点的纰漏和疏忽。从事这一职业，必须练就严肃认真、一丝不苟的工作态度，工作中要按规定的操作程序认认真真去操作，既不能偷工减料，犯盲目冒进的错误，也不能急于求成，仓促了事，犯粗枝大叶的毛病。

3）谦虚谨慎，能深入工作第一线，和同事密切合作，共同攻克技术难题

技术应用必须有丰富的实践经验，因此，从事这一职业必须谦虚谨慎，不懂或一知半

解的事不能盲目地去做，要虚心学习，勤于向内行的老专家、老师傅请教。同时，要善于与同事合作，发扬协作精神，共同攻克技术难题。

2. 职业能力

1）勇于创新的精神及科技成果转化能力

技术应用型职业的从业者，要勇于创新，敢于创新，以创新求生存，以创新求发展。科技成果只有转化为生产成果，才能真正走向社会，服务社会。要使科技成果转化为生产成果，必须注重科技成果的社会实用性、生产的成本、操作工序的便捷性和投入生产的现实性等。从业者还要不断掌握现代化的研究手段，用现代化的研究手段来武装自己，促使高新技术产品高质量、高效率地开发出来，为社会服务。

2）具有分析问题和解决问题的能力

在技术应用中难免会出现各种各样的新问题，面对这些问题，要求技术人员保持冷静的头脑，查找问题和分析问题，运用逻辑思维进行深层的思考，然后找出解决问题的办法。这是对一个技术人员最基本的要求。

3）较强的图表运用、文字表达能力

在技术工作中，经常要进行图表设计，并配以文字说明，只有具备了这一方面的素质，从业者才能将自己的各项设计通过图表和文字体现出来。

3. 知识结构

1）扎实的基础理论知识、专业知识和一定的相关知识

扎实的基础理论知识和专业知识是指导技术工作的重要基础，从业者必须具备过硬的理论基础和专业知识。对于这些知识，从业者光掌握还不够，还必须熟能生巧，融会贯通。另外，技术人员还要掌握一些与本专业相关的知识，促进技术在各个领域的发展。

2）有较强的外语水平，能够迅速掌握本学科最新的技术动向

外语是技术应用型职业必须攻克的一门课程，掌握好外语，就可以吸收外国先进的技术，迅速把握本行业的国际动向，促使自己向国际先进技术水平看齐。同时也有利于将自己所从事的专业引向国际化轨道，保持本行业的先进性。

3）具有很强的计算机应用能力

计算机是技术人员强有力的工作工具，如图表的设计、文字的输入等，通过计算机处理，不仅可以省时省力，而且方便快捷，达到事半功倍的效果。因此，作为一名技术人员，必须要具有很强的计算机应用能力，只有这样，才能很好地开展本职工作。

（三）经济管理型职业

经济管理型职业是指专门从事经济管理活动的职业。

1. 职业道德

1）高尚的职业修养

要掌握毛泽东思想和邓小平理论，有为实现我国社会主义现代化而奋斗的献身精神。

在对外经济交往中要维护国家和人民的利益，奉公守法，不谋私利，自觉遵守社会公德。

2）强烈的金融责任意识

经济与金融密不可分，从事经济管理的人员必须具有强烈的金融责任意识，在日常的经济活动中，要保证不违反国家的金融法规和国际金融惯例，保证经济活动沿着健康、正确、有效的轨道运行，为国家的经济发展做贡献。

3）严格保守金融、商业机密

这是经济管理型职业基本的道德规范。经济管理是一项综合性很强的工作，它涵盖了金融、财政、企业生产经营等各个方面，从业者掌握着这些方面的信息，包括一些机密内容，除非获得授权，否则，这些机密是不可外泄的。因此，经济管理人员必须严格保守金融、商业机密，守口如瓶。

2. 职业能力

1）迅速捕捉最新信息的能力

经济预测的准确性、战略设计与策划的正确性都与一个经济管理人员能否迅速捕捉、处理、分析、运用信息密切相关。所以，一个优秀的经济管理人员必须具有收集、处理、分析信息的基本技能，能迅速捕捉来自社会各方面的信息，以获得感知，进而形成理性思维，为预测、决策提供科学依据。

2）良好的人际关系协调能力

人际关系是社会交往的联结点，是交流信息的重要途径，是联结公众感情的桥梁和纽带，经济管理工作中的许多问题都是通过人际关系来解决的。所以，经济管理人员必须具有良好的人际关系能力，以便联络各方面的感情，获取信息和求得多方的关心与支持。

3）熟练的业务处理技能

从事经济管理活动的人员每天都要处理大量的事务，对这些事务的处理要求既快又准，不然稍一疏忽，就会酿成大错。因此，经济管理人员必须具有熟练的业务处理技能，只有具备了这一素质，才能灵活地处理好日常业务，成为一名合格的管理人员。

4）较强的社会实践能力、市场开发能力

社会实践活动是经济管理工作的一个重要环节，业务拓展、市场开发都要在社会实践中进行，社会实践能力的强弱直接体现出一个经济管理工作者工作能力的强弱。另外，经济管理活动要求管理人员要懂得开发市场，懂得市场分析和预测，因此，一个经济管理人员必须具备很强的社会实践能力、市场开发能力。

5）预测与决策能力

一个优秀的经济管理者，首先必须是一个正确的决策者，应有对科学技术进步与发展趋势的敏锐的洞察力，对经济发展走势及周期具有科学、准确的判断力，在此基础上，要敢于、善于做出正确的决策或合理调整决策，保持决策与经济发展过程的动态协调。

6）战略设计与策划能力

未来社会经济管理者的策划能力应远远强于台前发号施令的能力，应该能设计出具有预见性的、科学规范的、适宜变革创新的发展规划，使经济管理者由发号施令的“司令官”向目光敏锐的预测家转变。

3. 知识结构

1）坚实的专业知识，用以确保分析判断的准确性

经济管理人员的专业知识主要有经济学、经济管理学、应用经济学等相关经济科学，哲学、社会学、心理学、公共关系学等相关人文社会科学，科技发展动态、发展趋向及自然环境、生态等相关自然科学。对于这些知识，要学会应用辩证分析、实证分析、均衡分析、总量与个量、动态与静态及熟悉建立模型等经济学的方法，以确保分析判断的准确性。

2）极强的外语水平，能够迅速掌握最新的世界经济动态

经济管理者要熟悉、掌握一门或多门外语，因为在经济全球化的今天，熟练地掌握外语，有利于掌握西方经济学、国际经济法和现代经济管理的知识及技能，便于了解他国的经济文化和经济动态，把握世界最新的经济动向，从而在改革开放的经济环境下，能立足国内、面向国外，参与激烈的国际竞争。

3）极强的计算机应用能力。计算机在经济管理中应用广泛

日常业务处理中要经常运用计算机，以提高办事效率，加快经济运转速度；掌握和了解各类信息要运用计算机，通过计算机登录国际互联网，可以了解到各类经济信息，为日常的经济预测、经济分析和制定经济发展战略、经济发展计划提供依据，便于管理者迅速进行决策。

（四）科学研究型职业

科学研究型职业是指对基础理论、信息情报、学科应用技术等的研究、调查、分析以及实验等工作，包括自然科学研究和社会科学研究两大类。

1. 职业道德

1）热爱专业，对科学有着浓厚的兴趣

科学研究人员要热爱本职专业，对从事科学研究有着浓厚的兴趣，要做到这一点，必须对科学研究工作有一个全面的认识，要从世界观、价值观的高度认识科学研究对人类社会发展的重要性，把科学研究视为自己的生命，热爱科学，献身科学。只有这样，才能激发自己在科学研究工作中不断地去探索和实践，不断地实现自己的人生价值。

2）勤于实践，刻苦钻研，不畏艰辛，不计较名利

坚实的科研功底来自科研工作者日常的实践，来自平时不畏艰辛、勤勤恳恳地创造。因此，作为一名科研工作者，必须务实、勤奋、淡泊名利、乐于奉献，只有在科学研究中勤于实践、刻苦钻研、不畏艰辛，才能在这一领域中有所作为。

3）具有高度的协作精神，在科研攻关中善于与人协作

当今时代是合作的时代，要想在科研工作中卓有建树，必须学会与他人合作，单枪匹马作战是难以有所突破的。要善于与他人合作，群策群力，只有利用集体的智慧，才能攻破道道难题。因此，科研工作者不能忽视自身协作能力的培养，要乐于合作，善于协调，达到优势互补，产生合力。

2. 职业能力

1）较强的创造力

独立思考，善于想象和求异，这是发现新问题的重要起点。科研工作要求从业者必须具有较强的想象力和创造力，同时还要养成独立思考的习惯，只有这样，才能发现新知，才能在科学技术上有所建树，为科研工作做出自己应有的贡献。

2）有较强的调查研究能力，善于收集信息，注重资料积累和经验总结

科研工作从业者必须要学会调查研究，通过调查研究来确定科研课题，发掘、搜集科技信息后加以分析估计，以便发现适用于研究课题的信息，同时在调查研究中，可以不断积累各种资料，总结经验，以便为下一步的科研工作打好基础。

3）具有较强的抽象思维和逻辑推理能力

科学理论的形成和发展遵循这么一个公式：问题—假说—理论。从事科研工作的人员，只有具备较强的抽象思维和逻辑推理能力，才能激发自己去实践、去观察，然后根据观察和实践材料提出科学的假设，假设经过实践证明，才能上升为科学理论。

4）对于社会科学的研究者，还应具备社会活动能力、语言文字表达能力、理解判断能力

社会科学研究需要深入社会、了解社会，从事此职业的研究人员，必须具备社会活动能力，通过与人沟通和交流来收集信息。这就要求从业者具备一定的语言文字表达能力和演说能力，不仅能在公众集会上演说，而且还要善于面对面地进行沟通、交流，同时还要具备很好的理解判断能力，以便从别人的举止、言行、谈吐以及社会的一些现状中发现问题。

5）高度的综合能力

现代科学技术的综合发展趋势要求科研工作人员必须具有高度的综合能力素质。一个科研工作人员只有具备了这种素质，才能在科学上有所发现，在技术上有所创造。没有综合能力，就不能建立起生物化学、生物物理、仿生学、环境科学、生态学、未来学等中间科学体系，也就不能建立起系统论、控制论这种横断科学体系。因此，科研工作人员要想有所发明创造，就必须加强自身综合能力的培养，在科学上做出自己应有的贡献。

提　示

横断科学又称交叉科学，是在概括和综合多门学科的基础上形成的一类学科。它不是以客观世界的某种物质结构及其运动形式为研究对象，而是从许多物质结构及其运动形式中抽出某一特定的共同方面作为研究对象，其研究对象横贯多个领域甚至一切领域。

3．知识结构

1）精通本学科的基础知识和专业知识

科研工作人员应具备以创造力为核心的知识结构，具体来说，要具备宽厚扎实的基础知识和精深的专业知识，既要有专长又要有博见，达到专长与博见的有效结合。

2）精通外语和计算机

科研工作需要查阅大量资料，特别是外语资料，同时因工作需要，还要出国考察、进行学术交流。这就要求科研工作人员要比其他职业的从业者更精通外语，以便直接学习和吸收外国先进的科学技术，使本国的科研工作与国际接轨。另外，科研人员还要具备一定的计算机应用能力，通过计算机提高自己的工作效率。

3）懂得与本专业相邻学科的基础知识

当代科学技术的发展，呈现出一个明显的特点：学科既高度分化，又高度综合、整体化。学科之间的界限在逐步消失，大量的边缘学科、横向学科等新兴学科不断涌现，学科之间的有机联系日益加强，使得自然科学和社会科学之间的相互渗透与结合日益紧密。学科相邻之处，往往是新学科的增长点。

4）具备一定的哲学知识基础

哲学是人类智慧的结晶，是指导一切工作的理论工具。作为一个优秀的科研工作者，要站在哲学的高度去从事本职工作，运用科学的世界观与方法论、唯物辩证自然观、辩证唯物认识论、唯物历史观等哲学的观点去指导科研工作。只有这样，才能使科研人员做到实事求是，一切从实际出发，从而保证工作不脱离实际。

（五）行政管理型职业

行政管理型职业是指在党政机关或者单位中的行政部门从事组织、决策、管理等活动的职业。

1．职业道德

1）坚定的政治立场

行政管理型职业要求从业者要有远大的共产主义理想，坚持正确的政治方向，坚持走中国特色社会主义道路，坚持贯彻执行党的各项方针、政策，践行党的全心全意为人民服务的宗旨，密切联系群众，坚决维护人民群众的利益。

2）严明的组织纪律性

要坚持原则，严于律己，敢于和善于同各种错误的思潮、腐败的行为作斗争。要知法、守法、用法，服从组织领导。任何时候都要在政治上、思想上、行动上与组织保持高度一致。

3）高度的事业心和责任感

事业心和责任感是一个行政管理工作人员的世界观和人生观的反映。只有树立正确的世界观和人生观，才能踏踏实实地投入行政工作，才有开创工作新局面的信心和决心；才能对工作一丝不苟，精益求精；才能甘于寂寞，甘于清贫，全心全意为人民服务。

4）大局意识

心系大局、服从大局是行政管理工作的基本要求和基本素质。“不谋全局者不能谋一域，不谋万世者不能谋一时”就是指的要有大局观。大局意识，就是要看的长远，不计眼前得失，从而得到最广最多最长远的利益。

5）奉献精神

行政管理工作一是服务，二是管理，工作随机性强，突发事件多，小则会占去许多个人时间，大则甚至会牺牲个人的利益。所以，事业心、责任感、进取心和无私奉献的精神是一个合格的行政工作者所必备的。

6）敬业精神

行政管理人员要干一行，爱一行，钻一行，精一行。常言道：“兴趣是最好的老师。”只有热爱行政事业，勇于探索和不懈追求的人，才有可能获得个人在事业上的成功。

2．职业能力

1）筹划能力

行政管理人员要有战略头脑，有深谋远虑、运筹全局、当机立断的能力，能及时做出科学判断，做出有针对性的决策。筹划和决断不是头脑一热就拍板，而是靠平时对情况的深入了解、经验的积累和决策能力的提高。

2）组织协调能力

行政组织往往由一些职能部门组成，各职能部门相互的工作又往往都是要通过协调加以解决。行政组织的各种会议和各类活动，都有赖于行政管理人员进行组织协调，一个行政管理人员的组织协调能力体现在自己的工作范围内，充分发挥各方面的作用，调动各方面的积极性，形成配合默契、步调一致的行动。

3）人际交往能力

社交能力是进行交往、联络公众的能力，它是组织实现行政管理目标的一种必备条件，是创造良好的人际环境的重要手段，也是行政管理工作者广结善缘，争取公众理解、支持的基本条件。社交能力是人的性格、学识、口才、阅历、经验等多种因素的综合反映。善于交友，能建立广泛的工作关系，扩展自己的各类活动范围，形成有机合作的整体。而争取公众理解和支持，为解决问题与外界交涉，与各类人士接触，积极开展互助，也都离不开行政管理人员良好的人际交往能力。

4）随机应变能力

在行政管理中，许多工作内容具有随机性常常出现变量和未知数。这就要求行政管理者在工作中一定要机警、灵敏，有随时可以应付一切突发事件的应变能力；能够根据不同的场合，调节具体的行政管理策略和措施，及时提出解决问题的方案，从而达到行政管理活动的目标。

5）开拓创新能力

创新是行政管理工作的灵魂，是行政事业进步和发展的不竭动力。行政工作的实践没有止境，创新也没有止境。在改革开放和现代化建设快速发展的今天，行政工作者只有不断接受新事物、新理念，与时俱进，开拓创新，才能求得行政管理工作的不断发展。

6）信息管理能力

行政管理所有的工作都是在对信息分析的基础上进行的。一个行政管理机构宣布成立之时，就是它开始大量收集和处理信息之日。现代化的行政管理是通过计算机来储存和处理信息的，行政工作人员必须会使用计算机、会利用互联网，才能与时俱进，适应工作要求。

3．知识结构

1）较高的理论修养

行政管理工作要求从业者认真学习和掌握党的基本理论，努力学习行政管理工作方面的知识。学习中要联系实际，不断总结工作经验，增强做好工作的本领，提高工作水平，创造一流的工作业绩。

2）广博的知识面

行政管理工作的综合性要求行政管理工作者知识多样化。首先，应掌握一些社会科学知识，如社会学、心理学、民俗学、伦理学、公共关系学、市场学、会计学和外语等。其次，要有一定的管理科学知识。再次，要有良好的法律意识和法律知识。

3）积累工作经验

行政管理工作要求从业者不仅要有扎实的理论水平，还要有丰富的相关工作经验。行政管理工作没有固定的模式和程序，它必须根据实际工作需要，灵活地采用新的形式去实施活动。这就要求管理者有很高的职业水准，并不断地在实践中提高自己的职业水平。

（六）公共服务型职业

公共服务型职业是为社会公众的生活、为社会生活的正常运行提供基本服务的职业，其中包括救死扶伤、提供公共服务、协调人际关系、为人们提供生活便利等方面的工作。

1. 职业道德

1）强烈的服务意识

从事这一职业的工作者，必须准确地把握服务的定位，具有较强的服务意识，以服务为己任，多方面学习服务技能。

2）高度的事业心和责任感

从事公共服务型职业，必须以服务社会、服务大众为自己的人生价值取向，有了这样的职业价值观，才能在工作中不怕苦、不怕累，以勇于献身的精神和艰苦奋斗的作风去完成自己的每一项工作。

2. 职业能力

1）较强的理解能力、社会活动能力和组织协调能力

公共服务型职业的服务对象是社会公众，要为社会公众提供优质服务，就要去关心、理解和帮助他们，这样才能走进公众的心中，为他们提供满意的服务。因此，公共服务型职业从业者必须具有较强的理解能力、社会活动能力和组织协调能力，具备了这些能力，才能更好地了解人们的需要，从而把准服务的方向，把服务引向深入，才能组织协调好社会各方面的关系，促进工作的顺利开展。

2）良好的语言表达能力和自我形象设计能力

公共服务型职业从业者经常要在各种社交场合亮相，因此，从业者必须具有很好的语言表达能力，能艺术地表达自己的意见和建议，甚至通过语言艺术来吸引别人、说服别人。另外，公共服务型职业从业者还必须具有自我形象设计能力，向社会公众示以高雅的气质、开朗的性格、端庄的仪表、文明的举止和文雅的谈吐，只有这样，才能赢得公众的支持理解和帮助，顺利推动工作的开展。

3. 知识结构

1）扎实的专业基础知识及一定的相关知识

公共服务型职业是一门专业化程度很高的职业，除了具备扎实的专业知识，掌握实用性很强的知识和技能，还必须具备一定的相关知识，这些知识有助于从业者在更广阔的社会生活领域施展自己的才华。

2）较高的外语水平和计算机应用能力

公共服务型职业人员的服务对象不仅有本国公民，也有来自各国的贵宾。为能给外国来宾提供满意、优质的服务，从业者必须有较高的外语水平，能用外语同外宾沟通交流。同时，为了有效收集信息的效率和实现办公现代化，公共服务型职业从业者还必须具备较强的计算机应用能力，以提高办事水平和服务效率。

你所期望的职业需要具备哪些职业素质？你将如何培养这些职业素质？

四、职业资格

职业资格是对从事某一职业所必备的学识、技术和能力的基本要求。职业资格包括从业资格和执业资格。从业资格是指从事某一专业（职业）学识、技术和能力的起点标准。执业资格是指政府对某些责任较大、社会通用性强、关系公共利益的专业（职业）实行准入控制，是依法独立开业或从事某一特定专业（职业）学识、技术和能力的必备标准。

（一）职业资格证书

职业资格证书是劳动就业制度的一项重要内容，也是一种特殊形式的国家考试制度。它是指按照国家制定的职业技能标准或任职资格条件，通过政府认定的考核鉴定机构，对劳动者的技能水平或职业资格进行客观公正、科学规范的评价和鉴定，对合格者授予相应的国家职业资格证书。

在我国，职业资格证书根据不同的职业分为全国统一鉴定和省级劳动部门统一鉴定。全国统一鉴定的时间一般为每年的 5 月和 11 月。实行全国统一鉴定的职业有：秘书、营销师、物业管理员、电子商务师、项目管理师和心理咨询师等。

（二）职业资格等级证书等级

我国职业资格证书分为五个等级：初级工（五级）、中级工（四级）、高级工（三级）、技师（二级）和高级技师（一级）。

（三）法律依据

《劳动法》第八章第六十九条规定：“国家确定职业分类，对规定的职业制定职业技能标准，实行职业资格证书制度，由经过政府批准的考核鉴定机构负责对劳动者实施职业技能考核鉴定”。《职业教育法》第一章第八条明确指出：“实施职业教育应当根据实际需要，同国家制定的职业分类和职业等级标准相适应，实行学历文凭、培训证书和职业资格证书制度”。这些法律条款确定了国家推行职业资格证书制度和开展职业技能鉴定的法律依据。

如今，由于国家大力支持大众创业、万众创新，强调降低就业门槛，加之以前职业资格证书过多过滥，因此，很多职业资格考试及相关证书被陆续废止。

第四节 职业生涯

一、职业生涯的概念

职业生涯是指人一生中的职业历程，包括职业的维持与变更、职务升迁与职位的变动等，它是个体职业发展的整体“路线图”。

与职业不同，职业生涯是一个发展的概念，是一个动态的过程。它不仅包括一个人的过去、现在和未来中那些可以实际观察到的、连续从事的职业发展过程，还包括个人对职业生涯发展的见解和期望。职业生涯是一个漫长的过程，可以遵循传统观念，一生只从事一种职业，持续而稳定地在岗位上晋升、增值；也可以根据个人的兴趣、能力、价值观以及工作环境的变化而经历不同的岗位、职业甚至行业。

二、职业生涯的发展阶段

每个人的职业生涯都会经历不同的阶段，正确地认识职业生涯发展规律以及自己所处的发展阶段，对制订有效的职业生涯规划是非常重要的。一般认为，职业生涯可分为以下六个阶段。

（一）职业准备阶段

职业准备阶段一般从14～15岁开始，延续到18～22岁。这是一个人就业前学习专业、职业知识和技能的时期，也是一个人素质形成的主要时期。每一个择业者都有着选择一份理想职业的愿望和要求，都想经过充分的准备，能够很快地找到自己理想的职业，顺利地进入职业角色。但实际上，在职业生涯准备阶段，许多人是盲目的，甚至是由家长或老师代替决定的。

（二）职业选择阶段

职业选择阶段一般集中在17～30岁。这是一个人从学校走上工作岗位，在职业准备的基础上选择职业的时期，也是由潜在的劳动者变为现实的劳动者的关键时期。在这一阶段，人们要根据实际需要和自己本身的素质及愿望作出职业选择，这是人生职业生涯的关键一步。职业选择不仅仅是择业者个人挑选职业的过程，也是社会挑选劳动者的过程，直到个人与社会成功结合、相互认可，职业选择才算结束。

（三）职业适应阶段

职业适应阶段一般在就业后的 1～2 年。这一阶段是对一个人走上工作岗位的职业能力的实际检验。择业者刚刚踏上职业岗位，必然有一个适应的过程。要完成从一个择业者到职业工作者的角色转变，就要尽快适应新的角色，适应新的工作环境、工作方式。具备工作岗位要求素质的人，就能够顺利适应某一职业；而自身的职业能力、人格特点等素质与工作岗位要求差距较大的人，则难以与职业要求相适应，也可能重新对职业进行选择。

（四）职业稳定阶段

职业稳定阶段一般从 20～30 岁开始，延续到 40～50 岁。这一时期是人的职业生涯的主体，也是成就事业和获得社会地位的关键时期。这一阶段可能发展稳定并取得阶段成功，但也可能遭遇发展瓶颈，面临中年危机等。对于大部分来说，这一阶段应该致力于某一领域的深入稳定发展，以求得升迁和能力的专精。如果从业者的素质能够得到发展和提高，就可能抓住机会逐步取得成果，成为某一领域出色的人才，获得职业生涯的成功。

（五）职业衰退阶段

职业衰退阶段一般从 45～50 岁开始，延续到 55～60 岁。这一阶段，人们开始迈向老年。一般来说，这一阶段上升的空间已经很小，应该规划退休以及退休后的目标转移方案。

（六）职业结束阶段

职业结束阶段一般是指 60 岁以后。这一阶段，人们由于年龄或身体状况等其他原因，逐渐丧失职业能力和职业兴趣，从而结束职业生涯。

思考与练习

1．判断下列哪些属于职业的范畴：

农民、政治家、企业家、学生、小偷、公务员、志愿者、家庭主妇、空姐、运动员、企业经理人、家教、保险代理、婚庆主持

2．直接与一些用人单位的人事招聘主管接触，了解自己感兴趣的岗位的素质要求，并对照自己的实际，找出其中的差距。

第二章

职业生涯规划

本章导读

职业生涯规划就是针对个人职业选择的主观和客观因素进行分析和测定，确定个人的奋斗目标并努力实现这一目标的过程。对于个体来说，职业生涯规划的好坏必将影响整个生命历程。本章将详细阐述职业生涯规划的相关知识。

学习目标

知识目标

- 了解职业生涯规划的类型和意义
- 理解职业生涯规划的各种理论
- 熟悉影响职业生涯规划的内外部因素
- 熟悉职业咨询的技术方法和特殊技术
- 理解职业能力测试的依据和作用，熟悉职业测评的分类和功能

能力目标

- 能够应用职业生涯规划的各种理论解释现实问题
- 能够正确进行职业测评，并合理应用测评结果

第一节　职业生涯规划概述

一、职业生涯规划的概念

职业生涯规划是指个人结合自身情况、眼前的机遇和制约因素，为自己确立职业方向、职业目标，选择职业道路，确定教育计划、发展计划，为实现职业生涯目标而确定行动时间和行动方案。

职业生涯规划包括两个层次的问题：一个是生涯角色间和生涯形态的规划，是在时间和空间的向度下，如何来组合各种角色；另一个是生涯角色内和生涯目标的问题，是在各个角色中，要追求哪些职务或实现哪些目标。职业生涯规划的这两个问题并不是独立的，而是相互联系的，通过对这两个层次问题的思考和规划，能够寻求满足我们生涯需求、实现我们人生价值的途径。

二、职业生涯规划的类型

按照规划的时间维度，职业生涯规划可分为短期规划、中期规划、长期规划和人生规划四种类型。

- **短期规划：**即两年以内的规划，主要是确定近期目标。
- **中期规划：**一般为2～5年内的职业目标和任务，是最常用的一种职业生涯规划。
- **长期规划：**即5～10年的规划，主要是设定较长远的目标，以及为实现此目标应采取的具体措施。
- **人生规划：**即整个职业生涯的规划，时间长达40年左右，主要是设定整个人生的发展目标和阶梯。

从字面上看，个人职业生涯规划从短期到中期，再到长期，直至整个人生规划，如同台阶一样一步步地发展。但在实际操作中，跨度时间太长的规划往往由于环境和个人自身的变化难以把握，而时间跨度太短的规划意义又不大，所以，一般人们把个人职业生涯规划的重点放在2～5年的中期规划，这样既便于根据实际情况设定可行目标，又便于随时根据现实的反馈进行修正或调整。

（1）开动脑筋，写下来10条未来几年至一生你认为自己应做的事情，要确切，但不要有限制和顾虑，不要怕自己做不到。

（2）想象你马上将不在人世，什么样的荣誉、成绩、地位、金钱、家庭、社会责任状况能让你满足。

三、职业生涯规划的意义

（一）能够帮助个人确定职业发展的目标和方向

职业生涯规划可以帮助个人对自我进行全面的分析，从而认识自己，了解自己的特点和兴趣，评估自己的能力、优势和不足。在设计和规划职业生涯的过程中，通过对客观环境的分析，可以明确自我职业发展的方向，正确选择职业目标，并运用适当的方法，采取有效的措施，克服职业生涯发展中的困难和障碍，使自己的才能得到充分发挥，从而获得事业上的成功，实现人生的理想。

【经典实例 2-1】

在沈阳市的一次大型招聘会上，毕业于某名牌高校的何某向浙江一家汽车公司申请一个机械工程师的岗位。他学的是机械专业，在大学期间各门功课都优秀，毕业后的五六年时间里，从事过医药、空调、摩托车等产品的销售、品质主管，换了六七个工作，但是没有机械方面的工作经历。招聘者看了他的情况后认为，如果他毕业后稳定从事过机械方面的工作，则正是公司需要的人选，但是因为没有这方面的工作经验，公司无法录用他。

何某的例子表明了很多大学生盲目就业给自己带来的危害。由于没有长远打算，很多大学生年轻时只是随波逐流地换工作，到了30多岁还没有职业定位。这种情况之下，继续下去出路不大，重新定位又要费很大力气，不得不陷入一种尴尬的境地。因此，大学生在大学期间要认真做好职业生涯规划，全面剖析自己，科学地确定自己职业发展的目标和方向，并不断开发自己的潜能，才能正确掌舵自己人生的航向，驶向人生成功的彼岸。

（二）能够促进个人努力工作

职业生涯规划一方面让个人明确了努力的目标，另一方面也是不断地督促个人努力工作的鞭策力。职业生涯规划就好像给自己树立了一个明确的标靶，唯有目标明确才能奋勇直进。随着这些规划内容逐步实现，又增强自己对目标的成就感，进一步促进自己向新的目标前进。制定和实现职业生涯规划就好像一场比赛，随着时间的推移，一步一步地实现所制定的规划，自己的思想方式和工作方式又会不断地完善和发展。

（三）有助于合理安排日常工作

制定职业生涯规划的一个重要作用就是有助于合理地安排日常工作，评价工作的轻重缓急。没有职业生涯规划，就很容易被日常事务所缠绕，甚至被日常琐碎的事务掩埋，无法实现人生目标。通过职业生涯规划，能够使我们紧紧抓住工作的重点，增强成功的可能性。

（四）能够激发个人潜能

职业生涯规划能够帮助我们集中精力，为实现自己的职业目标尽可能发挥个人的潜能。一个人的潜在能力是无限的，需要我们充分地去挖掘。例如，在大学期间，并不是每一个大学生都在组织协调、科研发明等方面有优势，但是相当一部分同学在这些方面都有很大的潜能。因此，一旦赋予这些大学生以工作任务和目标，调动他们内在的激情，他们都会通过努力地学习，充分激发其内在的潜能，很好地完成这方面的工作和学习。

第二节　职业生涯规划的基本理论

一、帕森斯的特质因素理论

帕森斯的特质因素理论又称人职匹配理论，该理论是最早的职业辅导理论，是波士顿大学教授弗兰克·帕森斯于1909年提出的。“特质”是指个人的人格特征，包括能力倾向、兴趣、价值观和人格等，这些都可以通过心理测量工具来加以评量；“因素”则是指在工作上要取得成功所必需具备的条件或资格，这可以通过对工作的分析而了解。帕森斯认为，每个人都有自己独特的人格模式，每种人格模式的个人都有其相适应的职业类型。

帕森斯将选择职业的过程分为三步：

第一步是评价求职者的生理和心理特点。通过心理测量及其他测评手段获得求职者的身体状况、能力倾向、兴趣爱好、气质与性格等方面的个人资料，并通过会谈、调查等方法获得求职者的家庭背景、学业成绩、工作经历等情况，并对这些资料进行评价。

第二步是分析各种职业对人的要求，并向求职者提供有关的职业信息，包括：职业的性质、工资待遇、工作条件，以及求职的最低条件（如学历要求、能力要求、身体要求）等。

第三步是人职匹配。在了解求职者的特性和职业的各项指标的基础上，选择一种适合个人特点又有可能得到并能在职业上取得成功的职业。

二、霍兰德的职业兴趣理论

约翰·霍兰德是约翰·霍普金斯大学的心理学教授，著名的职业指导专家。他于1959年提出了具有广泛社会影响的职业兴趣理论。

职业兴趣理论认为，人格特质可以分为六种类型，即现实型（R）、研究型（I）、艺术型（A）、社会型（S）、企业型（E）、常规型（C）。为了便于描述，霍兰德将这六种人格类型放在一个正六角形的每一角，如图 2-1 所示。其中，相邻人格类型的共同点较多，相隔人格类型的共同点较少，相对人格类型的共同点最少。

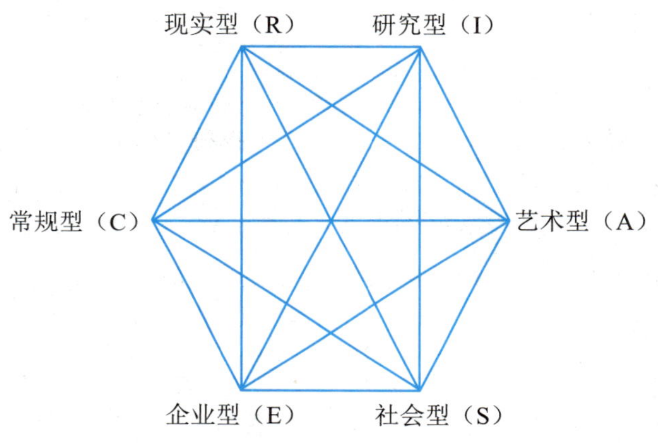

图 2-1　六角模型

相应地，职业环境也可分为同样的六种类型，人格特质与职业的匹配如表 2-1 所示。

表 2-1　人格特质与职业的匹配

人格特质	劳动者	职业
现实型	① 愿意使用工具从事操作性工作； ② 动手能力强，做事手脚灵活，动作协调； ③ 不善言辞，不善交际	各类工程技术工作、农业工作，通常需要一定体力，需要运用工具或操作机器，如工程师、技术员、机械操作工、矿工、木工、电工、鞋匠、司机、农民、牧民和渔民等
研究型	① 抽象思维能力强，求知欲强，肯动脑，善思考，不愿动手； ② 喜欢独立的和富有创造性的工作； ③ 知识渊博，有学识才能，不善于领导他人	科学研究和科学实验工作，如自然科学和社会科学方面的研究人员、专家；化学、冶金、电子、无线电、电视、飞机等方面的工程师、技术人员；飞机驾驶员、计算机操作员等

续表

人格特质	劳动者	职业
艺术型	① 喜欢以各种艺术形式的创作来表现自己的才能，实现自身的价值； ② 具有特殊艺术才能和个性； ③ 乐于创造新颖的、与众不同的艺术成果，渴望表现自己的个性	各类艺术创作工作，如音乐、舞蹈、戏剧等方面的演员、编导、教师；文学、艺术方面的评论员；广播节目的主持人、编辑、作者；绘画、书法、摄影家，艺术、家具、珠宝、房屋装饰等行业的设计师等
社会型	① 喜欢从事为他人服务和教育他人的工作； ② 喜欢参与解决人们共同关心的社会问题，渴望发挥自己的社会作用； ③ 比较看重社会义务和社会道德	各种直接为他人服务的工作，如教师、保育员、行政人员；医护人员；衣食住行服务行业的经理、管理人员和服务人员等
企业型	① 精力充沛、自信、善交际，具有领导才能； ② 喜欢竞争，敢冒风险； ③ 喜爱权力、地位和物质财富	组织与影响他人共同完成组织目标的工作，如企业家、政府官员、商人、行业部门和单位的领导者、管理者等
常规型	① 喜欢按计划办事，习惯接受他人指挥和领导，自己不谋求领导职务； ② 不喜欢冒险和竞争； ③ 工作踏实，忠诚可靠，遵守纪律	与文件档案、图书资料、统计报表相关的各类科室工作，如会计、出纳、统计人员；打字员；办公室人员；秘书和文书；图书管理员；旅游、外贸职员、保管员、邮递员、审计人员、人事职员等

如果人格特质与职业环境重合，说明两者匹配性最佳；两者较为相近，说明个人经过努力可适应新的职业环境；两者重合度最差，说明个人很难适应新的职业环境。

课堂讨论

请根据上述对“霍兰德的职业兴趣理论”的描述，在下面列出最能描述自己的语句。

（1）________________________

（2）________________________

三、金斯伯格的职业生涯发展理论

金斯伯格是著名的职业指导专家和职业生涯发展理论的先驱及代表人物，他研究的重点是从童年到青少年阶段的职业心理发展过程。他将职业生涯的发展分为幻想期、尝试期和现实期三个阶段。

（一）幻想期（11 岁之前）

处于 11 岁之前的儿童对他们所看到或接触到的各类职业从业者（如父母、老师、军人、演员甚至动物园管理员等）都充满了好奇和向往，幻想着长大做他们那样的人、干他们所干的工作，甚至在装扮、语言和行为上进行模仿。

该时期职业需求的特点是：单凭自己的兴趣爱好选择职业，不考虑自身的条件、能力水平、社会需要与机遇，完全处于幻想之中。

（二）尝试期（11～17 岁）

尝试期是接受中等教育，由少年向青年过渡的时期。在这一时期，人的心理和生理均在迅速成长、发育和变化，逐渐出现了独立的意识，产生了基本的价值观，知识逐步累积，能力显著增强，初步获得了社会生活经验。

该时期职业需求的特点是：注意自己的职业兴趣，开始客观地审视自身各方面的条件、能力和价值观，开始注意各种职业的社会地位，以及社会对该职业的需要。

（三）现实期（17 岁以后）

现实期的人们完成了中等教育，有一部分人即将步入社会劳动，此时他们能够客观地把自己的职业愿望或要求同自己的主观条件、能力，以及社会现实的职业需要密切联系和协调起来，寻找适合自己的职业角色。

该时期职业需求的特点是：已有具体的、现实的职业目标，讲求实际。

四、舒伯的生涯发展理论

舒伯于 1953 年提出“生涯”的概念，他把生涯发展看成一个持续渐进的过程，由童年时代开始一直伴随个人的一生。

舒伯的生涯发展理论将生涯的过程分为成长阶段（0～14 岁）、探索阶段（15～24 岁）、建立阶段（25～44 岁）、维持阶段（45～65 岁）和衰退阶段（65 岁以上）五个阶段（如图 2-2 所示），而生涯发展的过程在每个阶段都有其独特的职责和角色，以及不同的发展任务，且前一阶段发展任务的完成情况会影响下一阶段的发展。

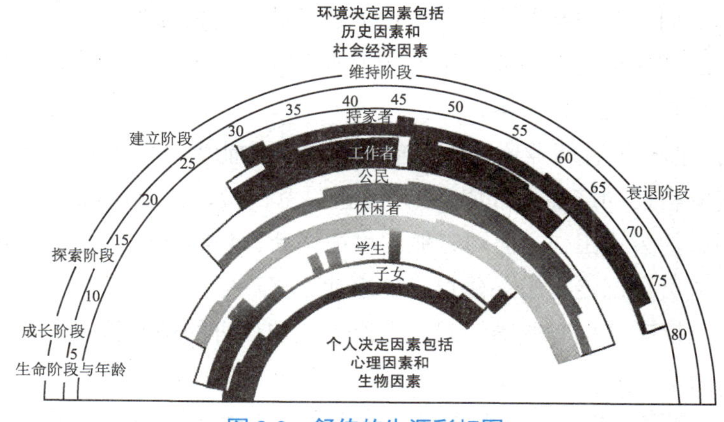

图 2-2　舒伯的生涯彩虹图

从舒伯的生涯彩虹图中，我们可以看到生涯规划立体化了。从长度上看，它包括了一个人从生到死的全部生命历程；从空间上看，该过程并不局限于对职业角色的关注，同样重视非职业角色对一个人生涯的影响。舒伯认为，持家者、公民、休闲者、学生、子女、配偶、退休者等角色和工作者的角色都是一个人自我概念的具体表现。所谓“自我概念”，就是指个人对自己的兴趣、能力、价值观及人格特征等方面的认识和主观评价。一个人的自我概念在青春期以前就开始形成，至青春期较为明朗，并于成人期由自我概念转化为生涯概念。工作与生活满意的程度，有赖于个人能否在工作上、职场中，以及生活形态上找到展现自我的机会。

五、施恩的职业锚理论

职业锚理论是由著名的就业指导专家埃德加·施恩教授提出的。施恩认为，职业生涯规划是一个持续不断的探索过程，随着一个人对自己越来越了解，这个人就会越来越明显地形成一个占主要地位的“职业锚”。这个所谓的“职业锚”是指当一个人不得不做出选择的时候，无论如何都不会放弃的职业中的那种至关重要的东西或价值观，即人们选择和发展职业时所围绕的中心，可以简单地理解为职业定位。

职业锚可分为以下八种类型：

- 技术/职能型：拥有这种职业锚的人追求在技术/职能领域的成长和技能的不断提高，以及应用这种技术/职能的机会。他们喜欢面对来自专业领域的挑战，但不喜欢从事一般的管理工作，因为这将意味着他们放弃在技术/职能领域的成就。
- 管理型：拥有这种职业锚的人追求并致力于工作晋升，倾心于全面管理，可以跨部门整合其他人的努力成果，他们想去承担整个部分的责任，并将公司的成功与否看成自己的工作。
- 自主/独立型：拥有这种职业锚的人希望随心所欲地安排自己的工作方式、工作习惯和生活方式。追求能施展个人能力的工作环境，最大限度地摆脱组织的限制和制约。他们宁愿放弃晋升机会，也不愿意放弃自由与独立。
- 安全/稳定型：拥有这种职业锚的人追求工作中的安全与稳定感，但并不关心具体的职位和具体的工作内容。
- 创业型：拥有这种职业锚的人希望依靠自己的能力去创建属于自己的公司或创建完全属于自己的产品（或服务），而且愿意冒险，并克服面临的障碍。他们可能正在别人的公司工作，但同时他们也在不断评估将来的机会，一旦他们感觉时机到了，便会自己走出去创建自己的事业。
- 服务型：拥有这种职业锚的人一直追求他们认可的核心价值，如帮助他人、改善工作环境等。
- 挑战型：拥有这种职业锚的人喜欢解决看上去无法解决的问题，战胜强硬的对手，克服无法克服的困难障碍等。对他们而言，参加工作或职业的原因是工作允许他们去战胜各种不可能。

- **生活型：** 拥有这种职业锚的人希望将生活的各个主要方面整合为一个整体。正因为如此，他们需要一个能够提供足够的弹性让他们实现这一目标的职业环境。

课堂讨论

为了更好地明确自己的职业定位，可以尝试以下方法：首先拿出一张纸，仔细思考以下问题，并将要点记录在纸上：

（1）你在中学、大学时，主要在哪些知识上投入了巨大的精力？尤其是你的课外时间，主要用于学习哪些知识？

（2）如果同样付给你100万的年薪，并且你不会遭遇失败的话，你情愿选择做什么？

回答清楚以上的问题，可以帮助你了解自己的职业锚。

第三节　影响职业生涯规划的因素

影响职业生涯规划的因素有很多，可简单归纳为外部因素和内部因素两个方面。

一、外部因素

（一）社会环境

1．政治环境

政治环境主要包括社会政治制度、政治状况以及社会法制的完备程度。我国政治制度稳定，法制化进程已经开始，市场经济已初步形成并步入正轨，这为各种人才成长发展提供了前所未有的机遇。但同时人才竞争日趋激烈，大学生就业环境看起来不容乐观，因此，大学生应在分析好社会现状的基础上，有针对性地做好职业生涯规划。

2．经济环境

经济环境是影响职业选择和职业发展的重要因素，具体说来，经济环境方面的因素主要有以下几个方面：

1）经济形势因素

经济形势的变化对职业的影响是最为明显且最为复杂的。当经济处于萧条时期，企业效益降低，对人力资源的需求减少，因而职业选择和职业发展的机会减少；当经济处于高速发展时期，企业处于扩张阶段，对人力资源的需求就会增加，职业选择和职业发展的机会也就随之增多。

2）经济发展水平因素

在经济发展水平高的地区，企业相对集中，优秀企业也会比较多，个人职业选择的机会就比较多，因而就有利于个人的职业发展；反之，在经济落后的地区，个人职业选择的机会相对来说就比较少。

3）收入水平因素

社会对人力资源的需求是一种派生需求，当人们的收入水平提高时，对商品消费的需求会增加，企业扩大生产，从而增加对人力资源的需求，职业选择和职业发展的机会增多；相反，职业选择和职业发展的机会减少。

3. 社会文化环境

社会文化环境包括教育条件和水平、社会文化设施等。在良好的社会文化环境中，个人能得到良好的教育和熏陶，从而为职业发展打下坚实的基础。

社会文化是影响人们行为、欲望的基本因素，社会文化反映着个人的基本信念、价值观和规范的变动。我国是一个大国，社会文化的复杂性决定个人职业选择与职业发展要考虑组织（企业）所在地的文化因素。

大学生在进行职业生涯规划时，主要应了解的内容包括：社会政策，主要是人事政策和劳动政策；社会变迁，如知识经济和信息化社会的发展；社会价值观，价值观会随着社会的不断发展和进步而发生不同程度的变化，从而会影响社会对人的认识和对职业的要求；科学技术的发展，科技的发展会带来理论的更新、观念的转变、思维的变革、技能的补充等，而这些都是职业生涯规划中不可或缺的因素。

4. 教育环境

现代教育体制改革使更多的年轻人有接受高等教育的机会，这使得高学历人才迅速增多，高素质人才的竞争将更为激烈。另一方面，我国教育体制原来较为忽略职业技术教育，我国依然面临技术工人匮乏的问题。因此，掌握一至两项实用技术，成为高级蓝领，也是不错的职业选择。

（二）组织环境

组织环境主要包括组织外部环境和内部环境两个方面。

组织外部环境是指存在于行业之中、组织之外，组织不能控制但是能对组织决策和绩效产生影响的外部因素的总和。主要包括组织在本行业中的地位和状况及发展前景、所面对的市场状况、产品在市场上的发展前景、能够提供的岗位等。

组织内部环境主要包括以下方面：组织规模和组织结构；组织实力、声誉和形象；组织文化、组织氛围和人际关系状况；组织发展战略和发展态势；目前的产品、服务和活动范畴，市场发展前景；组织领导人与组织政策和组织制度；组织人力资源开发与管理状况，如人力资源需求、晋升发展政策、薪资和福利、教育培训、工作评估等；工作设施设备条件和工作环境等。

（三）家庭环境

家庭是个人成长的最核心的环境，任何人的性格和品质的形成及个人的成长都离不开家庭环境的影响。子女与父母的关系、家庭的社会经济地位、父母的管教方式、父母对子女未来职业的期待以及期待程度、父母的职业身份和父母的榜样作用等，均会在不同层面对大学生的职业生涯发展起到不同程度的影响作用，因此，我们经常看到教育世家、艺术世家、商贾世家等。但研究也表明，如果大学生个体自我认知程度越高，将自身兴趣与专业选择和职业生涯发展结合越紧密，那么，家庭因素对他的影响也就相对越小。

大学生在进行职业生涯规划时，一方面要考虑家庭的经济状况、家人期望、家族文化等因素对本人的影响。另一方面，个人在成长过程中，在不同时期也要根据自己的成长经历和所受教育的情况，不断修正、调整，并最终确立职业理想和职业规划。正确而全面地衡量家庭情况才能有针对性地设计自己的职业生涯规划。

课堂讨论

请结合自身的实际情况，谈谈你所处的外部环境对你个人职业发展的影响。

二、内部因素

（一）气质

气质是指人们心理活动的速度、强度、稳定性和灵活性等方面的心理特征，是神经类型特征在人的行为上的表现。一般来说，气质分为胆汁质、多血质、粘液质和抑郁质四种类型，每一种气质都有其积极方面和消极方面。气质对个体的职业生涯规划有一定的影响，不同气质的人适合从事不同类型的职业。

1. 胆汁质

胆汁质的人精力旺盛，热情直率，激动暴躁，情绪体验强烈，神经活动具有很强的兴奋性，反映速度快却不灵活。他们能以极大的热情去工作，克服工作中的困难，但若对工作失去信心，情绪即会低沉下来。这类人适宜竞争激烈、冒险性、风险意识强的职业，如探险、地质勘探、登山和体育运动等。

2. 多血质

多血质的人活泼好动，性情活跃，反应敏捷，易适应环境，善于交际。他们工作能力较强、情绪丰富且易兴奋，但注意力不稳定，兴趣易转移。这类人对职业有较广的选择范围和机会，适合于从事要求迅速灵活反应的工作，如导游、外交、公安、军官等，但不适宜从事单调机械的工作和要求细致的工作。

3. 粘液质

粘液质的人情绪兴奋性低，安静沉稳；内倾明显，外部表现少，反映速度慢，但稳定性强，偏固执、冷漠；比较刻板，有较强的自我克制能力，能埋头苦干，态度稳重，不易分心，对新职业适应慢，善于忍耐。这类人适合于从事要求稳定、细致、持久性的职业，如会计、法官、管理人员、外科医生等，但不适宜从事具有冒险性的工作。

4. 抑郁质

抑郁质的人敏感，行动缓慢，情感体验深刻，观察力敏锐，易感觉到别人不易觉察的细小事物，易疲倦、孤僻，工作耐受性差，做事审慎小心，易产生惊慌失措的情绪，往往是多愁善感的人。这类人适合于要求精细、敏锐的工作，如哲学、理论研究、应用科学、机关秘书等。

事实上，大多数人总是以某种气质为主，又附有其他气质。所以，大学生在职业选择中，一定要“量质选择”，找到适合自己气质类型的工作。

拓展阅读

气质类型测试

下面 60 道题可以帮助你大致确定自己的气质类型，请根据自己的情况在“很符合、比较符合、介于符合与不符合之间、比较不符合、完全不符合”五个答案中选择一个适合自己的。

注意

回答时请不要猜测题目内容要求，也就是说不要考虑应该怎样，而只回答你平时怎样，因为题目答案本身无所谓正确与错误之分；回答要迅速，不要在某道题目上花过多时间。

记分规则

很符合：2 分

比较符合：1 分

介于符合与不符合之间：0 分

比较不符合：－1 分

完全不符合：－2 分

测试题目

1. 做事力求稳妥，一般不做无把握的事。
2. 遇到可气的事就怒不可遏，想把心里话全说出来才痛快。
3. 宁可一个人干事，不愿很多人在一起。
4. 到一个新环境很快就能适应。
5. 厌恶那些强烈的刺激，如尖叫、噪音、危险镜头。
6. 和人争吵时总是先发制人，喜欢挑衅。
7. 喜欢安静的环境。
8. 善于和人交往。
9. 羡慕那种善于克制自己感情的人。
10. 生活有规律，很少违反作息制度。
11. 在多数情况下情绪是乐观的。
12. 碰到陌生人觉得很拘束。
13. 遇到令人气愤的事，能很好地克制自我。
14. 做事总是有旺盛的精力。
15. 遇到问题总是举棋不定，优柔寡断。
16. 在人群中从不觉得过分拘束。
17. 情绪高昂时，觉得干什么都有趣；情绪低落时，又觉得什么都没意思。
18. 当注意力集中于某一事物时，别的事很难使我分心。
19. 理解问题总比别人快。
20. 碰到危险情境，常有一种极度恐怖感。
21. 对学习、工作、事业怀有很高的热情。
22. 能够长时间做枯燥，单调的工作。
23. 符合兴趣的事情，干起来劲头十足，否则就不想干。
24. 一点小事就能引起情绪波动。
25. 讨厌做那种需要耐心、细致的工作。
26. 与人交往不卑不亢。
27. 喜欢参加热烈的活动。

28. 爱看感情细腻、描写人物内心活动的文学作品。
29. 工作学习时间长了，常感到厌倦。
30. 不喜欢长时间谈论一个问题，愿意实际动手干。
31. 宁愿侃侃而谈，不愿切切私语。
32. 别人总是说我闷闷不乐。
33. 理解问题常比别人慢些。
34. 疲倦时只要短暂的休息就能精神抖擞，重新投入工作。
35. 心里有话宁愿自己想，不愿说出来。
36. 认准一个目标就希望尽快实现，不达目的，誓不罢休。
37. 学习、工作一段时间后，常比别人更疲倦。
38. 做事有些莽撞，常常不考虑后果。
39. 老师讲授新知识时，总希望他讲得慢些，多重复几遍。
40. 能够很快地忘记那些不愉快的事情。
41. 做作业或完成一件工作总比别人花的时间多。
42. 喜欢运动量大的剧烈体育运动或参加各种文艺活动。
43. 不能很快地把注意力从一件事转移到另一件事上去。
44. 接受一个任务后，就希望能把它迅速解决。
45. 认为墨守成规比冒风险强些。
46. 能够同时注意几件事物。
47. 当我烦闷的时候，别人很难使我高兴起来。
48. 爱看情节起伏跌宕、激动人心的小说。
49. 对工作抱认真严谨、始终如一的态度。
50. 和周围人的关系总相处不好。
51. 喜欢复习学过的知识，重复做能熟练做的工作。
52. 希望做变化大、花样多的工作。
53. 小时候会背的诗歌，我似乎比别人记得清楚。
54. 别人说我“出语伤人”，可我并不觉得这样。
55. 在体育活动中，常因反应慢而落后。
56. 反应敏捷、头脑机智。
57. 喜欢有条理而不甚麻烦的工作。
58. 兴奋的事情常使我失眠。
59. 老师讲新概念，常常听不懂，但是弄懂了以后很难忘记。
60. 假如工作枯燥无味，马上就会情绪低落。

记分

胆汁质型得分：计算题号为 2、6、9、14、17、21、27、31、36、38、42、48、50、54、58 的得分之和。

多血质型得分：计算题号为 4、8、11、16、19、23、25、29、34、40、44、46、52、56、60 的得分之和。

粘液质型得分：计算题号为 1、7、10、13、18、22、26、30、33、39、43、45、49、55、57 的得分之和。

抑郁质型得分：计算题号为 3、5、12、15、20、24、28、32、35、37、41、47、51、53、59 的得分之和。

确定气质类型的标准

（1）如果某类气质得分明显高出其他三种，人均高出 4 分以上，则可定为该类气质。如果该类气质得分超过 20 分，则为典型；如果该类得分在 10～20 分，则为一般型。

（2）两种气质类型得分接近，其差异低于 3 分，而且又明显高于其他两种，且高出 4 分以上，则可定为这两种气质的混合型。

（3）三种气质得分均高于第四种，而且接近，则为三种气质的混合型，如多血质—胆汁质—粘液质混合型或粘液质—多血质—抑郁质混合型。

（二）性格

性格是个人对现实的稳定态度和习惯化了的行为方式中表现出来的个性心理特征。从广义上讲，性格是行为方式、心理方式、情感方式的总和，集中反映了一个人的心理面貌。

职业心理学研究表明，性格影响着一个人对职业的适应性，一定的性格适合从事一定的职业，同时，不同职业对从业者也有不同的性格要求。因此，大学毕业生在考虑或选择职业时，不仅要考虑自己的性格特点，还要考虑性格与职业相匹配。

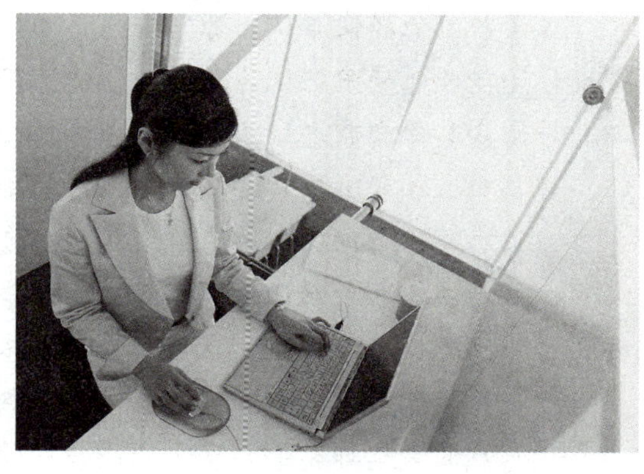

性格与职业相匹配是指个人在选择职业时，应根据自己的性格来选择与个人性格相适应的职业。于组织而言，则应该根据职业要求挑选相应性格的人。人们通常将人的性格分为外向型和内向型。一般来说，外向型性格的人更适合与人接触的职业，如管理人员、记者、教师、政治家、推销员等；内向型性格的人更适合有计划、稳定且与人接触较少的职业，如会计师、统计员、资料管理员、技术人员和科学家等。当然，在实际生活中，纯粹的外向或内向的人是很少的，绝大多数人是混合型。

此外，外向与内向是相对而言的，没有一个确切的标准。因此，我们不能轻易给自己的性格类型作结论，还应通过咨询和自我测验来确认自己的性格类型。

性格小测试

请你根据左侧的内容，实事求是地评价自己，并在右侧圈出相应的字母。

项　目	是	中	否
（1）你喜欢与人辩论吗？	A	B	C
（2）在爱情上你浪漫吗？	A	C	X
（3）你做事喜欢尽善尽美吗？	A	C	B
（4）与别人相处时你能够忍让吗？	C	A	X
（5）你有可能成为所在单位的领导吗？	V	A	C
（6）朋友们认为你待人热情吗？	V	C	Z
（7）你羡慕英雄吗？	V	A	M
（8）你是一个明智的人吗？	M	X	B
（9）你能舍己救人吗？	C	Z	M
（10）你的想法、判断、爱好常常很极端吗？	V	B	C
（11）你善于交际吗？	A	M	B
（12）对你来说人格比利益更重要吗？	C	M	X
（13）你的异性朋友认为你是一个多疑的人吗？	B	Z	V
（14）你对任何事情都满怀希望吗？	B	Z	M
（15）遇到急事你能三思而行吗？	M	X	B
（16）朋友困难时你会慷慨解囊吗？	C	A	X
（17）你的同事认为你富有想象力吗？	A	B	X
（18）你的上级认为你的理解能力强吗？	C	Z	B
（19）你的朋友认为你是一个主持公道的人吗？	C	M	A
（20）独处时你常常陷入对未来的幻想之中吗？	V	A	M
（21）你对任何事都抱着求实的态度吗？	M	X	A
（22）你愿将财产献给认为正当的事业吗？	V	A	X
（23）你是否对任何事情都爱发表不同的意见？	V	A	Z
（24）你有能力参加许多业余活动吗？	V	Z	X
（25）遇到不公平的事，你能控制你的感情吗？	A	B	M
（26）在成功希望很小时你会铤而走险吗？	V	A	B

（27）你喜欢从理论上论述他人认为不可能的事吗？　　C　B　M

结果

计算你圈出的每种字母的个数。

（1）得11个以上A者的评价。你可能雄心勃勃，凡事尽可能做得尽善尽美，你喜欢去干一些可望而不可即的事情，可能由于你对某些事情了解不够，因此很容易见异思迁，较缺乏持之以恒的精神，往往会落个“竹篮打水一场空”的结果。你较喜欢夸夸其谈，缺少一些求实精神，因此总是摆脱不了失败的阴影。你应该面对现实，脚踏实地地去努力，你的雄心大志才能早日实现。

（2）得9个以上B者的评价。你是一位理想主义者，但是你缺乏必要的知识，性格也略显急躁。你有兴趣，也有一些经验，但虚荣心较强。你喜欢过平凡人的生活，但似乎缺少点热情和冲动。你是一个好人，信奉“各人自扫门前雪”，你应该正确认识自己，勉励自己不断进取，为社会尽可能多做一点贡献。

（3）得9个以上C者的评价。你为人热情，富于想象力，很诚恳，很浪漫，富有正义感、人情味和求实精神。你能审时度势、实事求是、爱思考、喜欢生活在和睦、舒畅、富有创造力的环境之中，你有较多的知心朋友。你是一位幸运者，你为他人，他人为你，你会愉快而满足地走完人生之路。

（4）得8个以上M者的评价。你生活的准则是实用和安全，你对生活中的任何问题都能应付自如。你渴望得到关怀和同情，你对人生充满信心。同时，你并不沉溺于任何幻想和空洞的假象之中，你总是从生活中总结经验教训，并能影响你周围的人。

（5）得7个以上V者的评价。你很有才气，很有理想。你往往能尽一切努力去实现自己的理想。但有时当你完全沉浸在幸福之中时，你会得意忘形。你能在胜利时乘胜追击，但一定要注意不要在逆境自暴自弃。你有能力调动周围人们的干劲，但不要脱离群众，否则极可能一事无成。

（6）得7个以上X者的评价。你是一个很忠实的人，你对自己、对他人都始终如一；你不富于幻想，也不狂热，相对你较保守，对外界的事情反应不够灵敏。机会对你十分重要，如果你能抓住机会把自己推销出去，你会获得成功；反之，有可能平平而过。

（7）得5个以上Z者的评价。你很忠诚，但缺乏变通性，你很冷静，但较固执，你喜欢有人来指挥你，不太愿意自己靠自己。你是一个平常的人，生活也较平静。如果要有所作为，可能要重新塑造自我。

（三）兴趣

兴趣是个体积极探究事物的认识倾向，这种倾向带有稳定、主动、持久等特征。当兴趣的对象指向某一职业时，就称之为职业兴趣。如果一个人对某种工作产生兴趣，在工作中就会具有高度的自觉性和积极性，就容易做出成就；反之，则会影响工作的积极性，有可能一事无成。爱因斯坦曾经说过："兴趣是最好的老师。"走自己的路，做自己喜欢的事情，选择自己感兴趣的职业，是当今社会最具有典型性的择业观念。

大学生在择业过程中应适当考虑自己的兴趣和爱好，不能为了暂时的眼前利益而选择自己不感兴趣的职业，这样不仅不能充分施展自己的才能，甚至可能会贻误终生。但兴趣爱好在职业选择中，也并不总是起着正向的驱动作用，有时它也是一种耗散力，给大学生带来职业选择的困惑，如有的学生对什么都感兴趣，但没有形成自我特色，在择业时就没有竞争优势；有的学生兴趣面太窄，以至于不能满足社会需要；还有的学生因种种客观因素，个人兴趣与所学专业不一致，也不可避免地造成择业困难。所以，即将毕业的大学生要对自己的兴趣进行客观分析，同时还要树立正确的人生志向，调整自己的兴趣爱好，适应社会的需要，争取找到适合自己兴趣的职业，最大程度地发挥自己的聪明才智。

当然，任何人的职业兴趣都不是与生俱来的，而是以一定的素质为前提，是在生活实践过程中逐步发生和发展起来的。如果一个人缺乏某种职业知识，或者根本不了解这种职业，那么他就不可能对这种职业感兴趣。因此，一个人只有广泛地了解职业知识，多参加相关的职业活动，才可能真正显示和发现自己的职业兴趣所在。

拓展阅读

对职业兴趣的认识误区

明确个人的职业兴趣是职业生涯规划的重要依据之一。大学生在寻找职业兴趣的过程中要避免以下几个错误观念。

1. 把简单的喜欢、感兴趣当做是职业兴趣

有些人看了几本小说，就认为自己应当去从事作家职业；有些人喜欢打游戏，就觉得自己应该去学计算机。而真的接触这些专业时，却发现并不合适。职业兴趣是要与将来的工作相关的，只有想清楚自己要从事什么样的具体工作，并对工作的内容、职责、性质等有所了解，且乐于准备可以达到工作要求的知识技能时，才谈得上是真正的职业兴趣。

2. 从事自己感兴趣的工作，就意味着轻松愉快

做自己感兴趣的工作是快乐的，甚至可以激发工作热情，但不一定轻松。实际上，不管任何职业都要付出努力和辛劳才能取得成就、做出成绩。另外，有的时候坚持自己的职业兴趣，还要付出经济报酬和社会地位的代价，毕竟不是所有人都会对待遇高、地位高的职业感兴趣。

3. 不是自己感兴趣的工作就不做

能从事自己感兴趣的职业是每个人的理想，但职业选择除了兴趣以外，还要综合考虑性格、能力等问题，这也是理想与现实的差距和矛盾。有调查显示，有超过60%的大学生正在就读自己不喜欢的专业，有50%的职场人正在做着自己不感兴趣的工作。但由于各种原因，大家也只能面对现实。因此，很多人需要在现实中追求自己的理想，立足于现实，把自己不喜欢的工作做好，并在这个过程中培养兴趣、积累技能，寻找新的机会。

（四）能力

能力是指人们成功地完成某种活动所必须具备的个性心理特征，是人们在社会实践中所表现出的身心力量。一个人的能力高低会影响他掌握各种活动的成绩，影响一个人的活动效果。

能力是求职者开启职业大门的钥匙。我国近代职业教育的倡导者黄炎培先生说："一个人职业和才能相当不相当，相差很大。用经济眼光看起来，要是相当，不晓得增加多少效能；要是不相当，不晓得埋没了多少人才。就个人而论，相当，不晓得有多少快乐；不相当，不晓得有多少怨苦。"个人只有选准了与自己能力倾向相吻合的职业才能如鱼得水，否则，就会影响职业活动的效率。

能力是在先天素质的基础上，在生活条件和教育的影响、熏陶下，在个体的生活实践中形成和发展起来的，对从事任何职业都是十分必要的。能力包括一般能力和特殊能力，不同的职业要求从业者有不同的能力。个人的职业能力通常可分为一般言语能力、数理能力、空间判断能力、察觉细节能力、书写能力、运动协调能力、动手能力、社会交往能力和组织管理能力等九个方面。例如，教师、播音员、记者等职业要求从业者有较强的言语能力；统计、测量、会计等职业要求从业者有较强的数理能力；而画家、建筑师、医生等职业对从业者的形态知觉能力要求颇高。

能力还存在着性别差异，女性在哲学界、经济学界、自然科学界所占比例较小，而在文学、新闻、医学、教育、艺术等领域所占比例较大。也就是说，需要形象思维和细致情感的工作更适合女性。

第四节 职业咨询

每个人都想做自己的主人，拥有完美的职业生涯，但现实生活并不总是尽如人意的。许多人虽抱有满腔的热忱，但没有科学的方法，不能正确地规划好自己的职业生涯，因此而遗憾不已。科学的职业生涯规划是在相应的理论指导下，利用有效的职业生涯规划方法完成的。目前，在国际上应用最多的进行职业生涯规划的方法是职业咨询。

一、职业咨询概述

（一）职业咨询的概念与产生

职业咨询是指运用心理学等方法，协助当事人更好地解决在选择职业、安置就业和职业发展等方面遇到的问题。在职业咨询过程中需要采取一些专门的技术，协助当事人正确认识自己和当前的社会，发现自己的才能、特长与短处，不断挖掘潜力，增强挫折承受能力和市场竞争能力，提高与完善自我，在职业生涯中获得成功。

1907 年，美国密歇根州一所公立学校的总监戴维斯首创了系统的职业辅导计划，为现代学校心理咨询开创了先河。1908 年，帕森斯在波士顿进行了类似的开创性工作，创办了波士顿职业辅导局，1909 年出版了《选择职业》，第一次阐述了科学的职业选择理论，至今仍有重大影响，被后人尊称为“职业辅导之父”。

随着心理学的成熟和心理测验引入职业咨询，职业心理学产生了，并逐渐成为一门新的独立的学科。职业心理学是研究与人们选择、从事和转换职业有关的个体心理差异及特点的科学，它凭借对个体一般能力、特殊能力、体力、兴趣、爱好和气质等评估的材料，指导人们科学地选择职业。职业心理学的创立，奠定了职业咨询的心理学基础。心理测验的发展和应用为职业咨询的发展提供了有力的工具。

（二）职业咨询的发展

第一，在时间上，职业咨询由原来的就业安置的短暂行为扩展到整个人生的职业生涯规划活动。发展心理学的研究成果表明，儿童、少年、青年一直处于生长和发展变化之中。用这种观点来考虑人的职业意识、职业能力和职业兴趣，人们发现，人的职业是一个长期发展的过程。人的职业意向受多种因素的影响。少年时期产生的职业萌芽会随着年龄、教育、阅历等方面的变化而不断发展变化并逐渐成熟。因此，不能用固定的眼光看待求职者，职业咨询应是一个动态的教育过程。正是在这种意义上，也有人把职业咨询称为“生涯咨询”和“人生咨询”。

第二，在空间上，职业咨询突破了单一的职业介绍的旧框架，扩展到社会生活的各个方面，渗透到教育活动的各个领域。特别是职业咨询与教育的结合，使职业咨询发生了根本性的变化。首先，它使职业咨询的内容更加广泛，除了职业介绍、个性测验外，还包括了职业知识的传播、职业意识的培养、求职择业技能的训练以及职业观、择业观的教育等多方面的内容。其次，它使得职业咨询的途径和方法多样化。除了咨询和测试方法以外，还广泛采用授课、讲座、参观、实习和基本求职技能训练等方法。职业咨询活动也不再是少数专业人员的事，而逐渐成为社会、学校和家庭共同关心的问题。

第三，职业咨询的发展随着其手段的发展而发展。首先，传播手段的进步提高了职业咨询的社会化程度。过去的职业咨询由于受传播手段的限制，往往只是在较小的范围内或个别人身上发挥作用。传播手段的现代化，使求职者与招聘者的距离变小了。人们可以通过电视、广播、报纸等大众传播媒介广泛地发布职业信息和求职广告，以指导求职者求职和用人单位对人员的选用。其次，计算机在职业咨询工作中的应用，促进了职业咨询手段的现代化。职业咨询人员使用电子计算机储存职业信息、分析就业市场动态、预测就业趋势，用计算机进行个性测验和职业咨询，从而进一步提高了职业咨询的科学性和有效性。

目前，职业咨询已成为许多国家职业生涯规划教育的组成部分。各国的职业咨询都是在其特殊的社会背景和历史条件下发展起来的，因此，各国职业咨询的内容和方法都有其特点，了解这些特点，对于借鉴国外经验，发展具有我国特色的职业咨询事业具有重要意义。

二、职业咨询的技术方法

职业咨询主要有三种技术方法，即心理测量法、团体咨询和个别咨询。

（一）心理测量法

心理测量法主要是运用一些标准化量表来了解当事人的气质、性格、职业兴趣、职业能力等。一般的测试步骤为：① 你想干什么——求职意向调查；② 你适合干什么——职业兴趣测试和职业能力测试；③ 你最缺乏什么——综合能力测试。

（二）团体咨询

团体咨询的主要功能是为一组咨询对象提供必要的信息。最常见的团体咨询模式是在学校或培训机构中，由教师或职业指导者为帮助学生和受训者更好地认识自己、他人和外部客观世界而开展的指导课程。

（三）个别咨询

这是开展职业咨询最常用的方法，主要是对当事人表示自己的理解与支持并对其进行启发教育，其中最重要的是要严格遵守保密原则。

个别咨询的特点为：

（1）咨询过程大多以语言方式进行沟通。

（2）咨询员和咨询对象之间具有动态的交互关系，双方以平等的立场进行持续地沟通，在这一过程中双方共同参与，发展良好的咨询关系。

（3）咨询技术的运用必须考虑咨询对象的期望与咨询的目标，因此，咨询员必须保持弹性咨询处理。

（4）职业咨询最终的目标是促进咨询对象的自我了解与进行行动计划。

三、职业咨询的特殊技术

和其他类型的咨询一样，职业咨询必须有良好的咨询关系，能够积极倾听、尊重咨询对象、真诚接纳等。职业咨询作为心理咨询的一部分，共享心理咨询的理论与技术，但职业咨询又有其特殊性，咨询员可以依据咨询对象的问题和需要，选择采取一些特殊的咨询技术。以下介绍一些应用较多，并有实证资料支持、具有效果的特殊技术。

（一）幻想技术

咨询员与咨询对象对所收集到的资料进行分析之后，通常会发现资料所能提供的信息是有限的，所以在进行职业咨询时将幻想技术用于解决职业选择的困扰上。

1. 幻想的内容

职业咨询师列举出一些幻想的内容：

（1）荣誉庆典的幻想。幻想自己正接受一个特殊荣誉的庆祝酒会，而这项荣誉是因自己拥有的特殊能力而获得的。该类幻想是为了帮助咨询对象将目标具体化，并思考自己的动机。

（2）异性角色的幻想。幻想自己正在担任通常是由异性担任的工作。

（3）异族的幻想。该类幻想可以促使封闭的咨询对象开放心态，幻想自己由小到大一直是在异族中长大。

（4）职业改变的幻想。可以帮助在许多职业改变的可能性上进行探讨，并刺激思考。

（5）退休的幻想。青年人、老年人均可使用，此活动要求咨询对象回顾性地去幻想他的工作职业、兴趣、能力和价值，以此决定职业的安排。

2. 幻想技术的实施过程

幻想技术可在个别咨询的情境下进行，也可在团体咨询的情境下进行，幻想的主题基本上可由咨询员和咨询对象共同决定。而有效的幻想技术需要咨询员做适当的引导，其过程如下：

（1）咨询员以口头（或使用录音带）方式温和柔顺地引导咨询对象调整自己的姿势，放松身体，使咨询对象身心平静、情绪松弛。

（2）咨询员以低柔的声调、缓慢的语句，引导咨询对象进入想象的空间。在引导的过程中，避免用可能限制咨询对象思考的话语，尽可能给咨询对象保留最大的活动思考空间，使其自由扩展思考方向与内容，越丰富的想象越能产生有价值的幻想体验。

（3）咨询员可引用其他语句引导咨询对象进入不同的情景。

（4）幻想活动结束后，咨询员与咨询对象或团体成员共同分享整个幻想过程与感受，并讨论幻想经验与个人职业发展的关联。

幻想技术在职业咨询上，可协助咨询对象探索不同的可能性，并从中预先体验各种选择的可能后果，有助于职业探索和对职业决策的评估。

（二）模拟个案研究

模拟个案研究要求咨询对象针对某一个案的情况，分析其问题背景，并为其考虑各种可能解决的途径，其过程犹如身临其境，但能从客观的立场学习整个解决问题与做出决策的过程，因此效果非常显著。模拟个案研究的过程如下：

（1）咨询员介绍问题解决与决策技术，让咨询对象或团体成员了解并练习做决定的过程与方法，待有初步基础后，即正式进行活动。

（2）咨询员向咨询对象或团体成员说明个案的各种情形及活动的目标、内容。

（3）咨询员在准备个案时，应注意提供和引导咨询对象收集以下资料：① 个案的目标与问题；② 影响其职业发展的因素，如家庭、个人的能力倾向、兴趣、经验、身体状况等；③ 环境资料，包括各种相关职业和教育环境；④ 咨询对象的生活形态、发展方向。

（4）咨询员将个案的所有资料提供给咨询对象或团体成员，由他或他们自行进行个案研究，咨询员可以补充资料，并协助或引导他们寻求正确的研究方向，掌握分析的方法。如果是团体咨询，每位成员均须提出研究报告，说明他所做的决定及其理由。

（5）完成作业后，咨询对象各自分别提出报告，并与其他成员分享做决定的经验，咨询员就其方法、经验的优缺点与特色，提出讨论。

（三）情景模拟

情景模拟就是由咨询员制造出一个与工作环境类似，但充满学习与个人发展气氛的环境，而这个环境的营造使得咨询对象能适应他所处的组织环境。

情景模拟可以达到以下目的：

（1）改变个人的行为：给予咨询对象一个与工作相类似的环境，在其中他可以尝试许多不同的行为来协助自己去面对工作。

（2）为那些在学校、家庭和现实社会中，不能真正得到职业发展方面帮助的个体提供一个较好的教育与体验环境。在情景模拟过程中，咨询员除了要了解咨询对象的家庭、文化背景，还要求咨询对象对自我进行分析，并且在情景模拟中能有所改变。有时咨询员还要与咨询对象有关的其他人员，如家人、老师和老板等进行沟通，了解他们对咨询对象的期望，以便安排适宜的环境来协助咨询对象的职业咨询，共同促进咨询对象的职业发展。

（四）职业家族树

家庭对个体职业选择乃至职业发展都有深远的影响，职业家族树以图画方式，刺激咨询对象评估家族的影响，促进他们的职业认知。其过程如下：

（1）在树梢处填上个人偏好的职业（可填数种）。

（2）将家族中各人的职业分别填入树的支干上（各支干代表家族成员，标出称谓）。由于各人的职业可能有所变动，因此可同时填上目前的职业与先前担任过的重要工作，并将与咨询对象有直接关系的重要人物特别圈起来。

（3）将家族人员职业的共同特点填于树根处。

（4）咨询员与咨询对象共同讨论职业家族树，可以下列问题作为引导：

① 对家族中各人的职业有何感觉（骄傲、尴尬、羡慕、不屑等）？

② 如何知道他们希望我要选择何种职业？

③ 家族中在兴趣、能力、体能和外貌等特质上，与我最相似的是谁？他们从事的职业与我的偏好有何关联？

④ 我的家族在工作上最感满意的是什么（如休闲时间、生活条件、家庭气氛等）？

⑤ 家族中哪些工作习惯与特质造成满意或不满意的结果？

（5）经过上述讨论，咨询员可以进一步引导咨询对象探讨各人各种职业的优点与缺点（如普通的职业对个人与社会的正面价值，或高层次的职业的负面情况等）。

第五节　职业能力测试及职业测评

在进行职业生涯规划时，通常还需要进行职业能力测试及职业测评，以起到辅助作用。

一、职业能力测试

职业能力测试是指通过某些测试来预测个体的职业定位以及适合的职业类型等。这属于一种倾向性的测试，因此又称之为职业能力倾向性测试。

（一）职业能力测试的依据

1. 职业能力倾向具有相对广泛性

职业能力倾向影响着一个人在某一职业领域中多种活动的效率，而专业知识技能则仅仅影响某一有限或具体的活动。

2. 职业能力倾向具有相对稳定性

职业能力倾向是相对稳定的，它不像人的智力水平一样很难改变，又不同于具体的专业知识技能那样容易通过强化训练而在短期内提高或由于遗忘而丧失。

3．职业能力倾向是一种潜能

职业能力倾向表现为成功的可能性，而不是已有的水平。一个人的空间想像力强，我们可以预期他在许多与空间关系密切的活动领域中有取得成功的可能，但这仅是可能而已，这个人也许并没有机会实现他的优势。

（二）职业能力测试的作用

（1）可以帮助参测者根据自己的性格、能力来确定自己的职业生涯发展规划。

（2）可以帮助参测者确定职业目标，尽可能地发挥出自己最大的潜能。

（3）多角度专业化的职业评测维度可以帮助参测者提高个人的工作技能，提高自己的职场竞争力。

（4）让用人单位合理地应用测试报告结果进行人岗匹配，达到企业和个人的利益最大化。

拓展阅读

测测你的情商高不高

试题

第1～9题：请从下面的问题中，选择一个和自己最切合的答案。

1. 我有能力克服各种困难：
   A. 是的　　B. 不一定　　C. 不是的
2. 如果我能到一个新的环境，我要把生活安排得：
   A. 和从前相仿　　B. 不一定　　C. 和从前不一样
3. 一生中，我觉得自己能达到我所预想的目标：
   A. 是的　　B. 不一定　　C. 不是的
4. 不知为什么，有些人总是回避或冷淡我：
   A. 不是的　　B. 不一定　　C. 是的
5. 在大街上，我常常避开我不愿打招呼的人：
   A. 从未如此　　B. 偶尔如此　　C. 有时如此
6. 当我集中精力工作时，假使有人在旁边高谈阔论：
   A. 我仍能专心工作　　B. 介于A、C之间　　C. 我不能专心且感到愤怒
7. 我不论到什么地方，都能清楚地辨别方向：
   A. 是的　　B. 不一定　　C. 不是的

8. 我热爱所学的专业和所从事的工作一致：

A. 是的　　B. 不一定　　C. 不是的

9. 气候的变化不会影响我的情绪：

A. 是的　　B. 介于A、C之间　　C. 不是的

第10～16题：请如实选答下列问题。

10. 我从不因流言蜚语而生气：

A. 是的　　B. 介于A、C之间　　C. 不是的

11. 我善于控制自己的面部表情：

A. 是的　　B. 不太确定　　C. 不是的

12. 在就寝时，我常常：

A. 极易入睡　　B. 介于A、C之间　　C. 不易入睡

13. 有人侵扰我时，我：

A. 不露声色　　B. 介于A、C之间　　C. 大声抗议，以泄己愤

14. 在和人争辨或工作出现失误后，我常常感到震动、精疲力竭，而不能继续安心工作：

A. 不是的　　B. 介于A、C之间　　C. 是的

15. 我常常被一些无谓的小事困扰：

A. 不是的　　B. 介于A、C之间　　C. 是的

16. 我宁愿住在僻静的郊区，也不愿住在嘈杂的市区：

A. 不是的　　B. 不太确定　　C. 是的

第17～25题：在下面问题中，每一题请选择一个和自己最切合的答案。

17. 我被朋友、同事起过绰号、挖苦过：

A. 从来没有　　B. 偶尔有过　　C. 这是常有的事

18. 有一种食物使我吃后呕吐：

A. 没有　　B. 记不清　　C. 有

19. 除去看见的世界外，我的心中没有另外的世界：

A. 没有　　B. 记不清　　C. 有

20. 我会想到若干年后有什么使自己极为不安的事：

A. 从来没有想过　　B. 偶尔想到过　　C. 经常想到

21. 我常常觉得自己的家庭对自己不好，但是我又确切地知道他们的确对我好：

A. 否　　B. 说不清楚　　C. 是

22. 每天我一回家就立刻把门关上：

A. 否　　B. 不清楚　　C. 是

23. 我坐在小房间里把门关上，但我仍觉得心里不安：

A. 否　　B. 偶尔是　　C. 是

24. 当一件事需要我作决定时，我常觉得很难：

A. 否　　B. 偶尔是　　C. 是

25. 我常常用抛硬币、翻纸、抽签之类的游戏来预测凶吉：

A. 否　　B. 偶尔是　　C. 是

第 26～29 题：下面各题，请按实际情况如实回答，仅须回答“是”或“否”即可，在你选择的答案后打“√”。

26. 为了工作我早出晚归，早晨起床我常常感到疲惫不堪：是　否

27. 在某种心境下，我会因为困惑陷入空想，将工作搁置下来：是　否

28. 我的神经脆弱，稍有刺激就会使我战栗：是　否

29. 睡梦中，我常常被噩梦惊醒：是　否

第 30～33 题：本组测试共 4 题，每题有 5 种答案，请选择与自己最切合的答案，在你选择的答案下打“√”。

答案标准如下：（1）从不；（2）几乎不；（3）一半时间；（4）大多数时间；（5）总是。

30. 工作中我愿意挑战艰巨的任务。1 2 3 4 5

31. 我常发现别人好的意愿。1 2 3 4 5

32. 能听取不同的意见，包括对自己的批评。1 2 3 4 5

33. 我时常勉励自己，对未来充满希望。1 2 3 4 5

计分时请按照记分标准，先算出各部分得分，最后将几部分得分相加，得到的那一分值即为你的最终得分。

第 1～9 题，每回答一个 A 得 6 分，回答一个 B 得 3 分，回答一个 C 得 0 分。计____分。

第 10～16 题，每回答一个 A 得 5 分，回答一个 B 得 2 分，回答一个 C 得 0 分。计____分。

第 17～25 题，每回答一个 A 得 5 分，回答一个 B 得 2 分，回答一个 C 得 0 分。计____分。

第 26～29 题，每回答一个“是”得 0 分，回答一个“否”得 5 分，计____分。

第 30～33 题，从左至右分数分别为 1 分、2 分、3 分、4 分、5 分，计____分。

总计为____分。

测试结果

高情商：如果你的 EQ 在 150 分以上，那你就是个 EQ 高手。你尊重所有人的人权和人格尊严，不将自己的价值观强加于他人，对自己有清醒的认识，能承受压力。

自信而不自满，人际关系良好，和朋友或同事能友好相处，善于处理生活中遇到的各方面的问题，认真对待每一件事情。

较高情商：如果你的得分在130～149分，说明你的EQ较高。你是负责任的“好”公民，自尊、有独立人格，但在一些情况下易受别人焦虑情绪的感染。比较自信而不自满，有较好的人际关系，能应对大多数的问题，不会有太大的心理压力。

较低情商：如果你的得分在90～129分，说明你的EQ一般。你易受他人影响，自己的目标不明确，比低情商者善于原谅，能控制大脑，能应付较轻的焦虑情绪。往往把自尊建立在他人认同的基础上，缺乏坚定的自我意识，人际关系较差。

低情商：测试后如果你的得分在90分以下，说明你的EQ较低。你的自我意识差，无确定的目标，也不打算付诸实践；严重依赖他人，处理人际关系能力差，应对焦虑能力差；生活无序，无责任感，爱抱怨。

二、职业测评

职业测评是心理测验的一个分支，是心理测量技术在职业管理领域的应用，它以心理测量为基础，对人的特质进行科学、客观、标准的系统评价，从而为组织和个体两个层面的职业发展管理提供参考依据。这里所说的特质，是指那些完成特定职业活动需要或与之相关的感知、技能、能力、气质、性格、兴趣和动机等个人特征，它们是完成职业活动的必要基础。

（一）职业测评的起源与发展

职业测评兴起于20世纪初，在美国军事和工业领域获得了广泛应用，大大提高了职业招聘和培训部门的经济效益。1926年美国飞行学校的学员中，有87%因飞行不佳而被淘汰，其原因是空中飞行心理适合性不佳。直到第二次世界大战期间及以后，客观的要求促使心理选拔技术不断发展和普及，因飞行不佳而被淘汰的人数才开始下降：美国空军中淘汰率由70%降至36%，在法国，则由61%降至36%，大大减轻了培训资源的浪费，也有利于个人的职业生涯发展。

心理测量经过近百年的稳步发展，现已成为最有效、最客观的职业测评手段。全球约有四分之三以上的大公司在人员甄选、安置和培训方面使用职业测评，而且越来越多的中小公司也正加入到这一行列中来。

许多国家从小学开始就会开展各种各样的活动以帮助学生认识工作、热爱工作并及早进行职业规划。美国的中学生至少要接受一次这样的职业测验，在中学和大学还设立了专业的职业辅导咨询中心，由职业心理学家依据专业的职业心理测评技术和规范化的咨询流程对学生进行职业指导。

在我国，随着近年来就业形势的变化，职业测评也越来越引起人们的关注。有关职业测评的信息纷纷见诸媒体，人才中介机构相续开展了职业测评的服务，各企事业机构也开始将职业测评运用于招聘过程之中。联想集团是国内较早在招聘中运用职业测评的企业，以前联想集团单纯通过面试招人的准确率是40%，而实施职业测评之后面试的准确率提高到了60%。

（二）职业测评的分类

职业测评中最基本、最常用的有四大类测验，即智力倾向测验、人格测验、职业兴趣测验和动机测验。

1. 智力倾向测验

智力倾向测验具有考察智力（能力）水平及其结构的双重目的。一方面，不同的人智力水平不同，选择优智的人，可期望获得高绩效。另一方面，智力水平相近的人，其智力结构可能不同：有的人擅长言语理解、加工、表达，有的人擅长数字加工，有的人则擅长对形象的分析、加工。不同智力结构的人适应于不同类型的工作。

2. 人格测验

人格测验用以测量求职者与他人相区别的独特而稳定的思维方式和行为风格，这些特点可能影响该求职者的工作绩效和工作方式及习惯。

3. 职业兴趣测验

不同人的工作生活兴趣可以按照对人、概念、材料这三大基本内容要素分类，而社会上的所有职业、工作也是围绕这三大要素展开的。基于这一理论思想设计的职业兴趣测验可以在个体兴趣与职业之间进行匹配。

4. 动机测验

所谓动机是指由特定需要引起的，欲满足该种需要的特殊心理状态和意愿。而通过动机测验，可以了解个体的工作生活特点，从而找到激励他们积极性的依据和途径，并以此为依据安排相应的工作内容。

提　示

职业测评绝不是用少数三四种工具“以不变应万变的方式”对付所有个体对不同职位的测量要求。实际上，每个求职者的特点都是不尽相同的，各个职位的素质要求也是相当多样化的，因此可能产生的测评组合也就十分丰富。要想真正做到人职匹配，必须有的放矢地根据个人的特点和岗位需要选择测量工具，使工具适应求职个体和招聘岗位的需求，而不是让个体和岗位去迁就测评工具的要求。

（三）职业测评的功能

职业测评的目的是实现人适其职，职得其人；人尽其才，才尽其用。它在研究、咨询、辅导和组织对员工的职业/生涯开发中都占据重要的地位，是不可或缺的工具。具体来说，其功能包括以下几个方面：

（1）预测功能。预测个体在教育训练、职业训练以及未来工作中的表现。

（2）诊断功能。评估个体的长处和短处，优势和劣势，并诊断个体在兴趣、价值观和职业/生涯决策等方面的特质。

（3）区别功能。区别出个体的某些特质最类似于哪一类的职业群体。

（4）比较功能。依据测量学指标，将个体素质（能力倾向、兴趣、价值观等）与某些目标团体相比较，从而观察两者之间的匹配程度。

（5）探测功能。了解个体在职业/生涯发展的连续过程中，其职业决策、职业适应性的行为、态度，以及能力方面的一般状况，以便提供必要的职业辅导。

（6）评估功能。对职业/生涯咨询或辅导的进展情况和效果进行评估。

职业心理年龄测试

试题

1. 在工作中，你比较喜欢跟哪一类的人接触？

   A. 比自己更强的　　B. 需要自己的　　C. 不太清楚

2. 如果工作需要你到一个完全都是陌生人的社交场合，你会：

   A. 很自然　　B. 有点怯场　　C. 经常很怯场

3. 当你的上司不赞成也不理解你的建议时，你会：

   A. 听听他的意见并加以改良

   B. 不再说话或者避开这个问题

   C. 继续解释

4. 你知道对方说的是对的，但是对方态度很坏，让你非常生气，你会：

   A. 感谢对方提供了好的建议

   B. 表面上就不听你的，但是背地里改正

   C. 气哼哼地按照对方说的做

5. 工作上遇到麻烦，下班后你会：

   A. 从亲人或者朋友处得到安慰

   B. 一个人出去散心，忘掉烦恼

   C. 闷在心里，愤愤不已

6. 你的老板有事要请假，暂时由你来主管公司的一切事务，你的反应是：
   A. 那我得增加工资，因为我的工作量增加了
   B. 这是个表现的好机会
   C. 哈哈，这下子没人再监视我啦
7. 你的工作伙伴吃力地想教导你某件你很清楚的事，你会：
   A. 委婉地告诉他你早就知道
   B. 不说什么，但也不听
   C. 等他讲完，再显示你对此道十分精通
8. 如果突然赢到五百万元的大奖，你会选择：
   A. 马上辞职，做点儿自己真正想做的事情
   B. 把大部分存起来，继续努力工作
   C. 买车买房，向同事吹嘘
9. 由于工作要求参加聚会，但你觉得情绪低落时，会：
   A. 强作欢颜，不让人注意到不快情绪
   B. 找个借口离开
   C. 完全不掩饰情绪，但坚持坐到最后
10. 你觉得同事们都会觉得你是个：
   A. 普通的人　　B. 聪明的人　　C. 老实的人
11. 你认为自己的工作和生活：
   A. 目前的生活与自己付出的相符
   B. 总是在花大量时间做着自己不想做的事
   C. 没遇上好机会，不然会有更好的生活
12. 看到工作中不合理的事情，你会：
   A. 麻木了，见得太多了
   B. 在可能的情况下会仗义执言
   C. 很气愤并大声指责

计分方法

以上选择题，选 A 得 5 分，选 B 得 3 分，选 C 得 1 分，把你所得的分数相加就是你的职业心理年龄指数。

分值解释

0～20 分：职业心理儿童期

你本质上还是一个天真小可爱，不切实际是你最大的优点和缺点。它让你更能感受快乐，也让你在生活中时常受挫。这种类型的人大多数具有自发性，并在富有创造性的工作中表现较为出色，但缺乏耐心，像小孩子一样容易朝三暮四，所以，儿童型

的人通常比较难以让人信赖。处在这个心理年龄的人，还需要在职场的风雨中多多磨练，才能逐渐成熟。

21～40分：职业心理青年期

这种类型的人通常是理想主义者，富有冒险精神，乐观、专注，求知欲旺盛等许多令人喜欢的品质。但他们的一贯性和好斗性可能会很快演变成为固执和不妥协，因而容易导致同事之间发生分歧。此外，他们通常不信任直觉，受周围环境的影响很大。处在这个心理年龄的人，应该树立长远目标，克服短期行为。

41～60分：职业心理成熟期

你按部就班、中规中矩地走着你人生的每一步，你所在意和把握的是你现在的时间和岁月。你成熟、稳健、老练、实际，能够合情合理地处理现实工作中的种种矛盾，平和地看待完美与缺陷，获得与丧失。你能清楚地认识自己，能清醒地分辨可能与不能，可为与不可为。你的同事们有事情会来征求你的意见，因为，你很能给人一种依靠感。相信你在工作单位或是你的朋友圈子里，应该是属于中流砥柱型的人物吧。

思考与练习

1．自我兴趣探索——六岛环游

（1）阅读材料

假设在你度假的途中，你所乘坐的轮船突然发生了意外故障，必须紧急靠岸。这时候，轮船正好处于下列6个岛屿的中间，你希望选择哪一个岛屿靠岸？要知道，这些岛屿只能通过轮船与外界联系。而由于天气原因，今后至少半年内船只都无法出航，而且你还要等待境外的轮船运送人员和器材前来维修你所乘坐的轮船。因此一旦靠岸，你可能需要在这个岛上呆很长一段时间（至少一年）。

A岛：美丽浪漫的岛屿。岛上充满了美术馆、音乐馆、弥漫着浓厚的艺术文化气息。同时，当地的原住居民还保留了传统的舞蹈、音乐与绘画，许多文艺界的朋友都喜欢来这里找寻灵感。

I岛：深思冥想的岛屿。岛上人迹较少，建筑物多僻处一隅，平畴绿野，适合夜观星象。岛上有多处天文馆、科博馆，以及科学图书馆等。岛上居民喜好沉思、追求真知，喜欢和来自各地的哲学家、科学家、心理学家等交流心得。

C岛：现代井然的岛屿。岛上建筑十分现代化，是进步的都市形态，以完善的户政

管理、地政管理、金融管理见长。岛民个性冷静保守，处事有条不紊，善于组织规划。

R 岛：自然原始的岛屿，岛上保留有热带的原始植物林相、自然生态保育很好，也有相当规模的动物园、植物园、水族馆。岛上居民以手工见长，自己种植花果蔬菜、修缮房屋、打造器物、制作工具。

S 岛：温暖友善的岛屿。岛上居民个性温和、十分友善、乐于助人，社区均自成一个密切互动的服务网络，人们多互助合作，重视教育，弦歌不辍，充满人文气息。

E 岛：显赫富庶的岛屿。岛上的居民热情豪爽，善于企业经营和贸易。岛上的经济高度发展，处处是高级饭店、俱乐部、高尔夫球场。来往者多是企业家、经理人、政治家、律师等，衣香鬓影，夜夜笙歌。

① 你最希望选择哪一个岛屿靠岸？________________

② 假设你必须选择三个岛，你最想去的岛排在第一位，第二想去的排第二位，第三想去的排第三位，将这三个岛屿的字母代码从左到右列出来：______________

（2）岛屿解析

从你选择的岛屿中，可以看出你的性格特点、职业兴趣与能力，并得出对应的职业，如表 2-4 所示。

表 2-4 岛屿解析

岛屿	性格特点	职业兴趣与能力	对应职业
A	有创造性、非传统、敏感、容易情绪化、较冲动、不服从指挥	喜欢要求具备艺术修养、创造力、表达能力和直觉，并将其用于语言、行为、声音、颜色和形式的审美、思索和感受类的工作，并具备相应能力；不善于事务性工作	艺术方面（演员、导演、艺术设计师、雕刻家、建筑师、摄影师、广告制作人）；音乐方面（歌唱家、作曲家、乐队指挥）；文学方面（小说家、诗人、剧作家）
I	坚持性强、有韧性、喜欢钻研、为人好奇、独立性强	喜欢智力的、抽象的、分析的、独立的定向任务，要求具备智力或分析才能，并将其用于观察、估测、衡量、形成理论、最终解决问题的工作	科学研究人员、教师、工程师、电脑编程人员、医生、系统分析员
	有责任心、依赖性强、高效率、稳重踏实、细致、有耐心	喜欢要求注意细节，精准，有系统，有条理，具备记录、归档、据特定要求或程序组织数据和文字信息条件的职业，并具备相应能力	秘书、办公室人员、记事员、会计、行政助理、图书馆管理员、出纳员、打字员、投资分析员
R	感觉迟钝、不讲究、谦逊、踏实稳重、诚实可靠	喜欢使用工具，需要基本操作技能的工作；对从事与物件、机器、工具、运动器材、植物、动物相关的职业有兴趣，并具备相应能力	技术性职业（计算机硬件人员、摄影师、制图员、机械装配工）；技能性职业（木工、厨师、技工、修理工、农民、一般劳动者）
S	为人友好、热情、善解人意、乐于助人	喜欢要求与人打交道的工作，能不断结交新朋友，从事提供信息、启迪、帮助、培训、开发或治疗等事务，并具备相应能力	教育工作者（教师、教育行政人员）；社会工作者（咨询人员、公关人员）

续表

岛屿	性格特点	职业兴趣与能力	对应职业
E	善辩、精力旺盛、独断、乐观、自信、好交际、机敏、有支配愿望	喜欢要求具备经营、管理、劝服、监督和领导才能，以实现政治、社会及经济目标的工作，并具备相应能力	项目经理、销售人员、营销管理人员、政府官员、企业领导、法官、律师

① 根据表 2-4，找出与你之前选择的三个岛屿代码相匹配的性格及职业有哪些。

② 上述性格及职业是否与你本人实际的兴趣和能力相匹配？若不匹配，请找出与你相匹配的职业与性格。

2．仔细回想一下从小到大让你感到自豪和有成就感的事情，写得越多越好。不管这件事是宏大或是微小，不管别人怎么看都没有关系，只要这件事让你觉得很自豪。写完后，按照你的自豪程度对这些事情进行排序，把让你最自豪的排在前面，然后逐个分析一下这些事情，问自己以下几个问题：

（1）在这件事里，我做了什么？

（2）在这件事里，我发现了什么？

（3）做完这个练习，我对自身的能力有何发现？

第三章

大学生职业生涯规划

本章导读

大学阶段是人生最关键、最美好的阶段。刚入学的大学生们在开始人生新的篇章时，“大学生活该如何度过”是他们首先要面对的问题。对这个问题的不同认识和态度将影响到他们的职业生涯规划。因此，如何规划大学生活，是大学生职业生涯规划的重要部分。本章将详细阐述大学生职业生涯规划的相关知识。

学习目标

知识目标

- 理解大学生职业生涯规划的特征、原则和内容
- 掌握大学生职业生涯规划的步骤
- 掌握职业生涯规划书的主要内容和基本格式

能力目标

- 能够合理进行职业生涯规划
- 能够根据自己的实际情况设计制作职业生涯规划书

第一节 大学生职业生涯规划概述

大学生职业生涯规划是指大学生在校期间进行系统的职业生涯规划的过程。大学生职业生涯规划的有无及好坏不仅直接影响到大学生在校期间的学习和生活质量，还影响到大学生求职就业甚至未来职业生涯的成败。

一、大学生职业生涯规划的特征

由于大学生尚处于学习阶段，这一阶段是职业生涯的预备期，与在企业组织环境当中的职业生涯规划相比还是有较大的区别。因此，在高校环境下的大学生职业生涯规划，具有其特殊性。

（一）认识的个性化

人的个性化差异和价值追求、职业素质、能力、适应性等方面的不同决定了职业生涯规划应因人而异。大学生在规划职业生涯时要根据个体的特点确立适合自己的最佳奋斗目标、设计有效的行动方案，倡导多元化，鼓励独特性。例如，从性格角度说，外向者往往希望未来职场生活丰富多彩，流动跳槽与生相伴；而内向者则希望职业旅途平静似水，从一而终。

（二）规划的连续性

职业生涯规划是一项连续而又系统的工作，作为职业生涯规划理论发源地的美国早已走过从性向测评到职业生涯规划的阶段。性向测评仅仅能诊断出个体在能力、个性、兴趣等方面的特点，并在此基础上对学生适宜发展的方向和职业作出指导。然而，对大学毕业生而言，其性向与所学专业相去甚远，而学生本身已没有更多的选择时，性向测评往往显得无能为力。

从广义上讲，职业生涯贯穿人的一生，在个体走上工作岗位之前这一阶段都是个体为职业作准备的时期，而大学是专业学习阶段，尤其显出其职业预备的特点。因此，大学生职业生涯规划不仅仅是毕业阶段的工作与任务，它应当贯穿整个大学生活，以便分阶段、分任务逐级作好大学生的职业生涯规划指导。

（三）培养的实践性

大学生的综合能力和知识面是用人单位选择人才的依据。用人单位不仅要考核大学生的专业知识和技能，而且还要考核综合运用知识的能力、对环境的适应能力、对文化的整合能力和实际操作能力。因此，大学生在进行职业生涯规划时，除了要构建自己合理的知识结构外，还要具备从事本行业工作的基本能力和专业能力。从某种意义上说，能力比知识更重要，大学生只有将合理的知识结构和适应社会需要的各种能力整合起来，才能立于不败之地。

（四）操作的可行性

职业生涯规划就是在充分了解自己的兴趣、爱好的前提下，在认真分析当前环境形势的基础上，结合自己的专业特长和知识结构，对将来从事的工作所做的方向性的计划与安排。因此，大学生在进行职业生涯规划时，要有事实依据，切忌以不着边的梦想或幻想为依据，延误生涯良机。

（五）时间的适时性

大学时代是一个人一生最为宝贵的阶段，也是一个人处于左右摇摆、寻找个人定位与发展方向的阶段。因此，大学生职业生涯规划对一个人能否成功具有决定性作用，能否根据自身的条件和所处的客观环境，认真分析自身的优势和不足，合理进行职业生涯规划，将直接影响未来的发展和前途。

大学生职业生涯规划应有明确的时间限制或标准，使自己随时掌握执行状况，并为规划的修正提供参考依据。规划是预测未来的行动，确定将来的目标，因此各项主要活动何时实施、何时完成，都应有时序上的妥善安排，以便进行评估、检查。

（六）环境的适应性

大学生职业生涯规划牵涉到多种可变因素，因此规划应有弹性，以增加其适应性。实现生涯目标的途径很多，大学生在作规划时必须要考虑到自己的特质、社会环境、组织环境以及其他相关的因素，选择切实可行的途径。同时，职业生涯规划不是一成不变的，大学生在迈入职业生涯以后，仍需根据社会环境、经济背景和自身条件的变化，及时调整阶段性目标，调整前进的步伐，一步步接近并最终实现长远的目标，实现人生的价值。

课堂讨论

你的大学生活与高中生活有哪些不同之处？面对这些不同，你做了哪些努力来适应大学生活？

二、大学生职业生涯规划的原则

（一）指导性原则

高等院校在职业生涯规划方面所面临的任务不同于专业咨询机构。目前，高等院校职业生涯指导主要有三个方面的任务：第一，使大学生提高对职业生涯规划的意识，也就是经营自我、规划自我的意识；第二，使学生和指导教师树立“助人自助”的理念；第三，让学生学会制订个人职业生涯规划方面的知识和技能。这三个方面也可以理解成三个层面，即：第一层面是提高意识和观念，使学生能够主动自觉地规划自我；第二层面是理念，使职业生涯规划的指导者和被指导者之间清楚在此过程中应该充当的角色；第三层面是操作，即学会制订个人职业生涯规划的方法。

在大学生职业规划的过程中，指导者只是帮助大学生进行自我认识，帮助他们分析个人的优势和劣势，分析社会环境中存在机遇与挑战，至于最终制订个人的职业生涯规划并付诸行动就应该是大学生自己的事情了。当然，在此过程中，指导者可以给予帮助，但绝不是替他们来作决定，原因有以下几个方面：第一，职业生涯规划是与一个人的未来相关联的，如果替他们作决定，一旦因了解不够全面而作出错误的规划，对学生的前途会产生不良影响；第二，大学生是心理独立性较强的一个群体，他们非常反感多年来自己的家长为他们做出的种种安排，这时，由别人通过几个小时的论证就为其作出职业生涯规划，可能会使其产生一些疑虑，这将影响他们对规划的实施；第三，大学生的智商普遍都比较高，在给予他们足够参考资料的情况下，他们完全有能力得出比较正确的结论，有能力为自己确立恰当的职业目标，并能够为实现目标制订长期、中期和短期的职业生涯规划。

（二）主体性原则

学生的主体地位是指对大学生职业生涯规划进行系统指导时，以学生为主，以学生自己的决定为主，指导工作既到位又不越位。大学生职业生涯规划的目的在于寻找适合自身发展需要的职业，实现个体与职业的合理匹配，实现个体价值的最大化。它是个体对自己未来职业方向、发展道路的设计和实现职业目标的实施步骤，事关学生一生，理应由学生自己决定，学校不能进行统一规划，不能越俎代庖，要充分尊重学生的主体地位和主体作用。在这个过程中，学校和老师结合普遍指导和个别咨询，帮助学生进行自我认识、自我定位、科学测评及职业预测，帮助学生回答“我是什么样的人”“我想干什么”“我适合干什么”“打算成为哪方面的人才”“打算在哪个领域成才”等。

（三）社会性原则

大学生在规划职业生涯时只有把个人志向、国家利益、社会需求和所学专业结合起来统筹考虑，才具有现实可行性，进而真正实现自己的职业理想。

任何人的职业生涯规划都会受到社会环境、社会现实和个人身心特点的制约，社会发展的需要是职业生涯规划的客观依据。同时，还要把职业生涯规划与自己所学的专业结合起来，如果职业生涯规划脱离了所学专业，会在无形中增加许多“补课”负担，对个人和社会也会造成一定的浪费，导致个人价值难以实现。当然，兴趣与专业的结合，还意味着在掌握丰富的基础知识和精深的专业知识外，依据兴趣去拓宽知识面，了解相关、相近专业的知识，把职业规划和自身的素质培养结合起来。

（四）全程性原则

全程性原则是指大学生职业生涯规划贯穿于整个大学阶段。大学生职业生涯规划应从大学一年级就开始，根据不同时期的特点与任务，分阶段、分内容做好大学生的职业生涯规划指导。在全面指导和全程指导的基础上，要针对某一个学生的具体情况和特点，进行职业兴趣、职业能力等方面的测评，并在测评的基础上，结合学生的兴趣、特长、技能、爱好、社会需要和专业，进行差异性辅导，提高职业生涯规划指导的针对性。

（五）发展优先原则

发展优先原则即个人的职业生涯规划应着眼于是否能促进自身的事业发展，是大学生在进行职业生涯规划时应考虑的关键因素。大学生在制定规划时，应树立崇高的职业理想和职业目标，不要过分苛求从事职业的社会地位、环境待遇等，要预测职业生涯中的困难，善于把磨难转化为励炼自己的财富、发展自己的动力。

三、大学生职业生涯规划的内容

（一）人生理想规划

怎样才能发现自己内心真实的需要并进行理想规划呢？将自己曾经过的人生理想和生活目标一一列举出来，按照时间和强烈程度进行排序，把那些持续时间长、程度最强烈的理想和目标找出来，便可清晰地看到自己的人生理想和生活目标。

尽管梦想和现实是有距离的，但不要因为梦想太遥远就认为它没有意义，无论这些梦想多么漂渺，它们之间总有某种同一性贯穿着，找到这种同一性，就找到了隐藏在自己潜意识中的真实需要。只要梦想不会太离谱，和现实有一定的联系，它就会成为一种动力，促使你朝着目标前进。

（二）职业选择规划

个人的社会价值和人生价值主要体现在职业生涯中，选择了一种职业，就确定了个人的社会角色和人生角色。因此，职业选择至关重要。

心理学的研究表明，人与人之间的差异主要表现在身体素质、智力、个体特征上。个体差异的存在决定了一个人对于某种职业的适应性不同。而社会职业也是种类繁多、千差万别。每种职业因其自身性质和内容等差异，使得它对任职者的要求也不一样。任职者如果能找到符合自身个性特征、兴趣，又有适当能力去完成的职业，就能充分发挥其潜力，从而最大限度地提高工作效率，取得较好业绩，最终产生工作满意感、自我实现感。因此，大学生在进行职业选择规划时，要充分考虑到自己的兴趣、能力、气质、性格、价值观以及所学专业。

课堂讨论

上了大学之后才开始进行职业生涯规划，是不是为时已晚？为什么？

第二节　大学生职业生涯规划的步骤

职业生涯规划是个周而复始的连续过程。一般认为，大学生进行职业生涯规划主要包括以下几个步骤。

一、自我评估

自我评估就是对自己进行全面分析，通过自我分析认识自己、了解自己，因为只有认识了自己，明确了自己的长处，才能正确选择自己要从事的职业，才能选定适合自己发展的职业生涯路线。

自我评估包括对自己的气质、性格、兴趣和能力进行评估，也就是“知己”。弄清“我是谁”，是进行职业生涯规划的基础，也是职业生涯规划的难关。认识自己是一件很困难的事，尤其是能认识自己的短处则更加困难，不能准确地认识自己的长处、短处，不能“兴其利，改其弊”，也是无法实现自己的职业目标的。

不适当的自我评估不是过高的评估就是过低的评估。过高的评估往往使自己脱离现实，意识不到自己的条件限制，甚至自傲狂妄，由自信走向自负；过低的自我评估，往往忽视自我的长处，缺乏自信，过于自卑。过高或过低的自我评估，对自己都是不公正的。在对自己进行评估时，既要看到好的一面，又要看到不足的一面；既要对某一方面的特殊素质进行具体评估，又要对其他各方面的整体素质进行综合评估；既要考虑全面的整体因素，又要考虑其中占主导地位的重点因素。反之，任何一种片面、孤立、不分主次的自我评估，都不可能全面而正确地反映自己的整体素质状况。

在进行自我评估时，只有以客观事实为基础和依据，才有可能使自我评估趋于客观、真实。此外，还应以发展、变化的眼光看待自己，不但对自己的现实素质作出适当、全面、客观的评估，而且应当着眼于未来的发展变化，预见性地评估自己将来的发展潜力和前景。

课堂讨论

请你的同学用 5 个词来形容一下你是一个什么样的人，至少询问 10 人以上。

二、环境分析

每个人的人生目标是在符合社会这个大环境要求的前提下才能得以实现的，在制订职业生涯规划时就必须十分清楚地分析环境，明确社会的价值取向，了解社会政治经济、科学文化、自然环境等方面的态势，才能知道“我可以做什么”，才能使自己的职业生涯规划具有实际意义和可行性，才能做到“顺势而为”。

大学生要从分析家庭、社会环境和职业社会的需求出发，了解市场、行业发展趋势，认清环境为自己带来的有利与不利条件。这里最重要的是政治风云、经济兴衰，还有科学文化潮流、社会时尚，乃至自然灾害、饥荒、瘟疫等，无疑都深刻地影响着我们的职业生涯规划。只有对这些环境因素进行充分了解和深刻分析，才能做到在复杂的环境中避害趋利，使职业生涯规划具有实际意义。

三、确定目标

职业生涯目标是个人对未来职业生活的构想和规划。大学生应当确立明确的职业生涯目标，即明确自己毕业后准备从事什么行业、什么职业。当然，任何人的职业理想都要受到社会环境和社会现实的影响和制约，因此，在确定职业生涯目标时，大学生应当以社会发展的需求为客观依据，以自己的兴趣爱好和能力为主观依据。

在初步确定了自己的职业生涯目标之后，为了使目标具有可行性，可以设计一个相对长期的目标，在具体的大学生涯中，需要对长期目标进行分解，细化成中短期目标，这样才能够有针对性地逐步实现自己的长期目标。一般说来，大学生应根据大学阶段的不同情况，确定不同的奋斗目标，具体如下：

- **大学一年级**：探索和了解。首先了解自己所就读的专业或者自己理想的专业近几年的就业状况；其次，多与老师、学长等进行交流，了解专业发展情况；再次，多参加学校的活动，增强自己的人际交往能力，发掘自己的潜力；最后，努力打好学习基础，使未来的学习生涯有一个良好的开端。

- **大学二年级：** 基本定向。通过一年的学习生活，应该对自己的未来有一个相对确定的方向，如确定自己是考研深造还是就业，要根据不同的情况开展不同的学习生活。在大方向上，有意识地培养自己的能力和综合素质。如通过学生会或社团等组织，来锻炼自己的各种能力；通过相关的证书考试，来提高自己在英语、计算机等方面的应用能力；通过不断阅读各类书籍来充实自己的头脑；通过社会实践来提高自己适应社会的能力。
- **大学三年级：** 努力和冲刺。这个时候，应该很清楚自己毕业后的去向，要考研、出国或是就业。若是要考研，就要开始选择好深造的专业，积极准备考试的科目，并有意识地阅读深层次的专业书籍；若是准备出国，则可多注意相关留学考试的信息，开始准备 TOEFL、GRE 或者雅思，参与留学的系列活动，了解留学的相关资讯；如果决定就业，就需要更积极地开展社会实践，和已毕业的校友交流心得体会，努力提高求职技巧，并学习撰写吸引人的个人简历。
- **大学四年级：** 分化决定。首先要检验自己确定的方向是否明确；其次，要回头看看前三年的准备是否充分；接着，要根据自己的实际情况，积极利用学校提供的条件，扩大自己的目标成效。

拓展阅读

确定职业生涯目标的“SMART”简易原则

1．目标必须是具体的（Specific）

这是指目标必须是清晰的，可产生行为导向的。例如，“我要成为一个优秀的医生”不是一个很具体的目标，而“学期末平均成绩在 80 分以上”就是一个具体的目标。

2．目标必须是可以衡量的（Measurable）

这是指目标必须用指标量化表达。例如，上述“学期末平均成绩在 80 分以上”的目标，就对应着量化的指标“分数”。

3．目标必须是可以达到的（Attainable）

这里的“可以达到”有两层意思：一是目标应该在能力范围内；二是目标应该有一定难度。一般人在这点上往往只注意前者，其实后者也相当重要。目标经常达不到的确会让人沮丧，但同时要注意，太容易达到的目标也会让人失去斗志。

4．目标必须和其他目标具有相关性（Relevant）

这里的“相关性”是指与现实生活相关，而不是简单的“白日梦”。

5．目标必须具有明确的截止期限（Time-based）

也就是说，目标必须是“基于时间”的目标，是指目标必须确定完成的日期。不但要确定最终目标的完成时间，还要设立多个小时间段上的“时间里程碑”，以便进行工作进度的监控。

四、选择职业生涯路线

职业生涯路线是指一个人选定职业后选择从什么途径去实现自己的职业目标。在职业发展道路中，每个人都有适合自身发展的路径，但彼此各不相同。我们可以选择不同的行业，在同一行业里也可以选择不同的企业，在同一企业里还可以选择不同的岗位和职位。同时，在职业发展道路中还有行政管理路线和专业技术路线两种发展方向可供选择。由于发展路线互不相同，因此在职业生涯规划中，我们必须作出选择，以便使自己的学习、生活和工作沿着设定的职业生涯路线或预定的方向前进。在选择职业生涯路线时，可以根据志向取向、能力取向和机会取向三个方面进行选择，如图 3-1 所示。

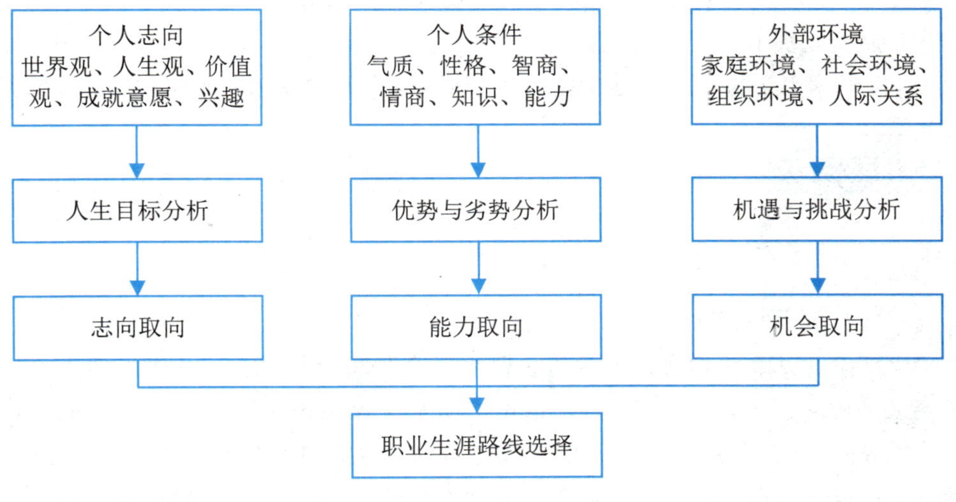

图 3-1　职业生涯路线选择图

五、职业生涯规划的实施

“千里之行，始于足下。”制订的规划再好，如果不实施，也是不可能实现既定目标的。这里所说的“实施”就是将完成目标的具体措施付诸行动，对大学生来说，主要包括学习、社会实践、技能培训等。例如，具体学习哪些技能、怎样提高能力、如何开发自己的潜能等，为将来走上工作岗位，实现自己的目标奠定坚实的基础。

六、反馈与修正

在人生的发展阶段，由于社会环境的巨大变化和一些不确定因素的存在，会使我们与原来制订的职业生涯规划有所偏差，这就需要对规划进行修正和适当的调整，以更好地符合自身发展和社会发展的需要。

反馈与修正过程是个人对自己的不断认识过程，也是对社会不断认识的过程，是使职业生涯规划更加有效的有力手段。其内容主要包括以下几个方面：

（1）自我条件重新剖析，即在实践的基础上重新认识自己、分析自己，找到自己的优势与不足。

（2）生涯机会重新评估，即结合现实的组织环境和社会、经济环境，分析自己未来发展的空间及可能性。

（3）职业生涯目标修正，即根据实际情况，重新思考与确定自己的人生与职业发展目标，使其更加切合自己的情况，更加有利于自己的发展。

（4）调整生涯发展策略，即根据新的情况和目标，重新制订和调整生涯发展策略，强化自己的优势，弥补自己的不足。

（5）积极落实新的生涯规划方案，使之进入一个新的规划、实施、反馈与修正期。

拓展阅读

SWOT 分析法帮大学生进行职业生涯规划

1. 什么是 SWOT 分析法

SWOT分析法是由旧金山大学的管理学教授于20世纪80年代初提出来的。SWOT四个英文字母分别代表：优势（Strength）、劣势（Weakness）、机会（Opportunity）、威胁（Threat）。所谓 SWOT 分析，即态势分析，就是将与研究对象密切相关的各种主要内部优势、劣势、机会和威胁等通过调查列举出来，并依照矩阵形式排列，然后用系统分析的思想，把各种因素相互匹配起来加以分析，从中得出一系列相应的结论，而结论通常带有一定的决策性。

运用这种方法，可以对研究对象所处的情景进行全面、系统、准确的研究，从而根据研究结果制订相应的发展战略、计划以及对策等。

2. 如何用 SWOT 分析法进行职业生涯规划

1）找到核心竞争力

SWOT 分析是检查一个人的技能、能力、职业、喜好和职业机会的有用工具。如果我们对自己做一个细致的 SWOT 分析，就会很明了地知道自己的个人优点和弱点在哪里，并且仔细地评估出自己所感兴趣的不同职业道路的机会和威胁所在。

一般来说，求职者在进行SWOT分析时，应遵循以下四个步骤：

（1）评估自己的长处和短处

我们每个人都有自己独特的技能、天赋和能力。在当今分工非常细的市场经济里，每个人擅长于某一领域，而不是样样精通（当然，除非天才）。请做个表，列出你自己喜欢做的事情和你的长处所在（如果你觉得界定自己的长处比较困难，你可以找一些测试习题做一做，做完之后，可以发现你的长处所在）。同样，通过列表，你可以找出自己不是很喜欢做的事情和你的弱势。找出你的短处与发现你的长处同等重要，因为你可以基于自己的长处和短处做两种选择：一是努力去改正你常犯的错误，提高你的技能；二是放弃那些对你不擅长的技能要求很高的职业。列出你认为自己所具备的很重要的强项和对你的职业选择产生影响的弱势，然后再标出那些你认为对你很重要的优势和劣势。

（2）找出你的职业机会和威胁

我们知道，不同的行业（包括这些行业里不同的公司）面临不同的外部机会和威胁，所以，找出这些外界因素将助你成功地找到一份适合自己的工作，对你求职是非常重要的，因为这些机会和威胁会影响你的第一份工作和今后的职业发展。如果公司处于一个常受到外界不利因素影响的行业里，很自然，这个公司能提供的职业机会将是很少的，而且没有职业升迁的机会；相反，充满了许多积极的外界因素的行业将为求职者提供广阔的职业前景。请列出你感兴趣的一两个行业，然后认真地评估这些行业所面临的机会和威胁。

（3）提纲式地列出今后五年内你的职业目标

仔细地对自己做一个SWOT分析评估，列出你从学校毕业后五年内最想实现的4～5个职业目标。这些目标可以包括：你想从事哪一种职业，你将管理多少人，或者你希望自己拿到的薪水属哪一级别。请时刻牢记：你必须竭尽所能地发挥出自己的优势，使之与行业提供的工作机会完满匹配。

（4）提纲式地列出一份今后五年的职业行动计划

这一步主要涉及到一些具体的东西。请你拟出一份实现上述每一职业目标的行动计划，并且详细地说明为了实现每一个目标，你需要做的事情，以及何时完成这些事。如果你觉得你需要一些外界帮助，请说明你需要何种帮助和你如何获取这种帮助。举个例子，你的个人SWOT分析可能表明，为了实现你理想中的职业目标，你需要进修更多的管理课程。那么，你的职业行动计划应说明你何时进修这些课程。

2. 兴趣与工作相结合

唯有将自己所长以及所爱的兴趣与工作相结合，做一最好的搭配合，才能称做事业——一个你永远都会努力的工作。也许有人会问，该如何对自己的工作感到兴趣呢？最好的方法就是挑选对自己适性、适情的工作，因为如果该工作能符合自己的喜好，便可从中产生很大的兴趣。

如何找出自己的喜好？方法很简单，只要拿出一张纸，依照以下的指示，记下自己最擅长的项目或专长：

① 写出自己拿手的项目，如绘画、唱歌、跳舞、写作、演讲、弹奏乐器等。

② 写出让自己引以为傲的特质，如细心、体贴、温柔、宽容、知错能改等。

③ 写出自己和周遭亲友相处的关系，如能为别人着想、急功好义、打抱不平、见义勇为等。

只要站在客观的立场，列举出自己的各种专长、成就和特质后，便能得知自己感兴趣的项目有哪些，然后从其中找出最适合发挥的才能，好好发挥所长，就能认真努力工作而不感到辛苦。

第三节　大学生职业生涯规划书

要想在激烈的人才竞争中脱颖而出，顺利实现自己的人生目标和职业理想，应该提早明确职业目标和奋斗方向，设计制订职业生涯规划书。

一、制订职业生涯规划书的意义

制订职业生涯规划书的过程也就是个人根据自身特质和客观环境的综合分析，确定自己的职业发展目标，并按一定的时间安排制订相应的工作、培训、教育等行动计划的过程。职业生涯规划的思路、依据、内容和结果形成文字性的方案即构成了职业生涯规划书。职业生涯规划书是个人职业生涯成功的战略指南，对实现个人职业梦想有着非常重要的意义，主要表现在以下几个方面：

（1）帮助我们树立明确的职业生涯目标，提醒我们运用科学的方法，采取切实可行的措施。

（2）通过自我分析，可以促使我们更加注重发挥个人的专长，不断开发自我潜能。

（3）可以让我们评估并明确现有资源，了解现状与目标的差异。

（4）通过职业生涯发展策略的制订，能够有效克服职业生涯的发展阻碍。

（5）职业目标达成的过程也是个人塑造职业竞争力、不断提升职业素质的过程。

二、制订职业生涯规划书的原则

职业生涯规划书的拟定是为实现职业生涯目标服务的，在制订过程中应遵循以下原则。

（一）独特性

每个人的性格特征、知识结构、兴趣爱好、能力倾向等都有自己的特点，其家庭条件、成长经历、社会关系也都不同，因而在制订职业生涯规划时不可能找到普遍适用的路径，必须综合考虑个人各个方面的实际情况，充分发挥个人优势特长，因人而异量身定制。

（二）可行性

职业理想能否顺利实现，有赖于职业生涯的规划方案是否可行。可行性体现在两个方面：一是职业生涯目标的可行性，即目标的设定是否建立在现实条件的基础上；二是职业行动计划的可行性，即行动计划是否是自己可以做到的，是否能够根据一定标准进行考核监督验收通过的。

（三）阶段性

根据舒伯的生涯彩图可知，个人的发展具有阶段性，每个人在自己人生发展的不同阶段所承担的重点社会角色和发展任务是不同的。制订职业生涯规划书时也应该根据自己的年龄阶段设计不同的内容，以适应每个发展阶段的特点，使每个阶段都能充实度过，并逐步达成阶段性目标，从容过渡到下一个阶段目标，从而实现自己的人生目标。

（四）发展性

现代社会发展日新月异，制订职业生涯规划书也要有一定的超前性和预测性。当社会、经济、政策、市场等方面出现新情况时，要根据自我发展、社会变迁以及其他不可预测的因素，主动适应各种变化，及时评估，灵活调整，不断修正、优化自己的职业生涯规划书。

（五）一致性

在调整职业生涯规划的过程中要坚守规划目标的持久性和一贯性。短期的目标有可能需要调整，目标的调整修正应和长远的人生目标始终保持一致，使得整个规划始终围绕自己的人生目标而展开。过去、现在和未来应有内在的一致性和延续性，除非遇到不可抗力事件或未预料到的严重事件影响，一般不要对发展规划作出颠覆性的修改或调整。

三、职业生涯规划书的主要内容

职业生涯规划书是职业生涯规划的书面化呈现，包括扉页、自我评估、环境分析、职业选择、生涯策略和评估反馈等基本内容。

（一）扉页

扉页包括题目、姓名、基本情况介绍（如专业、年级等）、规划年限、年龄跨度、起止时间。其中，规划年限视个人具体情况而定，短则半年，长则五到十年，一般以三到五年为宜。

（二）自我评估

自我评估是职业生涯规划的重要环节，是职业生涯规划主体基于自己全面了解和深入剖析后，对自己有关职业发展因素所作出的分析判断，包括气质性格、兴趣爱好、思维模式、知识结构、能力层次、愿望理想等诸多方面。通过回忆个人经历、评估个性素质、判断职业价值观念，从而弄清楚“我想干什么”“我能干什么”“我应该干什么”“在众多的职业面前我会选择什么”等问题，最终对自我作出全面分析和总结。职业生涯规划书中的自我评估可包括以下内容：个人经历回放、个人性格评估、个人能力判断、个人职业倾向分析、个人职业价值观判断、自我分析与评估总结等。

（三）环境分析

人是社会及其环境的产物，一份有效的职业生涯规划书必须要充分考虑规划主体所处的社会环境。通过分析社会经济制度、家庭学校、行业组织环境的特点、形势以及发展趋势，充分考虑环境因素为职业生涯发展所提供的机遇平台以及约束限制，从而综合评估环境因素对职业生涯发展的各种可能影响。

职业生涯规划书中的环境分析可包括：① 社会环境分析；② 学校环境分析；③ 家庭环境分析；④ 行业环境分析；⑤ 组织环境分析；⑥ 职业分析；⑦ 岗位分析；⑧ 环境分析结论等。

（四）职业选择

选择职业就是选择人生。职业选择是职业生涯规划主体依照自己的职业期望，凭借自我分析评估挑选职业，使自身素质与职业需求特征相匹配的过程。这一部分包括选择职业方向、判断职业价值、分析职业发展潜力、明确职业发展路径等内容，力求使自己的素质潜能与职业目标实现最佳配合。

（五）生涯策略

没有切实的行动，职业目标只能是个美丽的梦想。实现职业生涯目标需要具体可行的策略和行为措施来保证。在完成职业定位后，要制订周详细致的策略方案，如个人培训计划、工作改善计划等，积极构建职业社会资本，不断提高个人综合能力和核心竞争力，完成个阶段性的目标。职业生涯规划书中的生涯策略可包括：① 长期、中期、短期的职业生涯计划；② 各阶段计划的分目标；③ 计划内容（专业学习、职业技能、职业素养）；④ 计划实施策略等。

（六）评估与反馈

在践行职业生涯规划的动态过程中，要随时根据反馈情况评估自己的生涯规划，修正自我认知，总结经验教训，纠正最终职业目标与阶段性目标的偏差，保证职业生涯规划的行之有效，最终促使生涯目标的实现。职业生涯规划书的评估与反馈可包括：预评估的内容、可能存在的风险、风险应对方案等内容。

四、职业生涯规划书的的基本格式

（一）表格式

表格式的职业生涯规划书一般包括个人情况基本介绍、职业目标的说明、各阶段规划任务与发展策略。它是一种简约直观的职业生涯发展设计文件，有的只相当于一份完整的职业生涯规划书的计划实施方案表。这种格式的规划书更适合用作阶段任务的提示。

【经典实例 3-1】

表格式职业生涯规划书

表 3-1 所示是某大学三年级艺术设计专业的学生设计的表格式职业生涯规划书。

表 3-1　表格式职业生涯规划书

基本情况	姓名：×× 性别：女　专业：艺术设计　年级：本科三年级 设计专业扎实，略通经贸知识，通过大学英语四级考试；热情乐观，极具亲和力，具有较强的人际沟通能力；思维敏捷，表达较流畅；在大学期间长期担任学生干部，有较强的组织协调能力；创新意识较强，有很强的学习能力
职业目标	知名设计师、高级工程师（艺术设计方向）
发展策略（职业生涯发展路线）	设计员—独立设计师—设计经理、设计总监—高级工程师、知名设计师或企业高级管理人员
短期规划	通过实践学习，深入了解外国的企业管理理论和设计理念，具备在艺术领域从事具体设计工作的理论基础，通过实习具有一定的实践经验，通过 ICAD 初级国际商业美术设计师职业资格认证，以优异成绩完成本科学业并找到一份艺术设计方向设计员的工作。踏实努力工作，积累工作经验，提高从业能力，早日成为具备独立设计能力的设计师
中期规划	熟练处理本职工作，工作业绩在同级同事中较突出；熟悉企业运作机制及企业文化，能与公司上层进行无障碍沟通；通过 ICAD 中级国际商业美术设计师职业资格认证；成为设计经理、设计总监
长期规划	拥有广泛的社会交际网，能在国内外专业刊物上发布自己的作品；完成 MBA 的深造学习，取得硕士学位；成为知名设计师或高级工程师

（二）条目式

条目式规划书包含一般职业生涯规划书的主要内容，但语言表述简单，以条目形式一一列出，缺乏详细的材料分析和评估，简单明了，规划过程的逻辑性不强。

【经典实例 3-2】

条目式职业生涯规划书

1. 大学毕业后的十年总体规划

时间：2015 年～2025 年

美好愿望：事业略有小成，成为新四有公民或具备其条件

职业方向：外贸金融类的佼佼者

总体目标：完成本科、研究生学习，进入大型外贸公司成为高层的决策者

已进行情况：成功刚刚起步

2. 社会环境分析

（1）社会一般环境：中国政治稳定，经济持续发展，在全球经济一体化环境中扮演着重要角色。经济发展有强劲的势头，大批外国企业进入中国市场，中国的企业也将走出国门。

（2）职业特殊社会环境：以贸易全球化为重要内容的经济全球化，对我国经济和商务发展产生了深刻影响。深入分析和把握当前国际贸易的发展趋势和特点，对于我们科学决策，在更大范围、更广领域和更高层次上参与国际经济合作与竞争，主动利用经济全球化带来的各种机遇，具有十分重要的意义。

3. 行业环境分析

当前国际贸易的发展呈现出六大趋势：

（1）国际贸易步入新一轮增长期，贸易对经济增长的拉动作用愈加凸显；

（2）以发达国家为中心的贸易格局保持不变，中国成为国际贸易增长的新生崛起力量；

（3）多边贸易体制面临新的挑战，全球范围的区域经济合作势头高涨；

（4）国际贸易结构走向高级化，服务贸易和技术贸易发展方兴未艾；

（5）贸易投资一体化趋势明显，跨国公司对全球贸易的主导作用日益增强；

（6）贸易自由化和保守主义的斗争愈演愈烈，各种贸易壁垒花样迭出。

4．个人分析与角色建议

1）个人分析

（1）自身现状：英语水平有待提高；经贸知识需强化；具有较强的人际沟通能力；思维敏捷，表达流畅；有较强的组织协调能力；有很强的学习愿望和能力。

（2）性格、爱好：性格外向，乐观豁达；爱好打篮球、桌球，看伦理文艺性的电影……

2）角色建议（周围的人给自己的评价及建议）

父母：要不断学习，能力要强；工作要努力，有发展，要在大城市，方便我们退休后搬来一起居住生活。

老师：勤奋、有上进心、灵活、有纪律。

同学：有较强的工作能力、责任感强……

5．职业目标分解与组合

职业目标：分阶段阐述。

成果目标：通过实践学习，熟练掌握外贸需要的知识经验和学历目标。

学历目标：完成本科学业，适当的时候完成研究生学业；尽量考一些相关的资格证书。

能力目标：工作业绩在同级同事中居于突出地位；熟悉外资企业运作机制及企业文化，能与公司上层进行无阻碍的沟通。

经济目标：最终能达到年薪12万以上。

6．成功标准

我的成功标准是：个人事务、职业生涯、家庭生活的协调发展

7．职业生涯规划实施方案

规划实施存在的障碍：

（1）快速适应能力欠缺；

（2）身体适应能力有差距；

（3）社交圈太窄；

（4）英语水平有待提高；

（5）外贸知识不是很熟练。

8．解决方法

充分利用本科毕业前在校学习的时间，学习所需的知识和技能。包括参与社会团体活动，广泛阅读相关书籍，选修、旁听相关课程，报考技能资格证书等。

时间：2015年7月以前实践锻炼方法

（1）锻炼自己的注意力，在嘈杂的环境里也能思考问题，正常工作。在大而嘈杂的办公室里有意识地进行自我训练。

（2）养成良好的锻炼、饮食、生活习惯。每天保证睡眠6～8小时，每周锻炼三次以上。

（3）充分利用自身的工作条件扩大社交圈，重视同学交际圈，重视和每个人的交往，不论身份贵贱和亲疏程度。

（三）论述式

论述式规划书通常格式完整、规范，通过对自身条件、职业人士以及职业目标的定位分析来说明职业生涯规划的依据，对个人职业生涯的选择规划进行全面而详尽的分析和阐述，充分反映规划主体的内心思考过程。

【经典实例3-3】

论述式职业生涯规划书

姓　　名：风华

规划期限：四年

起止时间：2014年9月至2018年7月

年龄跨度：18～22岁

阶段目标：顺利毕业，成为一个有一定经验的市场营销人员

总体目标：成为一家大公司的业务主管

个人分析：自己是属于性格外向的人，具有较强的人际沟通能力，思维敏捷，表达流畅，有较强的组织协调能力，曾经有过兼职推销人员的经历并取得相当不错的成绩。而且，自己所学的专业也是经济学专业，这也正是自己的兴趣所在。

社会环境分析：中国现在是一个政治稳定，经济、文化高速发展的国家，这种状况为每一个人都提供了良好的发展机遇。随着市场经济的发展，市场在经济活动中的作用将越来越大。

目标分解与目标组合：

1）目标分解

目标可分解成两个大的目标：一个是顺利毕业，一个是成为一个有一定经验的市场营销人员。对于第一个目标，又可分解为把专业课学好和把选修课学好，以便修完足够的学分，顺利毕业。接下来，还可以细分：在专业课程中，如何学好每一门课程；在选修课程中，需要选择哪些课程，如何取得四、二级证书或六、三级证书以及任职资格证书。对于第二个目标，又可分解为接触市场阶段、了解市场阶段和熟悉市场阶段。接下来，还可以细分：在接触市场阶段，要采用什么方法，和哪些公司保持联系等。

2）目标组合

顺利毕业的前提是学好专业课程，而专业课程的学习则对职业目标（成为一个有一定经验的市场营销人员）有促进作用。

具体实施方案：要成为一个有一定经验的市场营销人员，需要缩小自己和有一定经验的市场营销人员的差距。这些差距包括：

1）思想观念上的差距

刚从事销售的人一般会认为销售只是卖出商品，但有一定经验的人则会认为销售是“卖出自己”——客户只有相信销售者，才可能购买商品。为了缩小这种差距，需要向有经验的人员请教，并在实践中去体会这一点。

2）知识上的差距

书本知识的欠缺只是一个方面，更重要的应当是实践的差距。为了缩小这种差距，需要在学习书本知识的同时，多参与真正的市场销售，在实践中体会书本知识。

3）心理素质的差距

市场销售需要百折不挠的精神，而作为一个被人称为“天之骄子”的大学生，缺少的可能恰恰是这一点，往往遇到些许挫折和失败就会退缩。这种差距，需要在实践中逐步消除。

4）能力的差距

这一点可能是最重要的。为了缩小这种差距，除了在实践中逐步学习外，还要和销售高手保持密切的联系，以便随时请教和学习。

检查和反馈：在向销售高手请教的过程中，发现自己需要学习的书本知识还有很多，特别是外语方面能力需要提高，否则，就无法适应现在的销售要求。所以决定加强英语的学习，准备报一个英语的口语班，每周上一次课，同时，准备参加学校里的英语角，切实提高英语水平。在销售过程中还发现，销售中有很多仅属事务性的活动，没有太多的智力成分，所以决定以后减少参加类似活动的次数，把精力用在那些对自己有锻炼意义的事情上去。

大学生职业生涯规划的实施策略：

1）大学一年级：探索期

阶段目标：职业生涯认知和规划

实施方案：首先要适应由高中生到大学生的角色转变，重新确定自己的学习目标和要求；其次，要开始接触职业和职业生涯的概念，特别是要重点了解自己未来所希望从事的职业或与自己所学专业对口的职业，进行初步的职业生涯规划；熟悉环境，建立新的人际关系，提高交际沟通能力，在职业认识方面，可以向高年级学生尤其是大四的毕业生询问就业情况；积极参加各种各样的社团活动，增强交流技巧；在学习方面，要巩固扎实专业基础知识，加强英语、计算机能力的培养，掌握现代职业者所应具备的最基本技能；如果有必要，为可能的转系、辅修自己喜欢的专业获得双学位、留学计划做好资料收集及课程准备，多利用学生手册，为将来的就业选择打下良好的基础。

2）大学二年级：定向期

阶段目标：初步确定毕业方向以及相应能力与素质的培养

实施方案：认识自己的需要和兴趣，确定自己的价值观、动机和抱负。考虑未来的毕业方向（深造或就业等），了解相关的活动，并以提高自身的基本素质为主，通过参加学生会或社团等组织，培养和锻炼自己的领导组织能力、团队协作精神，同时检验自己的知识技能；可以开始尝试兼职、社会实践活动，并要具有坚持性，最好能在课余时间从事与自己未来职业或本专业有关的工作，提高自己的责任感、主动性、受挫折和抗打击能力，并从不断的总结分析中得到职业的经验；增加英语口语和计算机应用的能力，通过英语和计算机的相关证书考试，并开始有选择地辅修其他专业的知识以充实自己。

3）大学三年级：准备期

阶段目标：掌握求职技能，为择业做好准备

实施方案：加强专业知识学习的同时，考取与目标职业有关的职业资格证书或相应地通过职业技能鉴定。因为临近毕业，所以目标应锁定在提高求职技能、搜集公司信息上。参加与专业有关的暑期工作，和同学交流求职工作心得体会，学习写简历、求职信等求职技巧，了解搜集就业信息的渠道，如果有机会要积极尝试；加入校友网络，向已经毕业的校友了解往年求职情况；如果决定考研，也要做好复习准备；希望出国留学的学生，可多接触留学顾问，参与留学系列活动，准备 TOEFL、GRE 的应试，注意留学考试资讯，向相关教育部门索取简章参考。

4）大学四年级：冲刺就业

阶段目标：成功就业

实施方案：对前三年的准备作一个总结；检验自己已确立的职业目标是否明确，前三年的准备是否已充实；然后，开始毕业后工作的申请，积极参加招聘活动，在实践中检验自己的积累和准备；最后，进行预习或模拟面试。积极利用学校提供的条件，了解就业指导中心提供的用人公司资料信息，强化求职技巧、进行模拟面试等训练，尽可能地在做好较为充分的准备的情况下进行施展演练。在撰写毕业论文时，要大胆提自己的见解，锻炼自己独立解决问题的能力和创造力。另外，要重视实习机会，通过实习从宏观上了解单位的工作方式、运转模式、工作流程，从微观上明确个人在岗位上的职责要求及规范，为正式走上工作岗位奠定良好的基础。

安东尼·罗宾斯曾经提出过一个成功的万能公式：成功＝明确目标＋详细计划＋马上行动＋检查修正＋坚持到底。从这个公式可以看出，要想成功，首先要明白我们的目标和详细的计划。在职业生涯领域，我们首先需要选择一个最适合我们发展的行业和职业，然后确定目标，同时对整个职业生涯进行初步规划，最后付诸行动，并且经常对自己的目标和计划进行检查修正，最后坚持到底，定能获得职业生涯的成功。

不管我们的出生如何，不管我们过去的经历如何，在这里我们是平等的，要相信自己，“人生最重要的不是握一手好牌，而是要把坏牌打好”“弱者困于环境，智者利用环境”。

思考与练习

1. 力场分析

力场分析是可以用来检测自己的职业目标是否可行的一种方法，是对影响个人的思想、情感和行为因素所进行的一种研究。

（1）陈述你的职业目标，这个目标应当清楚具体，如“在四年内成为一个成功的机械工程师”。实现这样一个职业目标的结果似乎会令人愉快和满足。

（2）列出支持和反对你的目标的各种因素。支持因素（＋）是指对实现你的目标有帮助的因素，如某种技能或能力倾向、家庭的支持、很强的动力、可以选修的某门课程、充足的时间、经济资助、良好的态度等；而反对因素（－）则是指任何使你难以达到自己目标的因素。

（3）确认你可以采取哪些措施来扩大支持因素的力量而消除反对因素的影响。在可以加强的支持因素和可以削弱或转化为支持因素的反对因素后面都画上一个加号（＋）。对于可以采取的措施应尽量具体详细，说明由谁来采取这些行动，将要做些什么，以及需要哪些资源。如果你不可能对某种因素（尤其是反对因素）采取任何行动来影响它，就在后面写上 NAP（No Action Possible），即“不可能采取行动”。

（4）评估你的职业目标的可行性。如果支持因素超过反对因素，或者你能够采取措施来削弱或扭转反对因素，那你的职业目标就是可行的。

（5）根据上述步骤填写力场分析表，如表 3-2 所示。

表 3-2　力场分析表

职业目标：	
支持因素： ① ② ③ ④ ⑤ ⑥ ⑦ ⑧ ⑨ ⑩	反对因素： ① ② ③ ④ ⑤ ⑥ ⑦ ⑧ ⑨ ⑩
能将支持因素最大化的行动：	
评估你的职业目标的可行性和现实态度：	

2．结合自身的实际情况，设计制作一份职业生涯规划书。

第四章 就业形势与就业政策

本章导读

面对大学生严峻的就业形势，国家出台了一系列重要举措，以促进高校毕业生就业工作的开展。了解大学生就业形势，掌握大学生就业政策，从而更好地了解所面临的机遇和挑战，将有助于大学生顺利就业。本章将主要介绍就业形势与就业政策的相关知识。

学习目标

知识目标

- 熟悉影响大学生就业的因素，理解大学生就业难的原因
- 了解大学生就业政策的历史演变，熟悉我国大学生就业的基本政策和特殊政策

能力目标

- 能够理性分析当前大学生的就业形势
- 熟悉大学生就业政策，为就业作好准备

第一节 大学生就业形势

一、大学生面临的就业形势

我国高校自1999年实施扩招以来，高校毕业生每年以15%的速度增长。据国家人力资源和社会保障局统计，2015年我国高校应届毕业生高达749万人，较2014年增加22万，较2013年增长50万。2013年被冠以“史上最难就业季”称号，但2014届毕业生就业趋势再创新低，被冠以“更难就业季”称号。专家预测，在未来五年内，高校毕业生就业形势将更加严峻，“更难就业季”会不断刷新。高校毕业生数量逐年增长，毕业生的就业形势日趋严峻，呈现出以下特点：

（1）高校毕业生由“精英”走向“大众”。根据西方经济学中的稀缺性原理，高等教育进入大众化时代，大学生不再是天之骄子，不再是稀缺资源，他们和其他社会层次的就业人员一样，不再占有优势。

（2）大学生就业市场进一步由“卖方”走向“买方”。在就业中，高校毕业生处于劣势地位，用人单位处于优势地位，就业市场由卖方走向买方，大学生薪酬水平下降。

（3）高校毕业生初次就业率较低。高校毕业生数量逐年增长，但是高校毕业生初次就业率没有明显提高。

高等教育发展的三个阶段

教育社会学家马丁·特罗根据适龄青年入学率的不同，将高等教育的发展过程划分为“英才”“大众”“普及”三个阶段，并提出了具体的量化指标。

高等教育入学率在15%以下时，称英才教育阶段。

当高等教育入学率为15%～50%时，称为大众化教育阶段。在大众化教育阶段，高等学校的功能虽仍然是为了培养精英，但这是一种更广泛意义上的精英，包括所有经济和技术组织中的领导阶层；教育的重心也从塑造人格转向传授更为具体的技能。

当高等教育入学率超过50%时，称为普及化教育阶段。此时，高等教育越来越成为一种义务。对于那些社会中上阶层的子女来讲，只要没有智力障碍，都能进入大学。而且，随着更多的人接受高等教育，好的工作机会和经济报酬将以获得大学学士学位作为前提。高等教育机构开始关心为大多数人在发达工业化社会中的生活作准备，教育的首要目的不再为了培养精英，而是面向全体公民。它关注的焦点是尽可能地提高人们的适应能力，以适应一个社会发展和技术变革迅速的社会。

二、影响大学生就业的因素

（一）毕业生供给与岗位需求

当前，我国经济发展进入一个新常态，社会对高校毕业生的需求处于相对稳定的阶段，高校毕业生供给增长的速度与经济增长速度不匹配，劳动力市场在短时间内难以吸纳全部高校毕业生就业

（二）经济发展与结构调整

在供大于求的前提下，就业问题宏观上只有通过大幅度增加岗位来解决。而就业岗位的增长幅度与经济增长的幅度密切相关。当经济快速健康增长时，就业岗位相应增加；反之，岗位就会减少。我国在过去 20 年间，国民经济快速发展，为社会提供了大量的就业机会。然而，由于产业结构发展的不平衡和经济结构的变动，劳动力的供给结构与经济结构不相适应，导致了高校毕业生就业难。

（三）就业区域选择偏好

我国地域广阔、人口聚集不均，各地区经济发展不均衡，人才需求显现出一定的地区差异。经济欠发达地区特别是中西部，很难对大学生形成规模需求。尽管在国家实施西部大开发、中部崛起战略以来，这种情况有所好转，但是仍存在人才供求矛盾。

相反，大中城市作为经济和文化中心，有更多的人才需求和发展机会，对大学生产生了更强的吸引力，同时由于人才济济，就业竞争激烈，就业难度大。

（四）高等教育的人才培养机制

高等教育是按照专业门类来培养学生适应职业需要的基本素质和能力的过程，通过公共基础课、专业基础课、专业课的教学活动和其他教育活动，使学生达到能够解决该专业一定问题的理论、技术和能力水平，从而形成适应某类或某种职业需要的专业特长。也就是说，大学生所受的专业教育直接制约着其职业的适应范围，进而很大程度上影响着就业。

（五）高校毕业生的就业能力

高校毕业生的就业能力是影响个人就业的根本因素，包括高校毕业生所拥有的专业知识、实践技能和就业态度、择业技巧等。毕业生如果基于职业路径的需要，基于用人单位的需要积累就业能力，则更容易在就业市场中找到合适的位置。

（六）高校毕业生的就业观念

高校毕业生的就业观念是指大学生对未来职业的认知、评价和工作岗位的初步体验，

从而形成的一种较为固定的看法和态度。

就业观念对大学生就业具有导向和动力作用，它支配着择业主体对择业目标的期望定位和选择，支配着择业行为。正确的就业观念能够指导大学生对自己、对职业进行正确的评价、合理的定位，并作出理性的选择。反之，错误的就业观念将使毕业生对就业产生过高或过低的期望，影响准确定位和选择。

（七）就业信息的传播

目前毕业生就业市场日趋完善，各级政府、人才机构及高等学校初步建立了人才交流平台，但是人才需求预测机制尚需完善，社会对高校毕业生的需求信息存在着一定程度的“失真、失控、失责”问题，社会上的毕业生供需信息交流不足，各自为阵，渠道不通畅，信息不对称等问题仍然存在。

三、大学生就业难的原因分析

高校毕业生的就业行为是一种社会行为，关系到大学生人生社会价值的实现、家庭教育投资的收益，也关系到高等教育的可持续发展、人力资源的投入分配，关系到社会发展的方方面面，吸引着政府、社会、学校、家庭、个人等多方的视线。当前大学生就业难的原因既有来自社会环境、学校教育的客观原因，又有来自大学生个体的主观原因。

（一）客观原因

1. 总量失衡

全社会大学生总量的扩张与需求的相对不足既是大学生就业所面临的严峻形势，也是大学生就业难的首要原因。

我国高校进入大规模的扩招以后，高等教育已经由精英教育转向大众教育，高校毕业生人数的激增期与全国就业高峰期重叠，高校毕业生人数连年攀升，再加上往年积压未就业毕业生的存在等因素，使得高校毕业生供需矛盾更加突出，大学生就业也就由过去的“卖方市场”日益走向现在的“买方市场”。与此同时，由于我国正处于全国性的就业高峰期，留学回国人员、再就业人员、城乡富余劳动力等多路劳动大军同时汇入劳动力市场，必然使得劳动力供求总量严重失衡，高校毕业生的就业空间受到挤压，而巨大的就业岗位缺口将使我国的就业压力长期存在，这对未来几年的大学生就业来说，仍将具有相当大的影响。

2. 产业结构不合理

产业结构不合理是造成大学生就业结构性矛盾突出的根本原因。从我国的产业结构看，过去 30 年里，我国的产业政策主要是发展劳动、资源为基础的传统产业，劳动密集型的低端制造业、资本密集型的重化工业发展迅速，而像先进制造业、现代服务业等能够大量吸纳高层次人才（即大学生）的知识密集型产业发育明显不足。今后在我国产业结构由劳动密集型向知识密集型、高端服务型的转型期，社会对高层次人才的需求不会出现爆发式的增长，结构性矛盾仍然存在。

3. 空间结构失衡

空间结构包括区域结构和城乡结构。

从区域发展情况看，我国的经济社会发展在区域层面存在严重的不平衡。东部发达地区对高校毕业生的就业需求比较大、生存环境比较好、经济回报也比较高，而广大的中西部欠发达地区虽然有较大的用人需求，但一方面是符合大学生需求的工作岗位不多，另一方面是工作环境和生活条件比较艰苦，经济回报相对较低。这样，东部发达地区就成为主要的人才输入地，而中西部欠发达地区就出现了“门前冷落鞍马稀”的景象。

从城乡发展情况看，目前我国劳动力市场从地域上可划分为城市劳动力市场和农村劳动力市场。城市劳动力市场的招工就业待遇比农村劳动力市场的招工就业待遇要好很多：不仅收入高、劳动条件好，而且机遇多、社会地位高。所以，大学生一般都选择城市，而鲜有问津农村劳动力市场。此外，社会保障政策的差别限制了大学生在城乡劳动力市场的自由流动。有的高校毕业生即便在经济发达城市找不到满意工作，也不愿去基层、去西部就业。

4. 人才培养与市场需求脱节

有调查表明，我国近年来的人才市场供给需求情况是，有关技术岗位的劳动力呈现供不应求的局面，如机械加工为主的技术、技能型人才短缺，备受市场青睐；再如，国内银行业缺乏专业人才，如金融工程师、精算师等。虽然高校金融专业毕业生及留学生回国就业的人员较多，但主要集中在低端和高端两头，所以，我们经常会看到，一方面金融机构高薪招揽人才，许多职位虚位以待，而另一方面高校财经、金融类专业的许多毕业生还是就业无门，被金融机构拒之门外，反差巨大。

（二）主观原因

1. 大学生择业期望值过高

择业期望值过高是一直困扰毕业生顺利就业的一个主要问题。不少学生在择业过程中存在自身价值定位和择业期望值过高的现象，把党政机关、事业单位、国有企业、外资企业等作为理想的择业目标，不屑于到基层、民营、私营施展才干；强调自身价值而忽视社会需要，一味追求个人利益，重地位、重名誉，轻事业、轻奉献，缺少艰苦奋斗的精神和强烈的责任感；“这山望着那山高”，以至后来处于高不成、低不就的尴尬局面，错失就业机会。

【经典实例 4-1】

毕业生王某来自云南省罗平县，直到毕业前的3月份还未落实工作单位。朋友去参加国家医药管理局的供需见面协调会，顺便将他的应聘材料带去帮他落实单位。刚好有一家制药厂有意录用他，一方面专业对口，另一方面又是在家乡，然而他本人的择业意向却是单位地点必须在昆明市，至于到昆明的什么单位、具体做什么工作都无关紧要。除此以外，任何单位都不考虑。在这种心态下，他自然难以如愿。

王某的思想在当前毕业生的择业过程中具有一定的代表性。不少毕业生过于向往经济发达地区，尤其是沿海地区的中心城市，最低的期望也是回自己家乡所在的中心城市。他们只注重经济文化发达、工作环境优越的一面，却忽视了人才济济、相对过剩的一面，择业期望值居高不下，从而导致了主观愿望与现实需求之间的巨大反差。

2．缺乏拓宽知识面的主观能动性

现在已经进入知识经济时代，在大学学到的知识已经远远不够用。有关调查显示，20 世纪 50 年代，大学生知识能用 30 年；到 20 世纪 90 年代，大学生知识能用 10 年；而 2003 年的统计显示，大学生所学知识只能用 3 年。要在掌握专业知识的同时，不断扩展知识面，如参加选修课学习、素质拓展训练等，也可以通过网络课程学习、技能培训、顶岗实习、社会实践等途径来扩充知识，提高能力。

3．就业观念陈旧

近几年来，大学生在就业方面的思想观念发生很大变化，但还有一部分学生就业观念滞后、理想与现实错位、创业意识较差，择业观与现实性存在着矛盾，直接影响到就业。具体表现在：缺乏正确的自我认知，对社会生活的估计往往失之于简单或片面；就业意向被家长望子成龙、望女成凤的想法所左右，缺乏主见；存在相当严重的职业歧视，眼高手低，不愿从事基层工作。如果就业观念不转变，大学生就业难的问题很难有根本的改善。

第二节　大学生就业政策

一、大学生就业政策的历史演变

自中华人民共和国成立以来，大学生就业政策大体上经历了三个不同的发展时期。

（一）计划经济体制下的高校毕业生就业政策

从建国初期到 80 年代中期，在计划经济体制下，我国的高等教育是一种高度集中的计划管理模式，从招生到就业，无不打上了计划经济的烙印。学校按指令性计划招生，学生按照计划分配，用人单位就像一个“大箩筐”，有什么学生装什么学生。我们通常把这种计划经济体制下的高校毕业生就业政策称为“统包统分”模式，毕业生就业由国家负责，按照计划统一分配。其特点是“由国家包下来分配工作，负责到底”，执行的是“统筹安排、集中使用、保证重点、照顾一般”的政策方针。

应该说高校毕业生由国家负责按计划分配的制度，是伴随着我国长期实行的计划经济体制而产生和完善的，这种分配制度与我国当时的计划经济体制相适应，体现了社会主义制度的优越性，在一定的历史时期发挥了重要的历史作用。在很长一段历史时期内，它保证了国家建设对人才的需要，在一定程度上缓解了我国地区之间人才需求不平衡的状况，有利于国家宏观调控人才流向，有利于社会安定。

（二）教育体制改革下的高校毕业生就业政策

改革开放以来，随着我国经济体制改革的不断深入和社会主义市场经济的发展及劳动人事制度的改革，“统包统分”的大学生就业分配制度越来越与新的经济运行机制不相协调，越来越不适应形势的发展，其弊端逐渐显露出来，该政策对于人才的合理配置、学生学习的积极性、学校办学的积极性以及用人单位择优选才都产生了不良的影响，亟待改革。

1985 年 5 月 27 日，中共中央颁布的《中共中央关于教育体制改革的决定》（以下简称《决定》）是我国对高校毕业生就业政策改革的重要标志。而改革高校毕业生分配制度是《决定》的重大决策之一，它明确指出，对于国家招生计划内的学生，其“毕业分配，实行在国家计划指导下，由本人选报志愿、学校推荐、用人单位择优录用的制度”。这项决策为毕业生就业制度的改革奠定了基础：国家有关部门开始对传统的“统招统分”制度逐步改革，形成了以“供需见面”为主要形式，以“双向选择”为指导目标的就业政策。“双向选择”毕业生就业政策顺应了教育体制改革对毕业生就业制度的新要求，适用于计划经济向社会主义市场经济转轨的全过程，有人形象地称“双向选择”毕业生就业政策开创的是一种“自由恋爱”的新模式，以区别于计划经济体制下的“包办婚姻”模式。

“双向选择”毕业生就业政策实施的结果，对广大高校大学生和用人单位而言实际上是一种“双赢”。它实现了人才资源的合理配置，适应了经济发展的需要，促进了我国的经济发展；扩大了用人单位选才的自主权，有利于用人单位择优选才，促进了用人单位尊重知识、珍惜人才风尚的形成；扩大了高等学校的办学自主权，促进了学校的教学改革，增强了学校适应社会需要的主动性和积极性；扩大了高校毕业生择业的自主权，有利于学生发挥自身的素质优势；转变了在校大学生的思想观念，提高了他们学习的积极性和竞争意识；打破了过去在单一计划分配体制下，高校毕业生那种“包上大学，包当干部”的思想，使在校大学生有了危机感，学生感到没有真才实学就会找不到工作单位，这从根本上为端正高校的校风和学风起到了推动作用；保证了企事业单位的人才需要，增大了毕业生到基层的比例，充实了基层科研、教学、生产的第一线的人才需要。

（三）社会主义市场经济改革进一步深化下的高校毕业生就业政策

以“双向选择”为主要特征的毕业生就业政策只是过渡性的就业政策，随着改革开放的深入和社会主义市场经济体制的建立和完善，建立以“自主择业”为主要特征毕业生就业制度已经势在必行。

1993 年 2 月 13 日，由中共中央、国务院颁布的《中国教育改革和发展纲要》是“自主择业”就业模式的政策依据，它明确指出：在 20 世纪 90 年代，随着经济体制、政治体制和科技体制改革的深化，教育体制改革要采取综合配套、分步推进的方针，加快步伐，改革包得过多、统得过死的体制，初步建立起与社会主义市场经济体制、政治体制和科技体制改革相适应的教育新体制。

以《纲要》为政策依据而确定的毕业生就业政策改革目标是：改革高校毕业生“统包统分”和“包当干部”的就业政策，实行少数毕业生由国家安排就业，多数由学生“自主择业”的就业政策。即除少数享受国家奖学金、专项奖学金、单位奖学金的学生，实行在一定范围内就业外，大部分学生在国家方针、政策指导下通过毕业生就业市场“自主择业”。在这种就业体制下，大部分毕业生将按照个人的能力、条件到市场参与竞争，而不再依靠行政手段由国家保证就业；用人单位也只能用工作条件及优惠待遇吸引毕业生，不能等待国家用行政命令的办法给予保证；而高校作为就业工作的中介，主要为毕业生“自主择业”提供服务。

二、我国大学生就业的基本政策

2014 年 6 月 11 日，教育部公布《2014 年国家鼓励高校毕业生就业创业新政策》，具体内容如下。

（一）鼓励高校毕业生到城乡基层就业的政策

（1）各地区要结合城镇化进程和公共服务均等化要求，充分挖掘教育、劳动就业、社会保障、医疗卫生、住房保障、社会工作、文化体育及残疾人服务、农技推广等基层公共管理和服务领域的就业潜力，吸纳高校毕业生就业。

（2）各地区要结合推进农业科技创新、健全农业社会化服务体系等，引导更多高校毕业生投身现代农业。

（3）继续统筹实施好大学生村官、“三支一扶”等各类基层服务项目，健全鼓励高校毕业生到基层工作的服务保障机制。高校毕业生到中西部地区和艰苦边远地区县以下基层单位就业的，实行学费补偿和助学贷款代偿政策。

三支一扶

"三支一扶"是支教、支医、支农、扶贫的简称。2006 年，中组部、原人事部等八部门下发《关于组织开展高校毕业生到农村基层从事支教、支农、支医和扶贫工作的通知》（国人部发〔2006〕16 号），以公开招募、自愿报名、组织选拔、统一派遣的方式，从 2006 年开始连续 5 年，每年招募 2 万名高校毕业生，主要安排到乡镇从事支教、支农、支医和扶贫工作。服务期限一般为 2～3 年，招募对象主要为全国普通高校应届毕业生。

2011 年 4 月，人力资源社会保障部下发《关于继续做好高校毕业生三支一扶计划实施工作的通知》（人社部发〔2011〕27 号），决定继续组织开展高校毕业生"三支一扶"计划，从 2011 年起，每年选拔 2 万名，五年内选拔 10 万名高校毕业生到基层从事"三支一扶"服务。

（4）高校毕业生在中西部地区和艰苦边远地区县以下基层单位从事专业技术工作，申报相应职称时，可不参加职称外语考试或放宽外语成绩要求。

（5）充分挖掘社会组织吸纳高校毕业生就业潜力，对到省会及省会以下城市的社会团体、基金会、民办非企业单位就业的高校毕业生，所在地的公共就业人才服务机构要协助办理落户手续，在专业技术职称评定方面享受与国有企事业单位同类人员同等待遇。

（二）鼓励小型微型企业吸纳高校毕业生就业的政策

（1）各地区、各有关部门要认真落实《国务院关于进一步支持小型微型企业健康发展的意见》（国发〔2012〕14 号），为小型微型企业发展创造良好环境，推动小型微型企业在转型升级过程中创造更多岗位吸纳高校毕业生就业。

（2）对小型微型企业新招用毕业年度高校毕业生，签订 1 年以上劳动合同并按时足额缴纳社会保险费的，给予 1 年的社会保险补贴。

（3）科技型小型微型企业招收毕业年度高校毕业生达到一定比例的，可申请最高不超过 200 万元的小额担保贷款，并享受财政贴息。

（4）对小型微型企业新招用高校毕业生按规定开展岗前培训的，要求各地根据当地物价水平，适当提高培训费补贴标准。

（三）激励高校毕业生自主创业的政策

（1）2014～2017 年，在全国范围内实施大学生创业引领计划。通过提供创业服务，落实创业扶持政策，提升创业能力，帮助和扶持更多高校毕业生自主创业，逐步提高高校毕业生创业比例。

（2）各地要采取措施，确保符合条件的高校毕业生都能得到创业指导、创业培训、工商登记、融资服务、税收优惠、场地扶持等各项服务和政策优惠。

（3）各高校要广泛开展创新创业教育，将创业教育课程纳入学分管理，有关部门要研发适合高校毕业生特点的创业培训课程，根据需求开展创业培训，提升高校毕业生创业意识和创业能力。

（4）各地公共就业人才服务机构要为自主创业的高校毕业生做好人事代理、档案保管、社会保险办理和接续、职称评定、权益保障等服务。

（5）各地区、各有关部门要进一步落实和完善工商登记、场地支持、税费减免等各项创业扶持政策。拓宽高校毕业生创办企业出资方式，简化工商注册登记手续。

（6）鼓励各地充分利用现有资源建设大学生创业园、创业孵化基地和小企业创业基地，为高校毕业生提供创业经营场所支持。

（7）对高校毕业生创办的小型微型企业，按规定落实好减半征收企业所得税、月销售额不超过 2 万元的暂免征收增值税和营业税等税收优惠政策。

（8）对从事个体经营的高校毕业生和毕业年度内的高校毕业生，按规定享受相关税收优惠政策。

（9）留学回国的高校毕业生自主创业，符合条件的，可享受现行高校毕业生创业扶持政策。

（10）各银行业金融机构要积极探索和创新符合高校毕业生创业实际需求特点的金融产品和服务方式，本着风险可控和方便高校毕业生享受政策的原则，降低贷款门槛，优化贷款审批流程，提升贷款审批效率。通过进一步完善抵押、质押、联保、保证和信用贷款等多种方式，多途径为高校毕业生解决反担保难问题，切实落实银行贷款和财政贴息。

（11）在电子商务网络平台开办“网店”的高校毕业生，可享受小额担保贷款和贴息政策。

（12）充分发挥中小企业发展专项资金的积极作用，推动改善创业环境。鼓励企业、行业协会、群团组织、天使投资人等以多种方式向自主创业大学生提供资金支持，设立重点面向扶持高校毕业生创业的天使投资和创业投资基金。对支持创业早期企业的投资，符合条件的，可享受创业投资企业相关企业所得税优惠政策。

（四）促进离校未就业高校毕业生就业的政策

（1）各地区要将离校未就业高校毕业生全部纳入公共就业人才服务范围，采取有效措施，力争使每一名有就业意愿的未就业高校毕业生在毕业半年内都能实现就业或参加到就业准备活动中。

（2）有关部门、各高校要密切协作，做好未就业高校毕业生离校前后信息衔接和服务接续，切实保证服务不断线。教育部门要将有就业意愿的离校未就业高校毕业生的实名信息及时提供给人力资源社会保障部门。人力资源社会保障部门要建立离校未就业高校毕业生实名信息数据库，全面实行实名制就业服务。

（3）各级公共就业人才服务机构和基层就业服务平台要及时主动与实名登记的未就业高校毕业生联系，摸清就业需求，提供有针对性的就业服务。教育部门和高校要加强对离校未就业高校毕业生的跟踪服务，为有就业意愿的高校毕业生持续提供岗位信息和求职指导。

（4）各地区要结合本地产业发展需要和高校毕业生就业见习意愿及需求，扩大就业见习规模，提升就业见习质量，确保凡有见习需求的高校毕业生都能得到见习机会。要根据当地物价水平，适当提高见习人员见习期间基本生活补助标准。高校毕业生见习期间参加职业培训的，按现行政策享受职业培训补贴。

（5）各地区要继续推动离校未就业高校毕业生技能就业专项行动，结合当地产业发展和高校毕业生需求，创新职业培训课程，提高职业培训的针对性和实效性。在高校毕业生集中的城市，要提升改造一批适应高校毕业生特点的职业技能公共实训基地。国家级重点技工院校和培训实力雄厚的职业培训机构，要选择一批适合高校毕业生的培训项目，及时向社会公布。

（五）加强就业指导和服务的政策

（1）各地区、各有关部门、各高校要根据高校毕业生特点和求职需求，创新服务方式，改进服务措施，提高服务质量，促进更多的高校毕业生通过市场实现就业。

（2）加强网络信息服务，建立健全全国公共就业信息服务平台，加快招聘信息全国联网，更多开展网络招聘，为用人单位招聘和高校毕业生求职提供高效便捷的就业信息服务。

（3）积极开展公共就业人才服务进校园活动，为高校毕业生送政策、送指导、送信息，特别是要让高校毕业生知晓获取就业政策和岗位信息的渠道。

（4）精心组织民营企业招聘周、高校毕业生就业服务月、就业服务周、部分大中城市联合招聘高校毕业生专场活动和每季度的全国高校毕业生网络招聘月等专项服务活动，搭建供需信息平台，积极促进对接。

（5）高校要加强就业指导课程和学科建设，积极聘请专家学者、企业人力资源经理、优秀校友担任就业导师。

（6）各地区、各高校要将零就业家庭、优抚对象家庭、农村贫困户、城乡低保家庭以及残疾等就业困难的高校毕业生列为重点对象实施重点帮扶。

（7）要在高校毕业生离校前，将享受城乡居民最低生活保障家庭的毕业年度内高校毕业生的求职补贴全部发放到位，求职补贴标准较低的要适当调高标准。

（8）鼓励各地结合本地实际将残疾高校毕业生纳入享受求职补贴对象范围。党政机关、事业单位、国有企业要带头招录残疾高校毕业生。

（9）离校未就业高校毕业生实现灵活就业的，在公共就业人才服务机构办理实名登记并按规定缴纳社会保险费的，给予一定数额的社会保险补贴，补贴数额原则上不超过其实际缴费的 2/3，最长不超过 2 年，所需资金从就业专项资金中列支。

（六）创造公平就业环境的政策

（1）各地区、各有关部门要积极采取措施，促进就业公平。用人单位招聘不得设置民族、种族、性别、宗教信仰等歧视性条件，不得将院校作为限制性条件。省会及以下城市用人单位招聘应届毕业生不得将户籍作为限制性条件。

（2）国有企业招聘应届高校毕业生，除涉密等特殊岗位外，要实行公开招聘，招聘应届高校毕业生信息要在政府网站公开发布，报名时间不少于 7 天；对拟聘人员应进行公示，明确监督渠道，公示期不少于 7 天。

（3）各地区、各有关部门要严厉打击非法中介和虚假招聘，依法纠正性别、民族等就业歧视现象。加大对企业用工行为的监督检查力度，对企业招用高校毕业生不签订劳动合同、不按时足额缴纳社会保险费、不按时支付工资等违法行为，及时予以查处，切实维护高校毕业生的合法权益。

（4）各地区、各有关部门要消除高校毕业生在不同地区、不同类型单位之间流动就业的制度性障碍。省会及以下城市要放开对吸收高校毕业生落户的限制，简化有关手续，应届毕业生凭《普通高等学校毕业证书》、《全国普通高等学校毕业生就业报到证》、与用人单位签订的《就业协议书》或劳动（聘用）合同办理落户手续；非应届毕业生凭与用人单位签订的劳动（聘用）合同和《普通高等学校毕业证书》办理落户手续。

（5）高校毕业生到小型微型企业就业、自主创业的，其档案可由当地市、县一级的公共就业人才服务机构免费保管。办理高校毕业生档案转递手续，转正定级表、调整改派手续不再作为接收审核档案的必备材料。

【经典实例 4-2】

毕业生张某在寒假参加 A 市的毕业生供需见面洽谈会，当时有一家国有企业在会场招聘应届毕业生，张某觉得单位处在沿海开放城市，工作环境、工资待遇、发展前景等方面都很有吸引力，而自己也比较符合单位的招聘条件，经过初试和复试，张某与单位正式签订了就业协议。张某回想起这段经历，脸上还不时浮现出自豪的笑容，能在大学生就业形势如此严峻的情况下找到这么中意的工作，自己已经非常幸运了。

前几天，张某却愁容满面地回到学校，向大学生就业指导中心的老师咨询毕业生解约的相关问题。老师问他："张某，你签的单位在你的班里算是很好的了，怎么还没有报到就要解除协议呢？是不是和单位之间有什么不愉快？"张某说："其实，我和单位之间并没有出现什么不愉快，彼此都挺满意的，只是刚接到了单位人力资源部打来的电话，说由于在招聘时没有注意到市人事局关于接收应届高校毕业生的通知对本年度毕业生引进的相关规定，参照我个人的条件，单位无法为我办理人事关系接收手续。"

张某接着向老师详细说明了情况：张某在寒假期间和单位签订就业协议时，双方都没有注意到市人事局关于人才引进的相关政策，当单位到A市人事局准备为张某办理人事关系接收手续时才发现张某不符合接收条件，原因是A市人事局出台了新的接收高校应届毕业生的政策。新政策规定，对外地生源应届高校毕业生到A市工作，需要毕业证、学位证、计算机等级证书"三证"齐全才能办理接收手续。张某目前还没有考取计算机等级证书，又是外地生源，所以A市人事局无法为张某办理人事关系接收审批手续。他只好与原单位解除就业协议，重新寻找工作。

前几天，张某向大学生就业指导中心提交了省外就业协议书，他已经和深圳的一家企业签订了就业协议，而且已经完成了人事关系转接的审批手续。回想起这一波三折的就业经历，张某感慨地说："磨刀不误砍柴工，大学生在找工作之前一定要了解清楚各种就业政策，这样才能少走弯路。"

三、大学生就业的特殊政策

（一）定向毕业生的就业政策

定向生在招生时就已经确定了就业动向。因此，原则上，定向毕业生时要到当年国家计划规定的定向地区或单位工作。

定向生如遇家迁、升学、留校、参军或原定向单位破产等特殊情况时，可申请办理定向改派的定向毕业生要出具下列相关材料：个人的改派申请；关于上述某种情况的证明材料（户口迁移证明、录取通知书、破产证明等）；原定向地区（单位）的主管部门出具的退函；所到地区（单位）主管毕业生就业部门的意见；与新的接收单位签署的就业协议。将上述材料汇总后报给学校就业指导中心，经学校初审后，报送省高校毕业生就业指导中心审查批准，才允许改变就业动向。

定向毕业生因家迁需改变就业去向的，须向学校和省高校毕业生就业指导中心提供原家庭居住地和现家庭居住地户籍管理部门迁出和迁入的证明材料，并提供现家庭居住地居民户口簿。学校和省高校毕业生就业指导中心依据以上材料，根据就业政策和审批程序办理就业报到证。

对于回到贫困地区就业的定向生，当地政府有义务做好就业安置工作。贫困地区的定向生原则上不能改变其就业去向。

（二）应届毕业生报考国家公务员的政策

国家行政机关、其他国家机关和参照国家公务员制度管理的事业单位从高等学校应届毕业生中录用国家公务员（工作人员），一律实行考试考核、择优录用的办法。被录用为公务员的毕业生与组织、人事部门签订就业协议书，学校就业指导中心凭就业协议书将其纳入就业方案，并予以办理就业派遣手续。

（三）应届毕业生报考研究生的政策

参加考研的毕业生在与用人单位签订就业协议前，原则上应向用人单位报告本人已参加或准备参加研究生考试，在征得用人单位同意后，可以在就业协议上注明“如果毕业生考取研究生，本协议无效”。如果用人单位不同意此项，那么毕业生原则上不应签署此协议。如果已经考取研究生的毕业生在当初签协议时有意隐瞒考研情况，而本人又要求读研的，则按违约处理。毕业生离校前需要出具原签约单位同意读研的退函。

（四）应届毕业生自费出国留学的政策

随着改革开放的深入，部分学生将获得机会到国外深造或到境外企业去工作。符合国家规定申请自费留学的毕业生，不参加就业，也不再缴纳教育培养费。凭国外大学录取通知书，在学校规定时间内提出申请，经教务处和就业指导中心审核同意后，不列入就业计划。集中派遣时未获批准出境的，学校可将其档案、户籍关系转至生源地，毕业生继续办理出国手续或自谋职业。

（五）患病毕业生和残疾人毕业生的政策

毕业生离校前应进行健康检查，因病不能工作的，应回家休养。一年以内、半年以上治愈的（须经学校指定医院证明能坚持正常工作的），可随下一届毕业生就业；半年内治愈的，可到原就业单位就业；一年后仍未治愈或无用人单位接收的，户籍关系转至生源地，按社会待业人员办理。

毕业生报到后，接收单位应组织复查。单位在三个月内若发现毕业生因健康问题不能坚持正常工作，经县级以上医院检查确属在校期间的旧病复发，报主管部门批准，可将毕业生退回学校，按照有关规定处理；若属新生疾病，按在职人员病假期间的有关规定处理，不得把上岗后发生疾病的毕业生退回学校。对患有精神病（需县级以上医院证明）的毕业生，见习期内复发的，用人单位可将其退回学校，由学校退回家庭所在地。

对残疾毕业生的就业，仍按教育部、国家纪委、人力资源和社会保障部、民政部（85）

教学字 004 号文件精神处理，即学校录取的残疾考生，毕业后应按其所学专业，由学校帮助推荐就业，确有困难的，按有关规定由生源所在地民政部门负责安置。

（六）第二学士学位毕业生的就业政策

国家规定，在校攻读第二学士学位，修业期满，获得第二学士学位后，原则上按第二学士学位推荐就业。这和普通高校招收的本科生的就业基本一致，即一是服从国家需要，二是坚持学以致用。在职人员攻读第二学士学位，修业期满，不论是否获得第二学士学位，均回原单位安排工作。已获得第二学士学位的毕业生工作后的起点工资与研究生班毕业生工资待遇相同；未获得第二学士学位者，仍按本科生对待。

（七）委托培养、联合办学毕业生的就业政策

委培生是指用人单位（或地区）委托高校培养的学生。委培生要按委托协议派遣，确因委培单位关、停、并、转不能接收的，应由委培单位主管部门出具证明，经市毕业生就业主管部门审核同意，就地就近安排就业，跨市安排就业的要报省毕业生就业主管部门审批。

学校与地方联合办学培养的毕业生原则上回联办地区就业，如因特殊情况确需改变就业去向的，须由联办地区毕业生就业主管部门同意，报省毕业生就业主管部门审核批准后，方可改变就业去向。

（八）毕业生二次择业政策

毕业生二次择业是指截止到毕业生集中派遣时，仍未落实接收单位的毕业生，要派回生源省、市、区参加二次就业，原则上由省、市、区推荐就业，毕业生也可继续选择单位。在规定时间内落实工作的，毕业生就业主管部门可以为其办理二次派遣手续。

拓展阅读

毕业生就业的有关规定

1. 使用报到证的规定

根据教育部规定，目前全国各高校毕业生统一使用《全国普通高等学校毕业生就业报到证》和《全国毕业研究生就业报到证》。报到证由教育部授权各省（自治区、直辖市）主管毕业生调配部门审核签发，特殊情况可由教育部直接签发。用人单位一律凭报到证接收毕业生，各地公安机关凭报到证办理户口迁移手续。

2. 报到期限的规定

毕业生的报到期限一般为一个月。一旦由于某种特殊原因，如生病、外出遇灾未归等，不能按期报到，应采取书信、电话等方式向用人单位请假并说明情况。如逾期

不报到，又未向接收单位请假者，用人单位有权拒收。

3．用人单位不得拒绝接收的规定

现在高等院校毕业生就业方案是经过和用人单位双向选择后落实的，学生和用人单位双方都应严守信誉，对已确定的就业方案不得随意变动。

4．对违约处理的规定

毕业生同用人单位达成就业意向后，应及时与其签订《高校毕业生就业协议书》，协议一旦签订，毕业生、用人单位、学校三方都应严格履行，如有一方提出更改，须征得另两方同意，并由违约方承担违约责任。

5．改派工作单位的规定

“改派”是指对于已经落实就业单位的毕业生，在离校后由于主客观原因需要改变就业去向，或派遣时尚未落实就业单位的毕业生找到就业单位后需要重新办理就业手续的情况。毕业生在两年择业期内均可以办理改派手续。省内生源跨市调整、出省或在省内中、省直单位就业的毕业生，须到省毕业生就业指导中心办理改派手续。已派回生源地为青海省的高校毕业生，要求跨省改派的，也须到青海省大中专毕业生就业指导中心办理改派手续。各省省内生源在所在市所属各单位之间改派的毕业生，须到各市毕业生就业主管部门办理改派手续。

毕业生在办理改派手续时需要提供以下材料：毕业生原来的报到证；原接收单位的退函，“原接收单位”是指签发在报到证上的、毕业生应去报到的单位；同新单位签订的就业协议书；原户口迁移证；学校毕业生就业指导中心的改派意见。

在校保留档案的毕业生要求办理就业手续时，应由学校开具同意办理就业手续的证明，并说明学生的毕业生时间、所学专业、就业单位，没有就业单位的，均可回生源地就业。

思考与练习

1．谈谈你对当前大学生就业难的看法。

2．以在某地区某单位就业为例，分析、总结应该了解的国家和地方就业政策，并说明这些政策在就业过程中所起的作用。

3．谈谈你对国家“鼓励高校毕业生到城乡基层就业”的看法。

第五章

就业心理与就业观

本章导读

就业是大学生人生中的一次重大选择，而现在就业形势很严峻，因此，大学生在校期间就必须有意识地做好就业心理准备，认清就业形势，转变就业观念，树立就业信心，为自己的职业生涯赢得一席之地。本章将主要介绍就业心理与就业观的相关知识。

学习目标

知识目标

- 了解大学生就业心理准备，熟悉常见的大学生就业心理偏差及其调试方法
- 了解大学生就业观的常见误区，熟悉正确的就业观

能力目标

- 能够避免和克服各种大学生就业心理偏差
- 能够树立正确的就业观

第一节 就业心理

一、就业心理的概念

就业心理是指在就业过程中，人们的注意力、兴趣、动机、情感和意志等以各种具体形式所表现出来的倾向性和能动性。

就业是大学生人生道路上所面临的重要转折，在毕业前做好充分的心理准备，注重就业心理的优化和调适，对其求职就业是很有必要的。就业过程是对大学生心理素质的严峻挑战，良好的就业心理也是大学生在竞争时代必备的就业素质。

二、大学生就业心理的特点

虽然大学生自身特点、个人理想以及多元的社会结构，使大学毕业生的就业心理出现了多样化，但也存在着以下共同的倾向性。

（一）成就动机水平高，但害怕面对现实

成就动机就是想把事情做好的动力，它与个人对自己的高要求、高标准有很大关系。大学生有着强烈的成就感，什么事情都希望能够做得比别人好，能够出彩，他们希望通过自己的努力换取别人对自己的尊重，取得相应的社会地位并实现自己的人生价值。由于大学生与社会接触不多，尽管有较高的人生抱负，但是对社会的了解和认知不够，初入社会时存在一定的畏惧心理，不愿意去面对复杂的社会现实。

（二）择业心理期望值高，但缺乏信心和竞争力

大学生认为从象牙塔里出来，自己就是社会的栋梁了。这种观点是从小学开始就被老师灌输的，这也成为了中学生努力拼搏考大学的动力。这种思想并没有因为考上大学而有所改变，反而经过了几年的学习，更加认为自己是社会的有用之才了。于是，不少大学生的就业期望值特别高，希望能够找到一个非常好的工作平台去实现自己的抱负。但是真正步入工作岗位上之后，才发现自己的素质和能力与现实要求存在明显的差距，突然变得不那么自信了。

（三）实现自身价值愿望强烈，但缺乏艰苦创业的准备

随着社会的不断发展，当代大学生实现自身价值的愿望更加强烈、渠道更加多元化，需要自己去寻找实现人生梦想的平台。在这样的自由天空下，大学生要想实现自己的人生价值，必须要做好吃苦耐劳、艰苦奋斗的心理准备。

三、大学生就业心理准备

由于就业市场竞争异常激烈，许多大学生缺乏就业经验、就业压力很大，备受就业问题困扰。充分的心理准备是解决就业问题的重要途径，毕业生应该从以下几个方面做好心理准备。

（一）做好角色转换的心理准备

对于绝大多数学生来说，大学阶段过的是一种相对单纯而有规律的生活，在这样的环境里，容易滋生浪漫的情调和美好的理想，但与社会现实存在一定距离。

大学生活即将结束，大学生们也将由“天之骄子”转变为现实的社会求职者，这种身份的转变就是所谓的角色转换。角色转换需要大学毕业生抛开浪漫，抛开幻想，不能把学校、家庭、亲友及同学所给予的关心、呵护、尊重当成是社会的最终认可，而要认识到自己所处的真实地位和“严酷”的社会现实，及时地进行角色调整。只有这样，才能使大学生有充分的心理准备去应对激烈的就业竞争。

大学生应该清醒地认识到大学时期所学的专业知识、技能是为个人适应社会需要、成为一名合格的社会主义建设者而打下的基础，只是一个知识积累、储备的过程。这样，大学生就不再认为自己是社会上的特殊群体，而只是就业劳动大军中的普通一员。从而及时地进行角色转换和合理的角色定位，正视自己的身份，积极主动地去适应社会需要，在选择社会职业的同时也接受社会的选择，自觉投身于择业者的行列，寻找适合自己的位置，正确地迈出人生关键的一步。

（二）正确认识自我，确立恰当的自我定位

世界上没有两片相同的树叶，不同个体之间的差异更是不胜枚举。每个人都有自己特定的气质、性格、兴趣、爱好、能力、特长，这些不同决定了适合自身的职业和职业发展方向的不同。全面了解自己的特点是选择职业的重要前提，作为一名求职者，只有在知己的基础上才能扬长避短，从而作出适合自己的求职决策。

科学认识自己最有效的方式是通过科学的心理测试、测量。此外，通过与老师、家长、同学的交流得到他们对自己的客观评价，也是一个有效的渠道。“尺有所短，寸有所长”，每个人都有自己的优势和不足，在自我认知的基础上，要了解自己适合干什么工作，怎样的环境最能发挥自己的潜能。任何国家、任何社会、任何行业，在人和工作的关系问题上，

从来都是工作选人，而不是人选工作。如果不顾个人的现实条件，太突出个人的选择愿望，而不考虑工作所需，这样的人即使有才华也不一定被选中。所以，大学毕业生应当做好自我定位，及早做好职业生涯规划，脚踏实地地去实现自己的人生目标。

（三）正确的职业认识和评价

正像不同的人有适合自己的不同职业一样，职业对适合从事的人群也有要求。如从事推销、公关性质的职业，需要性格外向，有多血质或胆汁质气质特征的人，而在流水线上工作的人最好具有粘液质的气质特征。所以作为一名求职的大学生，需要对职业要求有一定的认识。

职业只有分工不同，没有高低贵贱之分。俗话说“三百六十行，行行出状元”，作为一名大学毕业生，最好不要将自己的职业选择限定在某个范围内，而是要根据社会需要和自身特点，摆脱轻视体力劳动或服务性劳动的传统思想，选择适合自己的职业，从而拓宽就业渠道。

此外，在择业时不能只考虑该职业的薪资水平、工作环境、地点等因素，更要考虑职业对自我发展的影响与作用，能否有助于实现自我价值，要在了解社会需要的基础上，树立重视自我职业发展、才能发挥、事业成功的职业价值观。对于那些虽然现在工作条件不好，但发展空间大，能让自己充分发挥作用的单位要优先考虑；对于那些现在经济发展水平不太高，但发展潜力大，创业机会多的工作地点也要重视。大学毕业生应当树立正确的职业认识，通过多种途径客观评价将要选择的职业，在认识中形成适应我国经济社会发展和人才需求规律的合理的职业价值观，以指导自己正确择业。

（四）对严峻就业形势的心理准备

在 20 世纪 80 年代，大学生被称为“天之骄子”，就业时是“皇帝女儿不愁嫁”的状况。但随着我国教育的发展，高等教育从“精英教育”过渡为“大众化教育”，人才出现“相对过剩”的现象。作为即将毕业走向社会的大学生，对目前的就业形势要有充分的认识，做好求职道路上可能会遇到艰辛和曲折的心理准备。

（五）就业后期望值与现实有差距的心理准备

大多数毕业生是怀着对未来的美好期望离开学校，走向工作岗位的。一帆风顺的成长过程可能使大学毕业生梦想着在社会这个大舞台也一展身手，实现自己的人生价值。但大学毕业生职业意识的缺乏和工作能力的不足，可能会受到领导或同事的批评或冷遇，犹如当头一盆冷水，使其失去心理平衡。

例如，部分毕业生将大学时期懒散的生活习惯带到工作中；好高骛远，大事做不好，小事不愿做；对工作挑肥拣瘦，拈轻怕重；工作责任心不强，敷衍了事，不能按时完成领导交办的任务；过于看重自我得失，不思奉献；缺少集体观念，对事妄加评论，造成不良影响；感到工资低，领导对自己不重视而牢骚满腹；业务不熟练，造成工作差错等。这些情况都可能使意气风发的毕业生受到批评或冷遇，感到冤枉、委屈。遇到这样的情况，有的毕业生能够冷静下来，分析原因，亡羊补牢，不断进步；但也有人一气之下“跳槽”走人，造成不必要的损失。

对于每一个人来说，以往的成败得失只能代表过去，新的起点需要重新开始，以自己的实际表现来赢得别人的尊重和信任。所以，大学毕业生要对期望值与现实的差距有一定的心理准备，宠辱不惊，不断完善、提高自己。

四、常见的大学生就业心理偏差及其调试

近年来，就业难度日趋增大，就业矛盾日益突出，给广大毕业生带来了巨大的心理压力。大多数学生能够正确认识就业形势，积极调整好就业心理。但也有部分大学生对自我认识不足，社会定位不准，在忙碌的择业、就业过程中出现了一些心理偏差，主要表现如下。

（一）焦虑心理

大学毕业生既希望谋求到理想的职业，又担心被用人单位拒之门外，担心自己在择业上的失误会造成终身遗憾，并对未来的职业生涯感到心中没底，因此在就业过程中存在一定焦虑心理，整天想着各种不必要的担心，造成精神上紧张、忧心忡忡、烦躁不安、意志消沉，甚至出现彻夜难眠的现象，行为上也表现得反应迟钝、手忙脚乱、无所适从，影响用人单位对其作出正确评价。

要克服焦虑心理，就需要打破事事求稳、求顺的想法，增强竞争意识。要知道求职过程本身就是一种竞争，就是一个优胜劣汰的过程，即使通过竞争自己找到了比较理想的职业，如果不继续努力，也还可能丢掉这份工作。而且有竞争必定会有风险和失败，确立了竞争意识，就不怕风险和挫折，焦虑的心理必定能得到缓解。

此外，毕业生还应改变自己择业心切、急于求成的思想，否则越急越容易择业失败，而失败的体验又会强化沮丧和焦虑的情绪。因此，要客观地分析自己，合理地设计求职目标，不盲目与他人攀比，更不应有从众心理，尽量减少挫折，这样也会减轻焦虑的程度。

拓展阅读

肌肉张驰放松训练

取舒适体位坐好或躺好，开始训练：

第一步：深呼吸。请深吸一口气，然后慢慢地呼出，再做第二遍。

第二步：提眉。尽量提眉，然后放松，体会放松的感觉。

第三步：紧闭双眼，然后放松。

第四步：咬紧牙关，放松。

第五步：低头和仰头。尽量低头将下颌抵住胸口，然后放松；头尽量向后仰，然后放松。

第六步：缩肩和耸肩。双肩向前向胸部靠拢，然后放松；再将双肩向后肋挺胸，然后放松；再将双肩耸起，然后放松。

第七步：紧握拳头，紧握、再紧握，然后放松。

第八步：提肋。感觉肋骨上提，膈肌下降，胸腔扩大，呼气放松。

第九步：收腹，放松。

第十步：绷紧腿部肌肉，然后放松。

第十一步：翘足。尽量将脚尖抬起，然后放松。

第十二步：全身肌肉放松，体验放松的感觉。

通过肌肉张弛放松训练，可缓解或消除各种不良身心反应，如焦虑、紧张、恐惧、入眠困难等症状，达到心理平衡。另外，在应聘前有紧张或恐惧感时，通过深呼吸或一组、二组肌肉张弛训练，可以达到转移注意力，放松心情的效果。

（二）攀比心理

有的学生在择业过程中常常存在一种攀比心理，往往以谁去了知名度高、效益好的单位，谁去了大城市或高层次部门来作为自己价值的评价标准，在择业时追求“三高”（即起点高、薪水高、职位高）。尤其是学习成绩稍好的学生更是在心理上有“我不能比别人差”“我不能不如人”“过去我一切顺利，现在我依然会顺利”的想法。结果，不从实际出发，不考虑择业时的各种综合因素，延误了时机，影响了就业。

大学生择业要知己知彼，知己就是要实事求是地评价自己，对自己的气质、性格、特长等要有正确的认识，要明确自己想做什么和能做什么；知彼就是要了解择业的社会环境和工作单位，正确地认识面临的就业形势，了解社会需要什么样的大学生，即社会需要你做什么。

【经典实例 5-1】

小林是计算机专业的本科生，开始联系工作时有两家公司可供选择，一家是当地有名的房地产公司，试用期工资 1 200 元/月，转正后可达 2 000 元/月；另一家是软件开发公司，名气不大，公司设在远郊，交通不很方便，试用期工资 1 000 元/月，转正后可达 1 500 元/月，如果软件设计、改革被采纳，可以提成和获得奖金。

小林本来想去软件开发公司，认为这在专业上有很大挑战，但觉得自己同学找到的工作工资都在 1 500 元以上，而且单位名声也比较大，如果自己去了一个小公司，大家会认为自己没本事。于是，他最终选择了房地产公司，进公司后才发现岗位的主要任务是打字、数据输入，这样的任务一般大专生就可以胜任。而自己学习的计算机网络和程序设计等技能都没有使用的机会，他实在担心专业的退化。

（三）抑郁心理

随着“双向选择”就业制度的确立，大学生承受的外在压力也就相应地增多、增强，择业过程中所遭受的挫折也必然比以前更大。有的学生在就业中受挫后不能正确调整心态，表现为不思进取、情绪低落，有的甚至放弃一切积极的求职努力，听天由命，严重时甚至对外界的环境漠然置之，不与外界交往，对一切都无所谓，导致抑郁症发生。

对于抑郁心理，大学毕业生要认真学习、深刻领会择业政策；正视现实，正视社会，正视自身；降低自己择业的期望值；树立吃苦精神，到基层去，到真正能发挥自己才能的地方去；加速提高素质，培养多种能力，正确对待挫折。

【经典实例 5-2】

小周是某高校 2014 届的毕业生，学习成绩较好，连年取得奖学金，甚至还获得过国家奖学金。在年前年后，他与同学们一起参加了几次招聘会，眼看同学们一个个“名花有主”，而他不但没有落实到用人单位，而且有的用人单位还对他这个“优等生”冷言冷语、不屑一顾，小周心里非常难过。

为什么会出现如此局面呢？小周经过分析，认为找到了原因，比如他是来自于偏远落后的农村，没有什么可用的关系；个子矮、长相不好；性格内向，不善言辞等。总之，认为自己除了学习好之外，再也没有什么优势了，而学习好又得不到用人单位的认可，他感到对不起含辛茹苦的父母，自卑感油然而生，害怕再到人才市场，即将毕业时，没有再迈出校门，多数时间在宿舍睡觉或上网玩游戏。

小周因学习好，起初他对自己找工作是满怀信心的，但随着求职的失败，他开始找自身的原因，夸大了自身的不足之处，从而产生了强烈的自卑感，进而出现了求职恐惧。其实，小周从开始求职时就是比较盲目的，他缺乏对就业形势和具体用人单位的了解，也缺乏对自己全面客观的认识。小周在求职前，应该作好充分的准备，特别是对自我的正确认识。在出现求职挫折时，应进行及时调适，而不是自暴自弃。

（四）自负心理

这种心理是缺乏客观的自我分析和自我评价的表现。目前在大学生人群中，“先就业后择业再创业”的观念还没有完全建立，在就业时有较多学生总想一步到位找到满意的职位和工作。一些大学生对自己的评价过高，认为自己知识丰富、各方面条件不错，理所当然地应该能够得到一份理想的工作。这部分毕业生总是向往高薪水、高职位、高收入，即使找不到合适的单位，也不肯降低就业期望值。这种自负心理对就业的负面影响很大，常常使他们错失良机。

克服自负心理的核心是正确认识和评价自我，可以采取三种方法：一是社会比较，即将自己与社会上其他人作比较，通过社会上其他人对自己的态度来认识自己；二是自我静思，也叫自我反省，通过反省明确自己的专业发展方向是什么，自己的优势和劣势是什么，自己最适合干什么工作等；三是心理测验，根据自己的需要选择质量可靠的心理测验，如能力测验、人格测验、兴趣测验等对自己的能力倾向、兴趣和性格做一个客观评估，以帮助自己正确认识和评价自己。

【经典实例 5-3】

小强是经贸专业的高材生，年年都得到一等奖学金，参加过英语演讲比赛，也得了名次。他认定自己要进像某国际经贸发展有限公司那样的知名度高、工作环境好、待遇高的单位。他非常坦然地接受了英语面试，但是，最终因为他是工科背景而落选。后来得知一家工艺品外贸公司正在招聘，他顺利地通过了面试，但后来他觉得那个公司规模太小，还不规范，便放弃了这份工作。后来，当地一所民办学校招聘英语老师，待遇比较丰厚，他想先过渡一下。但是学校要安排他去小学部，他认为太大材小用，便拒绝了。许多同学都已经签了协议，他还在找工作……

（五）自卑心理

这种心理表现为对自己的评价过低，不能正确认识自己的优缺点。部分大学生由于在求职过程中屡屡受挫，对自身能力产生了怀疑；或由于来自非重点高校，或由于所学专业较冷门，对自己的前途持消极、自卑的态度。这种心理对于大学生向用人单位推销自我会产生一定的负面影响，进而影响他们的顺利就业。

要消除自卑心理，首先，至关重要的是能够正确地评价自己，纠正过低的自我评价；其次，正确看待自己的弱点和缺陷，并积极进行强化和补偿；再次，通过积极的心理暗示，增强自信心。

【经典实例 5-4】

毕业生小刘学习成绩和其他方面条件都不错，在就业初期满怀信心。但由于专业冷门等原因，找过几家单位都碰了壁，结果产生了自卑心理，在后来的择业过程中表现越来越差，陷入恶性循环而不能自拔，以至于到了新的用人单位那里，只能被动地问人家："学某某专业的要不要"，其他什么话都不敢讲，最终未能落实就业单位。

小刘的失败是由于自卑心理在作怪。在择业遭受挫折后，一蹶不振，对自己评价过低，丧失了应有的自信心，择业时缺乏主动争取和利用机遇的心理准备，不敢主动、大胆地与用人单位交谈，也就不能很好地表达自己。越是躲躲闪闪、胆小、畏缩，越不容易获得用人单位的好感。

（六）偏执心理

在就业过程中，学生的偏执心理主要表现为追求公平的偏执、高择业标准的偏执和对专业对口的偏执。在就业过程中，大学生在面对一些不良社会风气时，有的学生不能正确对待，将自己就业的一切问题归结于就业市场不公平，给自己造成心理阴影；有的学生不能及时调整就业目标，降低就业期望值，甚至宁愿不就业也不改变；有的学生不顾社会需要，无视专业的适应性，只要不能干从事与本专业相关的工作就不签约，这样的偏执心理必然会减少学生就业的机会。

克服偏执心理最根本的办法就是接受客观现实，调整就业期望值。在择业时要看得长远一些，学会规划自己整个人生的职业生涯，在当前获得一个理想职业的时机还不成熟的情况下，可采取"先就业后择业"的办法。

（七）依赖心理

有的学生缺乏必要的心理素质的培养，缺乏基本的自理自立能力的锻炼，致使他们养成强烈的依赖心理，当他们不得不面对就业时，常常不知所措，只是一味地依赖学校的联系、听从家长的安排。一旦希望落空，往往会产生极大的心理落差，甚至会出现很极端的行为。

依赖心理对毕业生适应社会是有害的，因为依赖的习惯会使人逐渐丧失自信。失去自我，以致不相信通过自己的努力会达成自己想要的目标。要克服依赖心理，毕业生首先要充分认识到依赖心理的危害，提高自己的动手能力，不要什么事情都依赖别人，自己能做的事一定要自己做，自己没做过的事要锻炼自己去做，通过行动上不断积累的成功来养成并强化自己动手的习惯。

【经典实例 5-5】

在学校今年3月份举办的小型招聘会上，毕业生小李的父母在招聘会尚未开始时，就早早地到会场打听单位的情况。而小李却在招聘会开始很久以后姗姗来迟，并全程在家长的陪同下与用人单位面谈。在面谈过程中，小李与用人单位负责人交谈的时间还没有其父母多，结果谈了一家又一家，最终仍一无所获。

分析：小李的问题出在择业过程中过分依赖他人，这样是难以选择到一份满意的工作的。现在的毕业生中，独生子女所占的比例越来越大，他们的生活一帆风顺，没有经历过什么波折，再加上父母的过分呵护，使他们产生了较强的依赖心理。因此，他们大多缺乏主见，自我意识模糊，在择业中常会茫然不知所措，自己独立进行择业决策的能力差，以致在人才市场上，父母代替子女，亲友代替本人与用人单位洽谈的场面屡见不鲜，难怪有用人单位对依赖性过强的毕业生说："你本人都要靠别人来推销，企业还能靠你来推销产品吗？"

（八）从众心理

学有所成，在服务社会中实现自己的人生理想，是每一位即将走出大学校园的学子的美好心愿。但是，有部分大学生自我定位不够准确，对自己所学专业缺乏深入的了解，对专业的社会需求分析不透彻，并且缺乏一定的自我决断力。这样一来，他们很容易追随他人的脚步，只要是社会上受追捧的职业，不管是否适合自己，是否与自己的专业相关，都竭力去争取。这样的付出，往往只能收获"事倍功半"的效果。这种从众心理使部分大学生丧失了更多良好的就业机会。

从根本上说，在就业问题上要克服从众心理，一方面要认清自我，了解自己的价值观，弄清自己的优势和劣势，摆正自己的位置，根据自己的实际情况形成一种脚踏实地的务实态度，而不是盲目随大流。另一方面要适当表现自己，做回自己。表现自己，能帮助个体发现自己的特长和潜力；做回自己，重在自我的突破和发展，而不是强调与他人的统一。

第二节 就业观

一、就业观的概念

就业观是人们关于职业理想、就业动机、就业标准的根本观点和看法，是就业者的世界观、人生观、价值观在就业问题上的集中反映。

就业观是大学生走向求职市场的思想先导，它支配着大学生择业的方向、定位和抉择。因此，树立正确的就业观能指导大学生在就业时做出理性、合适的选择。

二、大学生就业观的常见误区

初次面临就业的大学生，由于对自身及社会的认识相对缺乏，在就业观方面难免会存在一些误区，主要表现在以下几个方面。

（一）一次就业定终身

理性化、务实化的就业观是现代人求职过程中必备的两个条件。随着社会的发展，就业途径越来越多元化，日益细化的行业分工为大学毕业生提供了更多的选择机会。一次就业的观念已经跟不上社会发展的步伐，丢弃“铁饭碗”、抛弃求职一次到位的传统观念，是现代求职者应该敞开胸怀接受的。主动选择那些有挑战性、有风险的职业，将自己的职业目标、价值观、择业要求与客观环境结合起来进行思考、评价，规划职业生涯，努力开创属于自己的事业，才能大有作为。

（二）靠关系

能力、关系、财力、学历、相貌，是求职者目前总结出的“求职五大法宝”，其中“关系”排名第二，被求职者们认为是求职的“稀有资源”。靠关系的求职者普遍具有依赖心理，他们自认为家庭条件优越，有钱、有人，不用费力便能找到稳妥、高收入的工作。殊不知，能力欠缺的人即使靠关系找到了好工作，但在实际工作中不能胜任本职工作，也是难以长久的。而且，很多不法者利用求职者找工作时的急切心理，打出帮人“找关系”的旗号，骗取财物。可见，寄希望于靠关系找工作的人最好改变一下策略，从提高个人能力入手，自立自强。

你认为在能力、关系、财力、学历、相貌这“求职五大法宝”中，哪种因素是最重要的？为什么？

（三）天之骄子心态

自主择业给求职者提供了自由选择职业和公平竞争的机会。但是，一些高学历的求职者面对严峻的就业形势和激烈的竞争环境，对于择业的期望值相当高，表现出盲目的骄傲。他们过高地评价自己，对一般的职位不屑一顾，福利待遇好的大城市、政府机关、知名企业才是他们理想的去处。他们向往高职位、高薪水、高回报，一厢情愿地对用人单位提出各种要求，遭到拒绝也不肯降低就业期望值。

其实，这部分人在工作岗位上也可能出现眼高手低的情况。就业能力上，他们往往不如学历偏低但有从业经验的人。理想与现实是存在一定差距的，他们只有放下身段，从基层做起，改变“高不成，低不就”的现状，杜绝偏执、自卑、虚伪等心理障碍的产生，才能矫正择业行为的偏差。

（四）大城市趋向

部分大学生面对择业时，认为要去就去沿海大城市。在他们看来，沿海地区可以赚到钱。到大城市一定会有更多的发展机会，他们宁可到沿海地区或大城市改行，也不愿意在当地欠发达地区择业。他们很少考虑自己事业的发展和能力的发挥，更少考虑国家的需要。这样的毕业生往往忽略了在大城市生活的高成本和高压力。

三、树立正确的就业观

树立正确的就业观的核心是坚持立足于社会的就业取向，即就业取向要以社会需要为重，以社会利益为前提，将职业理想建立在充分了解自己和社会的基础上，正确认识社会需要和个人价值的关系，把个人理想和价值的实现与国家利益紧密结合，以国家需要、社会需要和人民需要为重，认识到职业不仅是以谋生的手段，更是为社会服务的工具。

（一）胸怀祖国、心系社会，以民族昌盛为己任

大学生是最有朝气、最有干劲的社会主义事业的高素质接班人，是主宰祖国明天的优势群体。所以，在选择职业时应该树立从国家发展的大局和社会的需要出发的爱国主义精神，要正确认识自己，要认识到自己是一个社会的人，自己的人生价值是社会价值和自我价值的统一。个人对社会的付出越多，回报就越多；贡献越大，生命也就越有价值。所以，当代大学生在储备知识、锻炼素质的同时，还要培养爱岗敬业、服务社会的就业观。在确立职业理想时，既要着眼当前，又要考虑长远，把职业理想与爱国情感相结合，同社会责任感和民族精神相结合，真正追求个人价值和社会价值的完美统一。这样，职业选择才体现出其先进性、社会性和时代性。

（二）树立大众化的就业观

随着时代的变迁以及科学技术的突飞猛进，高等教育大众化已是必然的趋势，大学生要顺利就业，只有根据不断变化中的人才市场状况，适时调整自己的择业方向和择业目标，转变就业观念，拓宽就业渠道，要敢选择名气不大但又有发展前途的中小企业和私营企业，灵活地“先就业”。

大学生要把心态放平，放低眼界，客观地认识市场，根据人才市场的需求，及时调整心态，找准自己就业的社会定位，降低就业期望值，降低对薪酬的期盼和对大公司的热望，树立大众化的就业观。

（三）从基层做起，重视锻炼，相信“后劲”

大学生都怀有远大的职业理想和抱负，“精英”教育的观念很强，就业观念与社会用人单位的需求不相符，从而增加了大学生就业的难度，这一方面抑制了用人单位对劳动力的吸纳，另一方面也是造成局部地区和局部行业人才过剩的原因之一。究其更深层次的原因，就在于大学生的主观意识和自身的客观条件的相互矛盾，即“精英情节”深深地束缚了他们的观念。这种情节虽然在淡化，但它的淡化速度却没有赶上高等教育大众化的普及速度。中国家庭根深蒂固的“望子成龙、望女成凤”思想和社会上“上大学＝成功＝社会精英”的观念仍对大学生“精英情节”的“泛化”起着作用，进而使得大学生产生了过高的工作期望值。

但是，由于高校扩大招生规模，所以培养出来的大学生不可能都是各方面能力都非常出色的高质量的“精品”，所以，大学生应该正确定位自己，同时要了解不同行业对人才的要求和行业性质。要树立“千里之行始于足下”的就业态度，从基层做起，在工作中通过实践锻炼加强对自己业务能力的培养和工作经验的积累。此外，大学生还应该用发展的眼光去选择自己的事业，放弃那种“捧着本科文凭去当业务员，不划算、不甘心”的态度，要相信自己可以比别人发展得更好，因为你的学历已经证明了你的发展潜力，只要能去挖掘，肯定会有“后劲”。

（四）全力打造自己，用实力说话，讲求诚信

作为大学生，为了在完成学业后能够顺利地在社会中找到立足之地，能更好地为祖国建设一展才华，就应该从自己步入大学的那一刻起，努力学习专业知识，不断加强专业技能锻炼，夯实专业基础，掌握驾驭生活、驾驭社会的本领。同时要广泛猎取各方面知识，扩大视野，以增强适应工作的能力。树立实力是最好的自我推销语言的信念，要避免以下两种状况出现：① 上学期间避重就轻放松了学业，到毕业时开始制作假简历、假证书，自我吹嘘；② 企图利用社会上的腐败因素，通过“非常渠道”去获得工作。实践才是检验本领的试金石，任何其他行为都是站不住脚的。所以，我们应该做一个市场相信、单位

认可的，既看重实力又讲求诚信的社会主义劳动者。

（五）把心态清零，坦然就业

在市场经济条件下，毕业生就业实行了双向选择，毕业生和用人单位一样，有了自主选择的权利。但在选择过程中，大学生的顾虑多了起来，影响了他们的就业择业。所以，大学生在选择职业时，一定要把心态清为“零状态”，只考虑你可以选择的职业而排除其他一切干扰，放下自己“大学生”的身份，放弃自己在亲人、熟人面前的“面子”以及社会地位等。

大学毕业生应首先视自己为一个社会劳动者，然后再客观地去审视自己的专长、专业水平、个人特点、优缺点以及自己更适合做什么、有多大的发展潜能，最后在比较之下选择一个最佳结合点，并立足于自己所选择的职业，以务实的精神去做出成绩，创造出更大的价值；而不应与别人横向攀比，盲目追求优厚的待遇、优越的工作环境等。如果不顾自己的实际，盲目追求社会地位和虚荣心的满足，而忽视人生价值的实现，就会与机遇失之交臂。

（六）面向西部地区，面向基层

东部发达地区人才众多，而西部地区人才相对缺乏；大中城市人才竞争激烈，而中小城镇等基层单位求贤若渴是不可否认的事实。在这种形势下，大学生往西部、下基层寻找就业机会应当是一个明智之举。其实，西部地区、基层单位为吸引人才，也采取了各种措施，为大学毕业生提供了很多优惠条件，并且国家的西部大开发战略也为西部的发展创造了难得的机遇。另外，国家为了实现我国的整体发展，必定会在政策上、物力财礼上给予西部及基层极大的支持。到西部就业，身处相对艰难的环境中，一来可以锻炼自己，二来西部及基层就业竞争不是太激烈，对个人来说机会会更多一些。

（七）树立自主创业的思想

高等教育从精英教育向大众化教育的转变，使大学生的就业压力越来越大，开拓新的就业渠道，增加就业率，走自主创业之路，是当前大学生就业的新思路。

大学生应该从在校期间就树立一种创业意识，转变“找工作”的单一就业思维模式为“让工作找我”的观念。但后者并非强调凭自己的知识在家静等，而是要充分发挥自己的特长和兴趣，发挥自己的知识、技能的作用，将自己的聪明才智和奋斗精神相结合，去开拓新的领域，创造就业岗位、创建自己的事业。大学生自主创业，一方面可以增强大学生的动手操作能力、组织协调能力、心理承受能力、团队合作精神和社会适应能力；另一方面，创业成为了解决大学生就业的一个比较现实的选择。现代大学生创业已经不仅仅是为了获取财富，还融入了更多的作为社会人应承担的责任。

大学生进行创业探索，道路不可能一帆风顺，在碰到挫折和困难时，要灵活地调整自己的策略，不应轻易放弃，轻易言败。创业比想象的要辛苦得多，但欢乐与收获也正在其中，人生的价值也正是通过它来实现，只要坚忍不拔，相信大学生一定会成功择业并就业。

拓展阅读

互联网时代需革新就业观：创业是就业之源

尽管眼下中国就业市场的人口红利已经没落，但是随着互联网的出现、电子商务等新兴行业的崛起，中国的就业市场正在发生翻天覆地的变化。

国家商务部发布的《中国电子商务报告》指出，电子商务作为战略性新兴产业已经成为促进就业的主要途径之一。据 CNNIC（中国互联网络信息中心）《第 34 次中国互联网络发展状况统计报告》，截至 2014 年 6 月，我国网络购物用户规模达到 3.32 亿，较 2013 年底增加 2 962 万人，其中手机支付成为网络应用发展最大的亮点！

这庞大的网购数据正是电子商务发展的蓝海所在，它开创了更多的就业和创业机会。尤其是在创业方面，随着互联网技术的渐趋成熟，只要稍微懂点互联网的人即可网上开店创业。这种创业方式成本低廉，只要一台电脑、一间小屋。正是它的低风险性令众多白手起家的创业者敢于放手一搏。如果创业初期试水成功，就能获取互联网带来的丰厚利润。

所以，电子商务成了解决就业问题的好出路。在互联网时代，只有革新自己的就业观念，突破“就业＝求职”的观念桎梏，才有可能解决自己的就业难题。

（八）树立终生教育培训观

“学业”和“技能”是求职就业的基础和前提。应该说大学生在这一方面比一般人有优势，但从大学专业设置来看，有些专业分类过细，社会对这种细化专业的要求是有限的，尽管国家教育部 1998 年对高校专业设置做了大的调整，但完全适应现实社会需要也有一个过程；其次，大学生在校期间所学的主要是基础知识和专业知识，与实践运用有一定的距离；再次，从社会的发展进步来讲，由于边缘学科、交叉学科的广泛兴起，需要有更广博的知识面，仅凭所学专业是不够的。因此，大学生不仅在学校里要尽可能拓宽自己的知识面，提高自己的综合素质，以适应未来严峻的就业形势，同时还应树立起终生接受知识教育和技能培训的观念，只有不断地“充电”才能占据主动地位。

（九）倡导“从业就是就业”的观念

一般来说，刚毕业的大学生就业期望值都是比较高的，而这一群体又是就业大军中工作经验和经历都比较缺乏的。而最受用人单位青睐的正好是有各种经验的“跳槽者”，因为他们有经验，也有学历，一招进来就立刻可以在某一岗位上独当一面。这不仅为用人单位节省了员工培训及业务引导的成本，并且能很快为用人单位创造价值。而对应届大学毕业生来说，显然达不到这一标准。因此，大学毕业生想一步到位进入自己所希望的单位和岗位，难度是很大的。

在社会劳动力供给大于需求，大学生就业困难的现状下，大学生转变就业观，调整就业期望，由此拓宽就业渠道，树立“先就业、后择业；先生存、后发展”的观念已显得非常重要。在机关、事业单位、国有企业工作才算就业的旧观念、“挑肥拣瘦”地寻求职业，宁可待业也不愿降低求职门坎的做法显然与时代形势相背。大学生只有根据自身条件采取先就业后择业或临时就业、短暂就业、承包就业、兼职就业或自主创业等灵活多样就业的方式，才能走出就业困境。

思考与练习

1．结合自身实际情况，谈谈如何保持积极、健康的就业心理。

2．大学生如何树立适应社会的大众就业观？

第六章 就业信息资源

本章导读

对于求职者而言，就业成功与否，不仅取决于就业者的知识水平和能力的高低，也取决于获取就业信息的多少以及能否掌握科学、准确的就业信息。信息就是资源，信息就是财富，信息就是就业质量。目前，传媒工具的多样化，给求职者获取信息、传递信息、利用信息提供了更大的选择空间。本章将主要介绍就业信息资源的相关知识。

学习目标

知识目标

- 理解就业信息基本含义
- 了解就业信息的作用
- 掌握获取就业信息的基本途径
- 掌握处理就业信息的方式

能力目标

- 能够认识到就业信息对大学生就业的重要性
- 能结合自己实际情况获取相关就业信息

第一节 就业信息

一、就业信息的基本含义

就业信息，主要是指用人单位的需求信息。包括招聘活动中各行业、企事业单位发布的具体需求信息、岗位的薪资状况、工作内容和职业发展前景等。

一般来说，就业信息应该包含以下几个要素：

（1）工作单位的全称、单位性质、上级主管部门等；

（2）工作单位的发展前景和现阶段发展实力，以及在整个行业中的排名或者在整个社会经济结构中所占的地位；

（3）对从业者政治思想、道德品质、工作态度、学历及学业成绩、职业兴趣、职业能力、职业气质、职业技能等方面的要求；

（4）工作单位的地点、环境、工作时间、个人待遇、福利等的明确规定。

就业信息不是孤立的，而是一个系统工程。国家、用人单位、学校、毕业生等组成信息网络，互为信息源。

就国家和职能部门而言，需要提供国家的产业政策、行业的人才需求、高校的专业设置、毕业生人数等；就用人单位而言，需要了解国家关于就业的政策规定、学校的专业设置、毕业生人数、毕业生的能力及素质等；就学校而言，要掌握未来有关就业的方针政策、办法及规定，用人单位的概况及实际需求等；就毕业生而言，要了解国家的就业方针政策、用人单位的概况及实际需求、就业的程序等。

二、就业信息的作用

（一）就业信息是大学生就业的基础

劳动力市场上的就业信息是供给方和需求方共同提供的供需信息。当就业信息发布和接收相对应时，就可以确认工作岗位。如果这些信息不能有效地传送，就会造成“有业不就，无业可就”的局面。毕业生所获取的用人单位的需求信息越多，其择业范围越大，就业可能性就越大。

（二）就业信息是择业决策的重要依据

毕业生需要掌握大量的就业信息，为科学择业提供决策依据。例如，国家的就业方针，各地方及行业的就业政策、有关就业机构的功能职责，所在院校的就业工作流程等。当然，最重要的还是用人单位的需求信息。

（三）就业信息是顺利就业的可靠保证

毕业生依据自己所拥有的就业信息，经过筛选比较、科学决策，锁定一个或几个相对准确的目标，全面了解这些目标的基本情况，如企业的经营方式、产品结构、市场行情、企业历史和发展前景，特别是要了解应聘岗位的要求。

【**经典实例** 6-1】

把握信息，成功就业

赵某是某师范高等专科学校计算机教育专业 2015 届毕业生，她早在上学期间，就开始注意收集各种信息，并建立了自己的就业信息库。收集的信息包括：国家经济发展趋势，国家的就业政策，本省、市的就业形势分析，用人单位的招聘信息及其他资料等。

赵某收集的招聘信息有上百条，在筛选信息时发现，师范类专科毕业生就业非常难，基本上没有公立学校招聘。后来，她进一步发现，公立学校教师的工资属于财政开支，而当地经济发展比较落后，财政十分紧张，因此公立学校的教师编制被严格控制。

她对上一届在公立学校代课的师哥、师姐进行了调查，得知他们的代课工资非常低，解决编制问题也遥遥无期。因此，她选择了放弃到学校做教师的想法，转向选择去企业工作。

她筛选企业信息的原则有：（1）寻找回报高的或发展快的行业；（2）处于上升期的高科技企业；（3）企业效益很好，且注重以人为本的企业；（4）薪水一般但工作相对稳定的企业。

在求职找工作近一年的时间里，她始终保持着清醒的头脑，与学校就业指导中心的老师保持经常性联系，常把自己的一些想法与就业指导老师进行沟通，求得他们的指导和帮助，细心地寻找力所能及且适合自己的工作。临近毕业时，她没有像其他同学那样焦急地寻找工作，反而花大部分时间学习专业课。她偶尔会去一些招聘会，但都是有目标和有准备而去的；也会去参加招聘考试和面试，但那都是经过精心选择以后的较理想的单位。当许多同学还在四处奔波找工作时，赵某已经找到了一份适合自己的工作。

分析：赵某在校期间就关心毕业后的就业问题，及早动手广泛收集就业信息。通过对收集到的就业信息认真筛选、分析研究，果断确定自己的择业目标，在求职择业过程中争取主动，从而在就业竞争中从容不迫地找到了一份适合自己的工作。

最容易走向职业误区的 7 种认识

1．继续深造一定能增加就业竞争力

无论你念书念到什么学历，最终都是要步入社会，逐步完成自己的职业生涯。面临高校扩招，毕业生数量逐年增加的形势，毕业生会产生极大的就业压力，这使一部分学生认为只有继续深造才能增强就业竞争力。

事实上，这种想法是非常错误的。学历在某种程度上可以影响就业力，但其并不是决定因素。人只有身临其境，才能真切地感觉到自己需要的是什么，自己要加强和补充的是哪方面的知识，这样的学习才更加具体、有用。因此，在就业后，同样可以不断学习，继续深造。

2．非名牌学校的毕业生一定进不了知名大公司

很多国际知名的大公司对人才的需要，并不是盲目地追求名牌学校或知名专业。通过对就业市场及各大企业的调查可以发现，有很多外企的高级经理人毕业的学校都是名不见经传，只是他们自身所具备的素质和能力刚好符合企业的需要而已。他们凭借自己锲而不舍的精神，不断地积累经验、提升能力，进而达成自己的目标。毕业院校只是过去历史的证明，只要自己具备了真正的实力，知名大公司的大门也会向你敞开。

3．就业专业不对口，职业生涯很难成功

很多学生都认为，毕业后找的第一份工作一定要和自己的所学专业对口才能有所发展，因为自己具备相应的理论知识，进入职业岗位的状态会比较快，这样更容易成功。其实不然，并不是所有的人步入社会后都能从事与自己专业对口的工作，在实际工作中，专业基础知识地应用比例也比较小。成功的关键是要看自己对所从事工作的兴趣、责任心以及再学习的能力。

4．选择工作的时候把收入放在第一位

一个人在 30 岁以前，在选择工作的时候要把经验的积累放在第一位，而不是把收入放在第一位。因为经验本身就是财富，你的收入会随着经验的积累而水涨船高。有很多大学生在毕业之初，往往会过于看重薪资待遇，在收入和发展的选择上更偏重于经济因素，因此会失去更多成功的机会。

5. 为了落户大城市，宁可委屈自己选择不喜欢的职业

对于那些为了把档案和户口留在大城市而放弃自己前途的毕业生，在做出决定的时候一定要慎之又慎，不要盲目地把自己的青春浪费在自己不喜欢的事情上，而错过许多良机。

6. 选择到大公司就业，发展的机会更多

在毕业生选择公司的时候，通常会认为：规模大、福利待遇好、行业地位高的公司是好公司，只有在这样的公司上班才能有更多的发展机会。其实，真正的好公司是针对性很强的公司，在这样的公司里工作才能学到许多实际的本领，对以后的工作也会有很大的帮助。

高校毕业生要充分考虑到个性需求、产业循环等因素，要经过多方考察分析之后再选择最适合自己的公司，

7. 多跳几次槽，就能找到自己满意的职业

频繁跳槽很难使自己找到合适的工作，也给企业一种不成熟、浮躁的印象。而且，当跳槽成为一种习惯的时候，就很难用一种坚强的意志和信念去面对工作中的困难了。因为每次遇到挫折时，就会选择跳槽来逃避现实。这可能使人走向一种盲目选择的极端。人力资源管理学家认为，一个人一生中选择 6 次职业是可以接受的，超过这个极限就会对职业生涯造成不利的影响。

第二节　就业信息的收集

收集就业信息是高校毕业生求职择业前的一项重要任务。就业信息越广泛，择业的视野就越宽阔；就业信息质量越高，择业的范围与把握性就越大。一个人如果“封闭”自我，信息失灵，如同“盲人骑瞎马”，要么发出“生不逢时”的感慨，要么就凑合随意地选择一个职位。因此，必须利用各种渠道、各种方法，广泛、全面地收集与择业有关的各种信息，为就业做好充分的准备。

一、学校毕业生就业指导部门

学校毕业生就业指导部门是学校设立的专门从事毕业生就业工作的机构，是毕业生获取求职信息的主要渠道。毕业生就业指导部门与毕业生所涉及的各级主管部门和有关用人单位保持着长期、广泛而密切的联系，并且经过多年的工作实践及常年合作联系，已形成了稳定的关系。在每年毕业生就业阶段，学校毕业生就业指导部门会有针对性地向各用人单位发布毕业生资源信息函，并以电话联系和参加各种信息交流活动等方式征集大量的就业信息。同时，这些部门一般在每年的 11 月至次年的 7 月专门组织各种形式的毕业生就

业招聘会，在毕业生和用人单位之间架起一座信息桥梁，从而使毕业生获得许多就业信息。这些信息数量大，针对性、准确性、可靠性都较强。同时，学校还会将收集的就业信息及时加以整理，定期向毕业生发布，使学校毕业生就业指导中心成为毕业生求职择业最主要的信息来源。

二、媒体、网络

电视、广播、报纸、刊物等新闻媒体经常会发布一些招聘信息和广告，目前还有一些专门的人才报、人才专版，为求职提供较为集中的招聘信息。这种途径最大的特点是受众面广、传播速度快、形式活泼多样和信息传递量大。

网络是近年来兴起的新的沟通传播方式。目前，教育部（中国高校毕业生就业服务信息网 www.myjob.edu.cn）、人事部门、青海省大中专毕业生就业指导中心（www.qhbys.com）、各高校都在网上开辟了专门网站，设有“就业政策”“就业指导”“人才数据库”“人才站点导航”“信息服务”“推荐网址”等栏目，毕业生可由此方便快捷地得知就业信息。

三、各类人才市场

为做好每年的毕业生就业工作，各级各类人才市场每年都要举办多场大中型的招聘会，高校每年也都要组织举办各种形式的双选会或校园专场招聘会。招聘会为毕业生与用人单位双向选择搭建了平台、提供了机会，毕业生要十分重视、充分利用这些机会，尽可能多了解相关情况，广泛收集各单位的用人信息。

四、实习、社会实践活动

毕业生在实习、社会实践中，可以让用人单位充分了解自己，同时也可以清楚地了解用人单位的需求信息，抓住机遇，成功求职。

五、学校教师

许多教师与校外研究所、企业、公司合作开发科研项目，有广泛的人脉，学生可以通过教师获得用人信息，不断补充自己的信息库。教师提供的就业信息具有重要参考价值。

教师能更多地考虑毕业生的就业意向与职业的匹配，结合毕业生的学业成绩、在校表现及其资质、能力、特长，针对不同学生提供不同的就业信息，比较可靠，针对性强。

六、校友

校友是就业信息的重要提供者。毕业生可以多找一些“师哥”“师姐”，通过他们了解更多的就业信息。

校友提供的就业信息的最大特点是比较接近本校的实际情况，尤其是本专业的毕业生在人才市场上的供求状况及其在具体行业中的实际工作、发展状况。特别是近几年毕业的校友对就业信息的获取、比较、选择和处理有比较丰富的经验，他们提供的信息更具有参考价值。

七、社会关系

社会关系也是就业信息的重要来源。学生可以通过自己和家庭的社会关系获取各行各业的就业信息。

家长、亲友提供的就业信息主要来源于其个人的社会关系，或者其所在的就业单位，对职业需求信息知根知底，真实性较强、可靠性较大。

拓展阅读

收集就业信息需要注意的问题

1. 广泛与重点相结合

当今社会科学技术迅猛发展，边缘学科、交叉学科不断出现，知识的渗透性更加明显。社会行业也由过去的专项性向综合性发展。所以在收集信息时不要仅仅局限于专业对口单位，对非对口单位的需求信息也要注意收集。但是在广泛收集的基础上，要确保重点，要全面了解专业对口单位的需求，因为这种单位对符合专业特点的人才需求量更大。

2. 纵向与横向相结合

市场经济的发展，要求地域之间加快人、财、物的流动和流通，取长补短，相互促进，形成合理完善的人才机制。所以在收集人才信息时，一方面，要把本省、地（市）的人才需求收集起来；另一方面，也要注意收集不同地区，不同领域的人才需求信息。

3. 动态与静态相结合

一方面，社会各行业对人才的需求方面具有相对的连续性和稳定性，需要我们及时准确地获取当年的需求信息（静态）；另一方面，各行业是在竞争中求生存，随着经济的发展、市场的调节而变化。因此，必须同时了解、掌握、预测社会各行业在一个时期内对各类人才需求的动态信息，增强就业指导的预见性和主动性。

4．注重用人单位对毕业生招聘条件的信息收集

总的来看，社会上急需德才兼备的人才。改革开放的今天，对大学生提出了新的、更高的要求，从政治素质、知识、实际工作能力，乃至身体状况，都要适应时代的发展，需要毕业生不仅要有远大的理想，还要有丰富的专业知识，较强的竞争意识，勇于开拓和脚踏实地的苦干精神。

第三节　就业信息的处理

一、就业信息的筛选

当收集到一定的就业信息后，毕业生就要结合自身的情况，依据国家有关政策、法规和社会常识对它们进行去伪存真、去粗取精的筛选，以及有目的、有针对性地排列、整理和分析。

很多用人单位在进行宣传的时候，通常只提自己的优势而掩饰自己的劣势，因此，毕业生在进行情况分析的时候要做到充分了解，心中有数，不要被表象所迷惑，失去准确的判断。

（一）甄别

甄别是信息处理的第一步，甄别信息首先要确定信息的可靠程度，对于不确定的信息要通过各种渠道和知情人士去证实；其次，要甄别信息的内容是否齐全，特别是发现自己想知道的细节没有或者不清楚时，要抓紧时间进行实际考察、询问情况、了解实情。

（二）归类

经过甄别的信息仍然繁杂，因此还需要对信息加以归类。可以根据就业信息的不同属性分门别类地加以整理，这样既能防止就业信息遗漏，又便于检索查阅。

（三）挖掘

许多信息的价值往往不是浮在表面上的，必须经过深入挖掘才能发现。例如，根据有些单位的现状，可能还难以判断、预测单位和自己今后的发展状况；有些单位虽然条件可能差一些，但从长远看是有前途的，能够给员工较大的发展空间。这就要求毕业生既要站在高处，从长远的角度看职业、单位的趋势；又要留意信息的细枝末节，由表及里挖掘信息的内涵价值。

课堂讨论

临近毕业，你知道该如何进行求职信息的准备吗？你知道如何将这些信息进行筛选、整合、分析，然后加以利用吗？

拓展阅读

分析就业信息需要注意的问题

毕业生在分析就业信息时，由于求职心切，或时间紧迫，又或重视不够，没有对收集到的信息进行认真细致的分析，导致在择业求职的开始阶段总是犯一些本可以避免的错误，不仅浪费宝贵的时间、金钱和精力，而且在求职一开始时就陷于被动。毕业生求职时首先要开展的工作应该是对就业信息的分析，因为择业的成败在很大程度上取决于如何分析就业信息。分析就业信息主要应做好以下几个方面的工作。

1. 分析就业信息是否准确真实

就业信息准确与否直接影响毕业生择业的成功与否，信息不准，会给择业工作带来决策上的失误。例如，一个计算机专业的毕业生，通过自己高年级学长和同乡得知，在前两年，该专业本科毕业生 IT 行业的月薪约 3 000 元，他死抱着这个信息不放，到处应聘，大部分公司开出的月薪只有 1 500～2 000 元，甚至更低，这与他了解到的信息差别太大，因此他迟迟不肯签约，结果贻误了很多宝贵的就业机会。

分析就业信息的准确与否还有一个重要的方面就是核实单位的资质及招聘信息的真假。信息在传递过程中由于来源和人为的一些因素，造成有些信息失真或污染，这就要求我们必须通过查询、核实来加以修正、充实，使信息更有效。例如，在去一个应聘单位前，必须对该单位的合法资质进行核对，或向其上级主管部门核实，或直接咨询学校就业指导部门。

2. 分析就业信息时要做到适用性、有针对性

现如今，就业信息铺天盖地，如果在信息收集中不注重适用性，就可能在众多的就业信息中把握不准方向，这就要求毕业生在收集就业信息时，必须对自己有一个客观评估，然后根据自己的专业、特长、能力、性格、健康状况等各方面因素去收集有关就业信息，避免收集自己不适用的信息，而浪费不必要的人力、物力与时间，贻误就业时机。

3. 分析就业信息时要做到系统性和连续性

将各种相关的、零碎的信息积累起来，然后加工、筛选，形成一个能客观地、系统地反映当前就业市场、就业政策、就业动向的就业信息链，为自己的信息分析和择

业提供更可靠的依据。同时，要注意保持信息的连续性。例如，一些用人单位因搬迁等原因导致毕业生收集的信息失真，但如果建立了连续的电子就业信息库，毕业生就可以根据原有的信息重新发掘新信息，更新信息库，这样毕业生就可以在任何时候享用就业信息。

总之，毕业生要善于及时对就业信息进行分析、判别，依据自己的就业定位，选择相对较好，特别是适合自己个人特点的信息，并且果断出击，以提高自己求职择业的效率和成功率。

二、就业信息的评价

信息的来源渠道不同，内容必然有实有虚，这就要求毕业生对每一条获得的就业信息进行评价。

（一）真实性

由于信息的来源渠道不同、传递方式不同，大量信息扑面而来，就会造成信息的真实程度不一。在当前人才市场尚不十分健全的情况下，假信息或不很准确的信息层出不穷，造成有的毕业生求职失败，贻误了求职的最佳时机。因此，毕业生务必冷静分析，增强判断就业信息真实性的能力。

（二）准确性

就业信息必须能够真实、全面、准确地反映用人单位的意图，不能含糊其辞，模棱两可，否则容易造成误导，产生错觉。即使再简单的就业信息中也要认真琢磨，仔细体会，对于一些不是十分清楚的就业信息要及时与信息的提供方取得联系或请教别人，获得准确信息。

（三）有效性

就业信息的有效性是一个相对的概念，指信息对于使用者而言是否有用，有用的即有效，无用的即无效。也就是说，某一个就业信息，别人看来很有价值，可能是一个很好的机会，但是对求职者本人或许一文不值，这并不是信息本身的问题。同样的信息造成不同反应的原因是，不同求职者评价信息的标准不同，每条信息都有其特有的针对性。随着社会分工进一步细化，用人单位所要求人才的层次、专业、性别、能力等方面千差万别，就业信息本身必须能够说明它所使用的对象，以及该对象所应具备的具体条件；否则就会让每个人产生自己都适合、能胜任的错觉。因此，应该注意就业信息的有效性，不能盲目追求热门职业。适合自己的信息一定要予以重视，不适合自己的也要果断地摒弃，减少求职择业的盲目性。

（四）时效性

信息的一个很重要的特性就是时效性，即信息都有时间要求，在一定时间内是有效的，过了某个时间就失去了意义和作用。因此，在收集、整理和处理就业信息时一定要注意信息的有效时间，争取及早对信息做出应有的反应。

【经典实例 6-2】

某高校机械系毕业生王某，在学校举办的毕业生招聘会上被山西大同市一家效益较好的部属研究所的招聘人员看中，认为他的情况不错，愿意接收，而且表示他到单位后会有很好的发展前景。虽然王某也愿意到该单位去，但觉得大同有些偏僻，气候不好。于是他就去找系里和就业指导中心的老师咨询，老师们一致认为该单位整体情况不错，应抓紧时间尽快决定。但可能是这个机会来得太容易，王某反而作出了不去该研究所的决定。对此，学校老师和研究所的同志都觉得遗憾和惋惜。但仅仅过了 3 天，王某就改变了主意，又想去该研究所工作（这时负责招聘的人员已经离开学校了）。后经联系，研究所表示现在该专业的招聘计划已经完成，不能接收。此实例表明，求职信息的时效性非常强，毕业生一定要抓住机会，尽快决策，不然就会错失良机，后悔莫及。

（五）可变更性

对于某些招聘信息所传递的专业、性别、学历要求等，乍看上去并不符合个人的应聘条件，因而就此却步。但实际上这只是用人单位最初的设想，随着形势的变化，最初的计划会有所调整，因而毕业生要结合用人单位的情况和岗位的核心特征进行分析，考虑一下该信息的可变更性有多大。

三、就业信息利用的策略

一旦就业信息被确认为真实有效，接下来就是要鉴别信息的适合性。可以从专业、兴趣爱好及性格特征三个方面来鉴别。

（一）专业的适合性

专业是否对口，往往是用人单位与应聘者的共同目标。专业对口可以缩短个人进入职业岗位后的适应期，使个人更容易发挥专业特长，既可以避免自己专业资源的浪费，也可以减少企业在职业培训中的投入。因此，要适当考虑就业信息与专业是否对口。

（二）兴趣爱好的适合性

兴趣爱好是一个人在职业中取得成功的重要条件，对一项工作有兴趣不仅可以促使你投入大量的精力，而且有益于身心健康。在在专业特长与兴趣爱好不相符的情况下，一定要权衡利弊，作出选择。

（三）性格特征的适合性

性格特征本身无所谓好坏，但是就具体的工作职位而言，性格特征有适合和不适合之分。例如，严谨、诚实、谦逊的性格适合从事科研工作，活泼开朗的性格适合从事社交工作，勇敢、沉着、果断的性格适合从事管理工作等。为此，在考虑专业和兴趣爱好的同时，也要兼顾到职业信息与自己的性格之间的吻合性。

【经典实例 6-3】

某高校毕业生杨某，大学期间曾多次被评为三好学生。毕业时他收集的就业信息有高校教师岗位、工厂技术人员岗位、研究所研究人员岗位，还有政府公务员岗位。在分析筛选时，他考虑到自身性格偏内向，普通话不标准，社会交往能力偏弱，而专业成绩较好的现实，果断地放弃高校教师和公务员岗位，在工厂技术人员岗位和研究所研究人员岗位之间选择了后者。工作的几年中，他先后抽时间到两个不同的工厂和公司进行试工，均感不适，最终还是安心在研究所工作。实践证明，他当初的选择是正确的，即适合自己的就是最好的。

拓展阅读

就业信息的使用原则

1．发挥优势和学以致用的原则

发挥优势和学以致用的原则，即处理就业信息时，要尽量做到专业对口，发挥所长，学以致用，这样可以发挥优势，避免人才资源的浪费。如果说，实际的招聘条件不许可，那就可以选择相近专业的招聘职位。

2. 面对现实、理论联系实际原则

在使用就业信息时，要事先对自己有一个全面的认识和正确的自我评价，无论个人的愿望如何美好，在实际操作时则要面对现实。检查自己是否具有必备的条件。有些行业在学历、能力、年龄、性别等各方面都有一定的限制。事先应查核自己的条件是否符合，不要存着碰运气的念头，这是对己、对人认真负责的态度，于己于人都有利。不能图虚荣，爱面子，好高骛远，而要量力而行，量“能”择业，量“才”定位。即把所有的求职信息都对照衡量一下，看是否适合于自己。尤其要选择适合自己性格、气质和利于发挥特长的单位和具体岗位。

3. 在政策范围内择业的原则

使用就业信息时，要把个人意愿和国家需要结合起来，并根据社会需要与自己的能力、愿望作出职业选择，这是使个人的择业愿望具有客观可行性的保证。

4. 辩证分析原则

辩证分析原则，即用辩证唯物主义方法论来分析信息，用历史的、发展的、变化的眼光研究、处理信息的实际利用价值。

5. 综合比较原则

综合比较原则，即把所有的信息放在一起从各方面比较各自的利弊，寻找符合自己条件的职业。

6. 善于开拓原则

善于开拓原则，即将那些价值潜在的信息，深入思考，加以引证，充分利用。正如人们常说的，信息的价值会用则有，不会用则无。

7. 早做抉择原则

信息有很强的时效性，及时用之是财富，过期不用等于无。因为较好的职业总会吸引更多求职择业者，而录用指标却是有限的。如果延迟抉择，不及时反馈信息；往往会痛失良机。

8. 学习原则

善于总结，寻找不足。根据相关岗位的要求，并结合自身现有的能力，在求职中发现自己的不足。因此，求职者应该善于总结，调整自己的知识结构，锻炼自己还欠缺的能力，弥补不足。

9. 舍得原则

部分信息对自己也许没用，但对别人也许就有着很大的价值，遇到这种情况，应该乐于输出这些信息，不要紧抓不放。在你输出信息的同时，既帮助了别人，也许同时减少了自己的一个竞争对手，何乐而不为？

需要指出的是：在使用就业信息时，一定要头脑清醒，不可随波逐流，人云亦云，不可偏听偏信，不能一味地追求高“理想”，而应该做到面对现实情况，实事求是，客观地评估自我，作出正确的选择。

思考与练习

1．一则较好的就业信息应该包含几个要素？
2．一般可以通过哪些渠道获得就业信息？
3．大学生应如何正确筛选就业信息？

第七章

就业策略和方法

本章导读

毕业生就业一般都要经过自荐、笔试、面试几个阶段。就业材料在很大程度上决定毕业生能否获得面试的机会，同时毕业生的书面资料也是用人单位了解毕业生的窗口，通过这个窗口，用人单位可以了解毕业生的经历、能力、品性、特长，进而决定进一步的考核计划。所以说，能够撰写有说服力和吸引力的书面材料是赢得主动、踏向求职成功之路的第一步。毕业生求职过程中，笔试成绩是毕业生个人能否脱颖而出的实证，而面试的成败则决定着毕业生能否参加复试、试用和签约录用。本章将主要介绍毕业生就业策略和方法。

学习目标

知识目标

- 掌握简历的不同形式、基本要素及其撰写
- 掌握自荐信的格式要求、就业推荐信及各种证书
- 掌握笔试前的准备及笔试的方法与技巧
- 掌握面试前的准备及面试中需要注意的问题

能力目标

- 通过对本章的学习，能够熟练掌握简历撰写的各项要求，撰写一份自己比较满意的个人简历
- 通过学习求职面试技巧，能够注意面试过程各种细节，提高面试成功率

第一节 就业材料的组织与准备

每个毕业生需要准备和组织的就业求职材料并没有统一的要求或标准，不同的招聘场合和用人单位对此的要求也不尽相同。一般来说，一份自荐书面材料至少包含：个人简历、自荐信、就业推荐表以及辅助材料。其中，个人简历主要说明自己过去的经历，自荐信主要表明自己的态度，就业推荐表体现了学校对自己的认可，辅助材料强调自己所取得的成绩和自己的能力。

一、个人简历

个人简历是一个人生活、学习、工作、经历、成绩的概括集锦，其真正目的就是让用人单位全面了解自己，从而为自己创造面试的机会。从个人简历中，可以看出求职者在能力、性格、经验方面的综合表现。通常情况下，用人单位都是首先通过简历对求职人员留下初步印象，进一步决定求职者能否参加面试。

个人简历是求职者对招聘者的第一次自我展示，求职者应当通过简历达到以下几个目的：第一，建立求职者与招聘者的初次有效联系；第二，告诉招聘者你符合所应聘岗位的条件；第三，尽可能给招聘者留下深刻的良好印象；第四，获得招聘者的初步认同，获取进一步考查的机会。

（一）简历的形式

简历从形式上来区分，包括以下 7 种：完全表格式简历、半文章式简历、小册子式简历、提要式简历、按年月顺序式简历、功能式简历及创造式简历。当然，这些形式互相之间可交叉重叠。如完全表格式的简历可以是按年月顺序式的，也可以是功能式的。

1. 完全表格式简历

完全表格式简历综合了多种资料，易于阅读，通常适用于年轻、缺乏工作经历但具有各种诸如所学课程、课外活动、业余爱好和临时工作等资格的求职者。资历低浅的求职者必须表现出各种不同的资历，因为他们不深的资历很少需要分析和说明。

2. 半文章式简历

半文章式简历使用较少的表格设计，而多使用文字的形式记载，表格的数量和文字记载的长度可予以变化以适应自己的需要。

3．小册子式简历

小册子式简历是一种多页的、半文章式的活页格式简历。这种简历可以有 4 页、8 页，甚至 20 页。它主要有两个优点：一是提供了一种可表述两页或更多资料的便利工具；二是其封面上容纳了一份分别打印、专门设计的求职信。但小册子式简历也有明显的缺点：需要很多专门的技能去撰写和设计。

4．提要式简历

提要式简历又称节略式简历，是一种详细简历的摘要，它是在完成了一份较长、较详细的简历后摘编而成的。经历丰富的求职者会先写一份完整的简历（如 2～3 页）来概括其资历，然后再从中摘出资历的要点。这种提要式简历是作为一般性接触用的简历，而详细的简历只有在招聘者要求时才提交出去。

5．按年月顺序（时间顺序）式简历

有些简历是按时间顺序排列资料的。时间顺序是指从最近的时间开始往前推，例如，在工作经历一栏里，应从最近的工作开始，然后是这份工作的前面一个工作，依次往前推。按年月顺序式的简历可以是完全表格式的履历，也可以是半文章式的简历，还可以是创造式的简历。这种简历的一个很大的优点是招聘者比较喜欢，但这种顺序也并不一定对求职者有利，尤其是其最近从事的工作给人的印象不好时。

6．功能式简历

有些简历只强调工作的种类，即功能，而不含有任何特别的时间顺序。功能式简历的主要优点是突出实际的成就。其缺点是招聘者不得不自己推算出时间顺序。因此，当时间顺序对求职者不利时，可使用功能式简历。

7．创造式简历

艺术界、广告界、传媒界和其他一些创意要求较高的领域的求职者在准备简历时往往会打破标准的简历形式。创造式简历对于这一类的求职者来说是非常有利的，它证明了求职者富有创意并提供了一个创意丰富的例子。创造式简历必须运用想象力，向招聘者提供他们所需要的内容。它只适用于创意要求较高的行业，一般要避免在银行业、商业、交通运输业和制造业等行业使用这种简历。

【经典实例 7-1】

简历新形式：报价单

今年刚从某高校新闻专业毕业的郑某，通过自己“明码实价”的简历，拿到了某知名房地产公司的录用通知。她的简历对自己的能力及不足来了个“明码标价”，乍一看，就像一个“价目表”。她笑着说：“这一招助我一路拼杀，找到了现在这份令我非常满意的工作！”

求职简历变报价单

基本价值：1 800 元——作为一名国家直属重点大学的毕业生，耗费了父母大量的金钱和感情来培养，需要足够的物质支持来回报家人和提供个人生活基本费用，并用于支付工作技能进一步的发展。

技能价值：—300 元——明白自己作为一个新闻学专业的学生缺乏“一技之长”，所能干的工作不具有不可替代性，但在进入某单位经过一段时间的磨炼后，我可以有所发挥。为了感激贵单位给予这个“进门”的机会，认为应该减去300元的月薪。

性格价值：300 元——开朗、活泼、幽默的性格，能最大限度地使一个团队士气高昂，在愉快的氛围中保持工作的高效。

经验价值：—500 元——深知自己的经验欠缺，没有独立地完成过一次完整的学术研究，也没有组织过大型的社会活动，但作为一个具有扎实的专业知识和较高的综合素质的社会新人，能很快完成从学生到职员的过渡。

……

和其他毕业生的简历相比，郑某的简历更像一份报价单。她对自己的各项素质进行了具体而客观的评价，一共有 10 余项，分别给出了或正或负的价值数额。最后，她给自己评定的市场价值是 2 000 元。

郑某高兴地说：“因为形式新颖，我投去简历的单位几乎都会让去我面试。”

制胜仍需真才实学

郑某所在部门的万经理说：“小郑的简历给我们留下了良好的第一印象。”这样也非常符合他们对营销策划人才的要求。但万经理表示，她在后来的笔试及面试中表现出色，才是她应聘成功的真正原因。

据了解，现在毕业生简历花样繁多。但是，良好的自身素质、过硬的专业技能才是应聘成功的制胜法宝，想靠花哨的简历求职只会弄巧成拙，得不偿失。

（二）简历的基本要素

简历的基本要素应包括以下几个方面：

- 个人基本情况：主要包括姓名、出生年月、性别、民族、政治面貌、健康状况、家庭住址、生源地、联系方式（电话号码和 E-mail 地址）等。
- 求职意向：包括求职的地域、行业、岗位等方面的意向。
- 教育背景：包括毕业生的毕业院校、所学专业、学历、学位、核心专业课程等。
- 实践经历：指大学以来参加的校内外实践，如社团活动、志愿者工作、社会调查、社会实践、专业见习等。

- **知识、技能**：主要包括外语、计算机及专业知识和技能或资格证书。
- **荣誉奖项**：包括各种荣誉奖项。
- **个人特长及自我评价**：如学习能力、沟通能力、解决问题的能力、适应能力、创新能力、团队合作精神等。

（三）简历的撰写

简历一方面要真实地反映出过去的学习、生活经历和成绩，并说明求职者择业的希望；另一方面要对用人单位考量人才的关键点作出机敏的反应。

1. 撰写简历应注意的事项

（1）简短。简历不要太长，一般应届毕业生的个人简历有一页 A4 纸即可。简历中不要出现大段文字。据调查，用人单位花在每份简历上的平均时间不到 90 秒，要想在这短短的 90 秒内迅速抓住招聘者的眼球，简历不做到短小精悍是不行的。

（2）清晰。简历应一目了然，确保简历的阅读者一眼就能看到他们需要的信息；要使用简单、清晰易懂的语言，而不要写一些高深莫测的语言；尽量不使用缩略语或学生中流行的时髦词汇；打印时应选择合适的字体和字号。

（3）用词准确。一份简历能看出一个人的语言文字功底和修养，而招聘人员考查应聘者的文字能力、细心程度等内容就是从简历开始的。表达清楚、准确、规范、精练，是简历语言的基本要求。

（4）整洁。整洁的简历使简历阅读者在看到内容之前就已产生好感，这样才能使之产生阅读的兴趣。因此，打印简历最好用激光打印机打印，而不要使用效果不佳的油印或复印，此外，应该注意保持简历的干净整洁。

（5）真实。撰写简历既不夸张（自负），也不消极地评价自己（过分谦虚），更不能编造。简历一定要用心设计，内容要真实。有些简历一看就知道是抄袭他人的，有些甚至是明显的张冠李戴，这样的简历是无法给求职者争取到面试机会的。

【经典实例 7-2】

简历信息真实最重要

王某的身高是 171 cm，但他听说很多单位招聘的时候对身高有要求，于是就把简历里的“身高”写成了“175 cm”。参加招聘会的时候，为了使自己身高显得与简历中的填写相符，他特意穿了一双鞋跟比较高的皮鞋。招聘会上某知名企业正在招聘管理人员，薪资待遇很好，但就是身高要求在 175 cm 以上。王某递上了自己的简历后，用人单位还专门强调了身高方面的要求，并问他是否确定自己的身高符合要求，为了通过第一关，王某说他绝对符合，招聘人员也比较满意。过了几天，该单位通知他前去面试，王某坐汽车颠簸了几个小时来到位于郊区的该单位，结果面试的第一项就是测量身高，由于弄虚作假，王某在面试中第一个就被淘汰了。

（6）正确。文字、语法、标点符号等都要正确。简历是求职者的第一张脸，招聘者在大多数情况下是先见到简历后见求职者本人的。

2. 简历撰写中常见的问题

（1）篇幅过长或过短。篇幅过长，显得内容冗长，表达不切题意，会让挑选简历的人失去耐心，从而失去面试的机会；篇幅过短，缺乏必要的信息，使挑选简历的人对求职者认识不够全面，也会失去面试的机会。

（2）条理不清。简历布局不合理，结构层次混乱，逻辑不清，会增加阅读与理解上的困难。

（3）目标不明。没有明确的求职方向，也没有标明自己的特长、兴趣爱好等。

（4）不切实际。对自己的评价明显不合实际，太完美无缺，让阅读者产生怀疑，或对薪酬待遇提出过高的要求。

（5）版面设计不科学。如版面过于压缩，将行距与段间距压缩得太密，字体太小等。

（6）错别字及语法错误。在简历中出现错别字，有的甚至出现语法错误。

拓展阅读

简历模板

个人简历

照片栏

（1）个人概况：

姓　　名：______	性　　别：______	籍　　贯：______
出生日期：______	民　　族：______	现所在地：______
婚姻状况：______	健康状况：______	政治面貌：______
毕业院校：______	专　　业：______	最高学历：______
电子邮件：______	联系电话：______	邮　　编：______

通信地址：______________________

求职意向：______________________

（2）教育经历：

______________________________（请依个人情况酌情增减）

（3）主修课程：

______________________________（注：如需要详细成绩单，请联系我）

（4）论文情况：

______________________________________（注：请注明是否已发表）

（5）英语水平：

基本技能：听、说、读、写能力

标准测试：国家四、六级

（6）计算机水平：

编程、操作应用系统、网络、数据库……（请依个人情况酌情增减）

（7）获奖情况：

______________________________________（请依个人情况酌情增减）

（8）实践与实习：

______________________________________（请依个人情况酌情增减）

（9）工作经历：

______________________________________（请依个人情况酌情增减）

（10）个性特点：

______________________（请描述出自己的个性、工作态度、自我评价等）

（11）另：（如果你还有什么要写上去的，请填写在这里）

（12）附言：（请写出你的希望或总结此简历的一句精炼的话）例如，相信您的信任与我的实力将为我们带来共同的成功！或希望我能为贵公司贡献自己的力量！

拓展阅读

如何让你的网上简历更“抢眼”

据统计，规模较大的企业一般每周要接收500至1 000份电子简历，其中的80%在管理者浏览不到30秒种后就被删除了。要让别人在半分钟内通过一份E-mail对你产生兴趣，其难度与跟用人单位直接见面相比更大，因此，是否拥有一份个性化的电子简历就显得极为关键。

1．放大你的“卖点”

简历中有几栏是用来给对方留下深刻印象的，也是决定对方是否给你面试机会的关键。如何写好这几部分的内容很重要，应从以下几个方面着手。

（1）成绩。以你的傲人成绩去打动未来的雇主，突出你的技能和成绩，强化支持标题。集中对能力进行细节描写，运用数字、百分比或时间等量化手段加以强化。强调动作，避免使用人称代词如“我”“我们”等。

（2）能力。对各方面能力加以归纳和汇总，扬长避短，以你无可争议的工作能力和个人魅力征服未来的雇主。用词应简单明确，观点鲜明，引人入胜。

（3）工作经历。应当包括你所有的工作历史，无论是有偿的还是无偿的，全职的还是兼职的。在保证真实性的前提下，尽量扩充与丰富你的工作经历，但用词必须简练，不要只针对工作本身，业绩和成果更为重要。

（4）技能。列出所有与求职有关的技能，将有机会向雇主展现你的学历和工作经历以外的天赋与才华。回顾以往取得的成绩，对自己从中获得的体会与经验加以总结、归纳。你的选择标准只有一个，即这一项能否给你的求职带来帮助。

（5）嘉奖。简历中的大部分内容是经历和成绩的主观记录，而荣誉和嘉奖将赋予它们实实在在的客观性，这是令雇主注意到你已获得肯定成绩的机会。强调此奖项是你资历的重要证明，突出此嘉奖与你所求职务的相关性。

2．扣人心弦的“开场白”

求职成功最基本的就是要对自己有一个客观全面的了解，然后再根据自身的情况准备好所需材料，一般包括求职信和简历。求职信是简历的“开场白”。这个开场白的功能是激发别人有兴趣阅读下文。为了使公司了解你申请的是哪个职位，并对你有更深的印象，发简历的时候，应连同求职信一并发出。发任何简历都应该写求职信，这是被许多求职者忽略的细节。求职信的内容包括：

（1）求职目标，明确你所向往的职位。

（2）个人特点的小结，吸引人来阅读你的简历。

（3）表决心，简单有力地显示信心。

在准备求职信时还要注意控制篇幅，要让人事经理无需使用屏幕的滚动条就能读完；直接在邮件内编辑，排版要工整；要做到既体现个人特点又不过分吹嘘；让求职信成为应聘的敲门砖，长短适中，切中要害。

求职信和简历都应该用文本格式（txt）来写，这样虽然会限制一些文本修饰功能，如粗体、斜体等，但你可以用一些符号来突出重点；注意措辞和语言，求职信中千万不可有错别字；求职信和简历要一同发送，不要分开；求职信中有些关键词也是很重要的，有些公司会通过关键词搜索来寻找符合他们条件的人选；在你的电子邮件软件里创建并保存一个求职信样式，这样稍加修改你就可以用它来申请其他的职位。

3．别让简历成为“格式化”的牺牲品

模块化简历虽然是最简单易行的，但并不能满足不同公司的不同需求，尤其是在我国对网上简历并没有一个统一的标准，加上求职信病毒盛行，因此网上简历必须注意到一些特殊的需要。

（1）有的放矢。人力资源部门总是收到许多不合格的简历，也就是说不适合该公司职位的简历。因此，在发简历的时候，你应该注明申请的是什么职位，并了解你能否胜任这个工作。

（2）不用附件。虽然以附件形式发送的简历看起来效果更好，但是由于病毒的威胁，越来越多的公司都要求求职者不要用附件发送简历，甚至有些公司把所有带附件的邮件全部删除。在这种情况下，尽管你的简历排版极为精心，却可能根本没有人看。

（3）美化“纯文本”。不少人事管理者抱怨收到的许多简历在格式上都很糟糕。用 E-mail 发出的简历在格式上应该简洁明了，重点突出，因为公司通常只看他们最感兴趣的部分。另外还有一个好办法就是把你制作精美的简历放到网上，再把网址告诉给公司即可。

精心设计一下纯文本格式的简历，以下有一些小技巧可供参考：

第一，注意设定页边距，使文本的宽度在 16 厘米左右，这样你的简历在多数情况下看起来都不会换行；

第二，尽量用相同字号下显示较大的字体；

第三，如果你一定要使自己的简历看起来与众不同，你可以用一些特殊符号分隔简历内容。

4. 最大限度地抢夺眼球

网上求职时主要精力应该放在拥有人才数据库的招聘网站上，要把你的简历放到他们的数据库中。因为用人单位会来这些网站浏览或直接索要符合其要求的。总的来说，应该让用人单位带着明确的目的来找你，这要胜过自己向大量公司无目的的发放个人简历。

在申请同一公司的不同职位时，最好能发两封不同的电子简历，因为有些求职网站的数据库软件能自动过滤掉第二封信件，以免造成冗余。另外，在你发送电子简历时要错过高峰期，上网高峰一般在中午至午夜，这段时间传递速度非常慢，而且还会出现错误信息，因此，要择机而动。

二、自荐信

简单地说，自荐信就是一封写给招聘单位的信。它总结和归纳了简历的内容，集介绍、自我推销和下一步行动建议于一身，并重点突出自身背景材料中与未来雇主最有关系的内容，以此来提高自己的成功概率。一份好的自荐信体现了求职者清晰的思路和良好的表达能力，招聘者通过自荐信可以看出其沟通交际能力和性格特征。最主要的是还可以看出其个人闪光点以及最适合所招聘岗位的原因。

自荐信的重点在于“荐”，在构思上一定要围绕“为何荐”“凭何荐”“怎样荐”的思路安排，其书写格式与一般书信大致相同，即标题、称呼、正文、结尾和落款。

（一）标题

标题是自荐信的标志和称谓，要求醒目、简洁、庄雅。需用较大字体在用纸上标注“自荐信”三个字，显得大方、美观。

（二）称呼

这里的称呼是指对主送单位或收件人的称呼，因此往往要比一般书信的称呼正规一些，在实际书写时要区别对待。若写给国家机关或事业单位的人事部门负责人，可用“尊敬的××处长”称呼；若写给企业人力资源部，则用“尊敬的××经理”；若写给科研院所或高校人事部门，可用“尊敬的××教授（处长、老师）”。称呼要正规、准确，忌用“前辈、叔叔、师兄”等不正规的称呼。由于求职信往往是求职者和用人单位之间的首次接触，毕业生未必对用人单位的招聘人员了解、熟悉，因此，在求职信中称呼“××领导”是可以的。

（三）正文

这是求职信的核心部分，其形式多样，风格各异，要打动用人单位，其措辞和行文风格要反复揣摩和修改。正文部分应当包括以下几部分内容。

1. 简单的自我介绍

简单的自我介绍，即简要说明自己的身份。对于应届毕业生来说，在信件的开头用一两句话说明自己的学校、学历、专业等基本信息即可，简明扼要，一目了然。例如，“我是××大学管理学院电子商务专业2015届毕业生”。

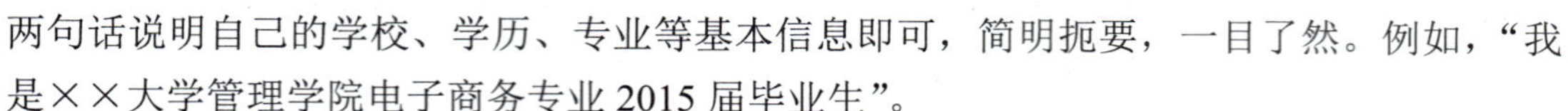

2. 说明求职信息来源

为了师出有名，最好在求职信的开头说明求职信息的来源，这样既使行文比较流畅，同时也暗示用人单位的招聘广告是有反馈的。可用一句如“本人在2015年×月×日的《××报》上得知贵单位正在进行招聘活动，因此投信前来应聘”之类的话带过即可。

3. 说明应聘职位

在求职信的开头，应该说明所要应聘的职位，如“本人欲应聘网络维护一职”或“相信本人能胜任报社记者一职，故前来应聘”等。如果职位有编号，应当写上编号，以表示一丝不苟的态度和应聘的诚意，如“网络维护（013#）”等。

4. 说明能胜任该职位的理由

这是求职信的关键部分，其主要是向对方表明你的专业知识和工作经验，所取得的与该职位有关的一些成绩和自己所掌握的相关技能，以及与该职位相符的性格、特长、兴趣爱好和其他情况。这段文字所要表达的中心意思就是——你是最适合该职位的人，并注意发掘自己满足未来工作要求的条件。

需要注意的是，说明能胜任该项工作的理由，并不是经验和成绩的简单堆砌，一定要突出适合这项工作的特长和个性，不落俗套，“不走寻常路”。尽量避免写那些风马牛不相及的东西，更不能写那些与招聘条件“反其道而行之”的内容。例如，用人单位招聘的是“营销人员”，求职者却对自己的“内向、文静”大写特写，这样应聘自然就会失败。

5．暗示发展前途及潜力

在求职信中要向招聘者表明你有培养价值、可塑造、有发展潜力。例如，学生干部可以重点表述在任职期间取得的突出成绩。

拓展阅读

自荐信的禁忌

在撰写自荐信时，一般应做到：摆正位置，态度真诚；整体美观，言简意赅；富于个性，有的放矢；以情动人，以诚感人。一般来说，求职信有 6 大禁忌，大学毕业生书写时一定要注意避免。

1．忌长篇大论

用人单位不会花很长的时间来阅读求职信，篇幅太长会使招聘单位产生厌烦心理，甚至认为你的概括能力不强。因此，内容应以简洁为原则，尽量在一页纸内完成。

2．忌堆砌词藻

即使你满腹经纶，也不要幻想用华丽的词藻来打动招聘者。华而不实的语言属于大话、空话、套话，并没有实际的作用。那种虽无豪言壮语，但读来亲切、自然、实实在在的求职信却能给用人单位留下深刻的印象。

3．忌夸大其词

在措辞方面要留有余地，不要说得过于饱和。如“我能胜任各种工作”“我将会给贵单位带来新的生机”之类的表述，只能给用人单位留下你刚出校门，还很幼稚的印象。

4．忌缺乏自信

适度的谦虚是一种美德，也会使对方产生好感，但过分的谦虚则是不自信的表现。在写求职信时忌用“虽然我资历不够”“虽然我不是名校的毕业生”等语句，因为用人单位关心的就是你是否符合招聘岗位的要求。

5．忌千篇一律

书写求职信，要有自己的风格与特点，而不能千篇一律，落入俗套。立意新颖、语言独特以及思考多元化的求职信才能给对方留下深刻的印象，引起招聘者的注意，并进而挑起招聘者的兴趣，使自己赢得面试的机会。因此，一定要把自己的强项写出来，将自己的“亮点”展示出来。

6. 忌粗心大意

只有经过严格的修改和推敲后的求职信才能收到良好的效果，因此，要重复翻看求职信，以避免出现错别字和语法错误。

（四）结尾

结尾一般包括两个方面的内容：一是盼回复，二是祝词。在一般的求职信中，表达希望对方答复或者获得面试机会所用的措辞几乎已成定式，如“我热切盼望着您的回复”或者“我希望能获得与您面谈的机会”。此外，正文后的问候祝颂虽然只有几个字，但也有着不可忽视的作用。如可用“顺候安康”“祝贵公司兴旺发达”等词，也可用“此致敬礼”之类的通用词。

（五）落款

落款应署名并注明日期。署名应与信首的“称呼”相呼应，如果在信首称对方为“××老师”，则署名应为“学生×××”，当然也可以直接签上自己的名字。但需要注意的是，不管求职信是打印的还是手写的，署名一定要手写，其下方要完整地写上年月日。

自荐信写作虽有一定的自由度，但务必要注意文明礼貌，诚朴雅致，特别要注意突出才艺与专长的个体特征，注意展现经验、业绩和成果，精心设计装帧，讲求格式美观雅致、追求庄重秀美。

拓展阅读

自荐信范文

尊敬的××经理：

您好！

我是一名即将从××大学外语系毕业的大学生，从《人才报》上得知贵公司招聘××一职，我想申请这一职位。

作为一名外语系学生，我热爱我的专业并为之投入了巨大的精力和热情。经过四年的刻苦学习，我在英语的听、说、读、写、译等方面的水平有了很大的进步，并通过了英语专业八级考试；还选修了德语作为第二外语，可用德语进行日常会话。

我知道计算机和网络是我们生活、工作不可缺少的工具，在学好本专业的前提下，我阅读了大量的有关书籍，熟练掌握了办公软件、FoxPro、VB 等程序语言。

此外，在校期间我多次获得校级奖学金，还担任过班长、团支书等学生干部职位，这些经历增强了我的组织协调能力。

随信附上我的简历。如有机会与您面谈，我将十分感谢。

此致

敬礼！

×××

××年××月××日

三、就业推荐信

就业推荐信是学校为毕业生就业所出具的包含毕业本人基本情况的证明信，也是毕业生就业的身份证明，通常表现为毕业生就业推荐表。一般包括毕业生基本信息，学校教学管理部门（院、系）和就业指导部门的鉴定或意见及主要成绩等内容。

就业推荐表是学校向用人单位推荐毕业生的正式书面材料，具有很强的权威性和可靠性，也是用人单位获取毕业生基本情况或取得初步印象的途径之一，因此每位毕业生对推荐信上的每项内容信息都应十分注意，不仅要提供准确的基本信息，而且要针对推荐信上的内容作好认真的准备工作。

在填写就业推荐表时除了注意字体工整、清晰、整洁和准确外，还应着重提示以下几点：

（1）根据表格的要求和“说明”如实填写内容。

（2）学校、院（系）和所学专业、培养方式都应完全、准确。

（3）在贴照片处贴上本人近期一寸半身免冠证件照片，并加盖审核部门的公章。

（4）姓名要与本人户口本、身份证、毕业证等其他材料中填写的姓名完全一致，不得有异，以免引起不必要的麻烦。

（5）奖惩情况一般填写院校和系两级以上级别的奖惩情况。

（6）在校表现鉴定要客观、简练。

（7）主要课程成绩须由教务处填写并加盖公章。

（8）推荐表在规定的时间内填写完毕并上交主管部门审核、签署意见和盖章方为有效。

就业推荐信范文

尊敬的领导：

您好！首先感谢您能在百忙之中抽出些许时间来阅读我的这份推荐信！××同学是我校××商学院长青学院会计学专业大四的学生。

四年的大学学习历程，培养了该生严谨的思维和良好的自学能力，教该生学会了如何运用所学去解决实际问题。课堂上的学习，使该生掌握了本专业所必须具备的基本知识；通过实习，进一步将理论与实践相结合。大学期间参加的各种社会工作，使该生明白了一个人不畏艰辛去奋斗的重要性，任何时候，都要学会与他人密切合作，共同解决问题。

在校期间，该生始终严格要求自己，通过认真学习，培养了自己良好的操作能力。在学好专业课的同时，还积极参加社会实践活动，并且已经考取会计从业资格证，同年，又通过了国家英语四级和国家计算机二级考试。在校期间担任班集体生活委员一职，并被商学院评为“优秀学生干部”。

丰富的社会实践和高度的责任感是成功的基石。认真的态度，健康的心态，充沛的精力是××同学工作的基础。积极参加各种社会实践活动，有目的地锻炼了自己的组织、管理、领导和沟通能力是工作的需要。对工作的高度责任感和强烈的求知欲会让该生在未来的工作过程中一丝不苟，持之以恒。该生深信：只要给他一片土壤，他会用年轻的生命去耕耘，您不仅能看到他的成功，而且能够收获整个秋天。这就是该生的自信和能力的承诺。

希望该生能够成为贵单位的一员，展现他的能力和潜力，为贵单位贡献自己的力量。期待着您的答复。非常感谢！

推荐人：××

××年××月××日

四、各类证书

证书是证明毕业生在校期间获取的能够证明自己的学业结果、学识水平、科研成果和论文、技能水平或等级、外语水平、参加社会活动等的荣誉证书。主要有毕业证书、学位证书、科研成果证书、发表的论文和著作、专业技能等级证书、计算机等级证书以及律师、会计师、经济师等专业资格证书等。除此之外，还应包括所取得的辅修专业或课程证明材料等。这些证书是毕业生在校学习成绩和专业能力的最好证明，也是用人单位检验毕业生能力和水平的一个重要依据。所以，在校学生在精力和条件允许的情况下，尽可能在拓展知识和提高技能的同时，取得能够证明自身实力的各类证书，作为实现就业的最有力的辅助材料。

如何使用这些证书，要视具体情况而定。证书是作为简历或自荐信的附件使用的，一般情况下没有必要随简历一并投给用人单位，求职者可在获得用人单位的面试机会时

带去。如果要随简历一并投给用人单位，可投递复印件，但是如果有面试或与用人单位直接接触时，所带的证书必须是原件，也可以准备一套复印件以备促用。

拓展阅读

网上择业

1. 网上求职的形式

网上求职一般有两种形式，一种是在网上发布求职信息，坐等用人单位和你联系。这种求职形式的主要操作和步骤为：打开人才网站→注册登记→注明求职意向、要求以及个人情况和通讯方式（通信地址或 E-mail 地址）→完成登记。

另一种方式就是根据网上发布的招聘信息，发送求职意向。或直接登录单位站点，主动发送个人简历。如果用人单位对你发去的资料感兴趣，就会和你继续联系。

2. 网上求职的注意事项

1）不要同时在一家公司应征数个职位

一般来说，在用人单位看来，你越是表现出对某一职位志在必得，他们便越觉得你是认真的。相反，如果既应聘文秘，又应聘程序员，还应聘推销员，他们会觉得你对三个方面可能都不是很精通，正所谓样样通，样样松，这样应聘的成功率自然也就低。

2）谨防网上骗子

网上求职和网下求职一样，都有上当受骗的可能。但是，网下受骗可以投诉，网上受骗就只好自认倒霉了。对于未面试就让应聘者缴纳报名费和培训费的招聘信息，要格外小心，一定要注意辨别真伪，以防受骗。

第二节　笔　试

大学生对笔试并不陌生，但应注意求职择业过程中的笔试与在校期间课程考试之间的不同之处，应做好笔试的准备工作，掌握笔试的方法和技巧。

一、笔试的作用及种类

笔试是用人单位对应试人员的一种考核办法，目的是考核应聘人员的文字能力、知识面和综合分析问题的能力。

笔试具有 3 个显著的特点：一是客观性。试题依据一定的内容和客观标准拟制，评卷依据客观尺度，人为干扰因素少，具有较强的区别功能。二是广博性。试题可以多种多样，测试范围广泛，结果的可信度较高。三是经济性。可在同一时间不同的地点，同时考核大批应试者，提高考试的效率。

（一）笔试的作用

笔试的作用主要体现在以下几个方面：

（1）笔试是用人单位对求职者的基础知识、专业知识、文字表达能力和书写态度等综合能力的一次有据可查的测试。

（2）笔试可以防止任人唯亲的不正之风，也可以作为求职者能力的留档记录。

（3）笔试的结果是根据一定的标准答案评定出来的，它弥补了面试结果往往是根据个人爱好、感情用事评分的缺陷。笔试得出的分数往往可靠、真实且排名简易。对求职者们来说是一次公平的竞争，对用人单位来说是检查和核实求职者真才实学的办法。

（4）笔试的试卷是决定求职者去留的最科学的法律文本。因此，笔试是用人单位测试求职者的重要砝码。

（二）笔试的种类

常见的笔试种类主要有以下几种。

1．专业考试

专业考试主要是为了检验应试者的专业知识水平和相关的实际能力。一般用人单位在接收毕业生时，学校提供的推荐表及成绩单，再辅以自荐材料就可以了解其基本的知识能力等情况。但也有一些特殊的用人单位，需要通过笔试的方式对求职者进行文化专业知识的再考核。值得引起注意的是，这种考试方式已经被越来越多的热门单位所采用。例如，外贸外资企业招聘职员要考外语水平，金融单位要考金融专业知识，公检法机关录用干部要考法律常识等。

2．心理和智商测试

心理测试是用事先编制好的标准化量表或问卷要求应试者完成，根据完成的数量和质量来判定其心理水平或个性差异的方法。一些用人单位常常以此来测试求职者的态度、兴趣、动机、智力、个性等心理素质。有些用人单位还对应试者进行智商测试，其目的主要是考查应试者的观察问题能力、综合分析能力、思维反应能力。智商测试主要为一些著名跨国公司所采用，他们对毕业生所学专业一般没有特殊要求，但对毕业生的素质要求较高。

3．技能测验

技能主要包括毕业生熟练操作和使用计算机、英语会话和阅读能力，以及在财会、法律、驾驶等方面的能力。技能测验实际是考查毕业生的动手能力和实践能力。

4．命题写作

用人单位通过论文或公文写作的形式考查应试者文字表达能力及分析归纳能力。例如，限时写出一份会议通知、请示报告或某项工作总结，也可能提出一个论点，让应试者予以论证或辨析等。

5. 国家公务员录用考试

公务员的录用考试一般分两步进行。第一步是全国或全省统一的资格考试，考试的内容综合性较强，包括行政能力测试和申论等，题量较大。公务员的统一考试就如一张入场券，通过考试是想去某一个机关成为一名公务员的必备资格。第二步是面试。达到规定分数线的毕业生，可参加用人单位的面试，这次面试一般由该单位的相关负责人与毕业生进行面谈。

全球知名企业的笔试情况

了解全球知名企业进行笔试的情况，无疑会有利于应试者取得成功。这些公司是怎样进行笔试的呢？下面来看几个例子。

微软：考题没标准答案

在微软的技术支持中心，招人必定从笔试开始。考卷分A、B两类，A类考卷面对的是非计算机专业的学生，其中逻辑思维方面的考查占70%；B类考卷面对的是计算机及相关专业的学生，其中技术方面的考核占70%。而销售部、研发中心和研究院招人，一般不进行笔试。

微软的笔试从IQ、算法、应用程序、谜语4个方面对应试者进行考核。很多人在网上看到过一些非常经典的题目，如“下水道的盖子为什么是圆的”之类，就出自微软的试题数据库。微软希望招到更多具有开放型思维的人，因此很多考题并没有标准答案。例如，“请你解释一下为什么电脑的屏幕是方的而不是圆的”“你认为北京有多少个公共汽车站”，应试者可以随便给出答案，5个或者5 000个都可以，关键是要有合理的解释。例如，“根据报告，北京的人口是多少，其中有多少人是需要乘坐公共汽车的，假设每人一天多少次，按照单程来算……”等。只要有一套自己的思维方式，就算是一个好答案。微软很看重员工的逻辑分析能力，而这类试题主要也是测试应聘者的思维方式。

IBM：笔试考查逻辑推理

在IBM，笔试成绩只是作为参考，并不是过关的唯一条件。相对而言，应聘者的经验、面试的结果更为重要。IBM有全球统一使用的数据处理测试，对应聘者的逻辑推理力进行全面考查。

P&G：注重英语水平

P&G的笔试主要由解难能力测试和英语水平考试构成。前者是一个65分钟的书面测试，主要是考查应试者的逻辑思维能力和判断能力。英语考试侧重于考查应试者在跨国企业工作中的基本沟通能力。P&G 认为，掌握英语能够帮助新员工在工作中很好地与人沟通。因为在公司，除了与外方经理沟通时需要英语，和一些说粤话的香港同事交流时也需要用到英语。

NEC：字迹要清楚

NEC 的笔试成绩很重要，如果答卷人字迹潦草，则会给考官留下坏印象。在一次招聘中，一名应试者答题的准确率很高，但是字迹很乱，难以辨认，在面试时他的服装和举止也很不得体，于是最终被 NEC 拒之门外。

总结：外资名企的笔试虽然各有千秋，但也有其相同的地方。从测试的考题上就可以看出他们非常重视思维的开放性、灵活性和创新性，从笔试的方法上可以看出他们善于从不同的角度全面了解毕业生的基本素质。他们对应试者的智商、逻辑思维能力和创新精神非常重视，同时也非常关心应试者的沟通能力、团队精神和行为细节。

二、笔试前的准备

求职过程中的笔试不同于学校平时的考试，用人单位的出题方式远比学校灵活多样。在参加笔试之前，毕业生应当针对不同笔试类型适当地做一些准备，以便充分发挥自己的水平，争取好成绩。

（一）了解笔试内容，做到心中有数

笔试的主要内容包括基础知识和专业技能，以及与专业知识招聘单位有关的某些知识和技能。不同的笔试类型，有不同的考试内容，毕业生在考前应做详细地了解，针对不同的情况做相应的准备。例如，公务员考试就有明确的考试范围，面试者复习起来就相对心中有数。其他用人单位的笔试范围则相对灵活，范围也比较大，一般没有明确相关的参考书，毕业生可根据用人单位的情况查阅相关资料。笔试成绩与毕业生平时的努力也有很大的关系，如果毕业生兴趣广泛，平时注意吸收各种信息，考试时就能驾轻就熟、得心应手。

（二）掌握复习方法，进行认真复习

复习已学过的知识是准备笔试的重要方式。大学期间学习的专业知识精深繁多，掌握有效的复习方法，可事半功倍。

1. 掌握技巧

用人单位比较重视考核应试者对所学知识的应用能力。因此，应试者在复习的过程中，要理论联系实际，注意用理论知识解决实际问题，学以致用；把与招聘职位相关的各方面知识进行认真梳理，以便全面把握；注意提纲挈领，掌握重点，提高效率；在平时就应广泛阅读相关知识，扩大知识面，提高阅读能力，以备应试时能应付自如地回答各类问题；

为了适应招聘考试中的题量，还应培养自己快速阅读、快速思维和快速答题的能力。

2. 计划周全

在笔试前应制订一份合理的、具体的、切实可行的复习计划，安排好复习的内容，合理利用时间。

（1）对考前复习的情况进行具体分析，包括需要复习的内容，自己掌握知识和能力的情况，有多少复习时间及如何分配等。

（2）妥善安排复习时间和内容，计划出每一科复习大致需要多少时间，每一阶段要达到什么目标，复习什么内容。不仅要有总的复习目标，还应有阶段性的目标。复习计划中的复习活动要多样化，各科复习交替进行。

（3）复习计划制订后要严格执行，以顽强的意志控制自己的复习。要增强战胜困难的信心，采用限时量化复习的方法，加快复习速度，提高复习效率。

（4）要有张有弛，劳逸结合，防止过度疲劳，以充沛的精力确保复习计划的执行。

3. 方法得当

在复习中应掌握科学的、适应自己的记忆方法。

（1）归纳提炼法：将大量的知识归纳提炼为几条基本理论，用一个简明的表格、提纲或几句精练的语言准确地写下来；把个别的概念、定义、定律和定理放到知识的体系中贯穿思考，并弄清楚相互联系、衔接，列出他们的相似点和不同点，抓住概念、定义、公式、定律等基础知识；对于容易混淆的概念或法则用对比的方法进行辨析，弄清相互间的联系和区别。

（2）系统排列法：先将知识进行归纳提练，对归纳提炼出来的知识点，进行取同去异，使其按一定的规律系统地进行排列。在系统排列时，可以以某些相同的或相似的特征为基础，不断地把较小的组或类联合为较大的组或类，也可采用相反的方式，依据对象的某些特征或特征差异为基础，把它划分为较小的组或类。通过这种系统排列，组成一定的顺序，能够找出各知识点之间的联系和关系，更好地认识其特性。

（3）串连建构法：在系统复习的基础上，对章节与章节、单元与单元进行各种串联，做更高层次的理解；对已掌握的知识进行整理、归纳、分类、列表，以形成自己的知识体系，建立起良好的认知结构；逐个章节复习，找出难点、重点；在全面复习后，最后把整个的知识点在串联一遍。这种方法可以改变一味死记硬背的方法，从整体上把握知识。

（三）熟悉考试环境，做到有备无患

熟悉考试环境，首先是了解考场的设置情况，如自己所在的考场大小和空间位置、考场里面的装饰及采光等方面的情况，重要的是要弄清自己座号的具体位置。其次，还要熟悉一下存包处及卫生间等地方。对于应试者来说，不仅要熟悉考场环境，还应熟记考场规则，并将每场考试的起止时间、作答要求等重要事项牢记于心。

（四）保持良好的身心状态

求职笔试不同于高考，但却是用人单位挑选招聘人选的重要参考。参加笔试需要良好的心理素质。临考前，一是要正确评价自己，树立自信心，调整好心理状态；二是要保持充足的睡眠，以避免考试时精神不振，影响正常思维；三是可以在考前适当地参加一些文体活动，从而使高度紧张的大脑得到放松休息，以充沛的精力去参加考试。

三、笔试的方法和技巧

笔试成绩的高低，不仅与自己的实际水平和考前复习有关，还与自己的答题技巧有关。要提高答题技巧，就要了解考试的特点，掌握解答各类题目的方法，以全面展现自己已掌握的知识，充分发挥自己的真实水平。参加笔试时主要应注意以下几点。

（一）增强自信心

笔试怯场，大多数是由于缺乏自信心所致。要客观冷静地对自己进行正确评估，相信自己的实力，才能克服自卑心理，增强自信心。应聘笔试同高考不同，高考是“一锤定音”，而求职应聘考试则可能会有多次机会。考试前适当放松心情，调整好精神状态去应试。

（二）掌握科学的答卷方法

拿到试卷后，首先应通览一遍，了解题目的多少和难易程度，以便掌握答题的深度和速度，合理安排答题时间；然后按先易后难的原则安排答题顺序，不要被难题所困而耽误时间；最后要尽量留出时间对容易出错的地方进行复查，特别注意不要漏题、跑题或出现错别字、语法不通、词不达意等错误；答题时行距和字迹不要太小，卷面字迹要力求认真清晰，书写过于潦草，字迹难以辨认也会影响考试成绩。因为求职笔试不同于其他专业考试，有些题目并没有明确的答案，认真的态度、细致的作风、新颖的观点则会大大增加被录用的可能性。

【经典实例 7-3】

笔试可以天马行空吗？

某高职院校 2015 届管理专业的毕业生小张是一位品学兼优的学生。一次某颇有名气和规模的乡镇企业前来招聘管理人员，待遇比一般企业要高，小张前去应聘，笔试的题目是《我眼中的乡镇企业》。小张在文中写到："我眼中的乡镇企业，环境恶劣、设备落后、员工素质低下。学校的老师一再教导我们，要树立到乡镇企业工作的思想观念……我们这一代人是承前启后、继往开来、与时俱进的一代，我们要树立雄心壮志，到乡镇企业去工作，乡镇企业的明天要靠我们去开创。"

笔试后，小张对自己的表现比较满意。但遗憾的是，3 天后公司通知该院招生就业办公室，小张没有被录用。

分析：笔试不同于写作文，实事求是，针对所应聘的岗位相应作答才是正确之道。不同类型的职业都有不同的笔试要求，因此，应聘者笔试前应做好充分的准备，掌握笔试的方法和技巧。

拓展阅读

笔试案例分析

××集团公司 2015 届大学生笔试试题（B 卷）

（考试时间为 60 分钟，满分 100 分）

学校：　　　专业：　　　应聘方向：　　　姓名：　　　成绩：

一、单项选择题（每小题 5 分，共 50 分）

1. 科学家发现大洋底部的裂陷扩展从来没有停止过，这个发现可能会解答一个曾引起人们关注的问题。地球每天的时间都比前一天延长 1/700 秒，即每过一年，一天要延长 0.5 秒，据此预测，再过 2 亿年，一年将只有 250 天了。对"一个曾引起人们关注的问题"的"解答"，最准确的是（　　）。

A. 大洋底部裂陷扩展，地球运行时间延长

B. 大洋底部裂陷扩展，地球运行时间缩短

C. 大洋底部裂陷扩展，地球自转速度减慢

D. 大洋底部裂陷扩展，地球自转速度加快

2. 从所给的四个选项中，选择最合适的一个填入括号处，使之呈现一定的规律性：2/3，1/2，2/5，1/3，2/7，(　　)。

A. 1/4　　B. 1/6　　C. 2/11　　D. 2/9

3. (1)会议已经开始；(2)遇到熟人；(3)接到通知；(4)去参加会议；(5)谈了自己的看法。将上列各项按正确顺序排序的是(　　)。

A. (3)(4)(2)(1)(5)　　B. (2)(3)(4)(1)(5)

C. (3)(2)(5)(1)(4)　　D. (4)(2)(3)(1)(5)

4. 后面的一个图形是什么？(　　)

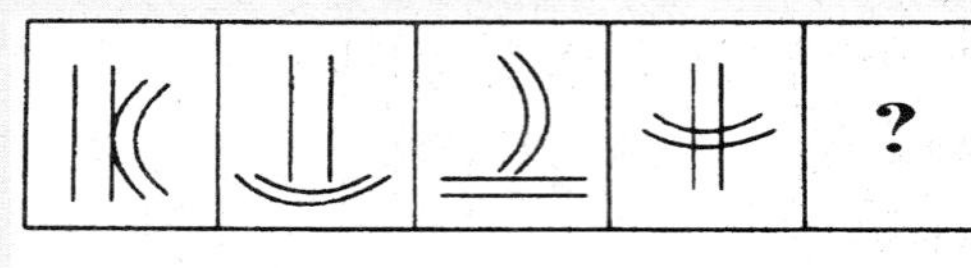

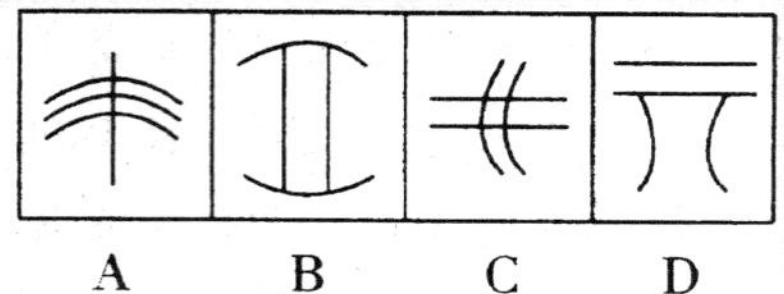

5. 在永恒"变化"的过程中，有的东西是要永恒坚持的，那就是学习方法论和颖悟性，还有"做人"。这段话主要支持了这样一种观点，即(　　)。

A. 永恒变化着的某些东西需要永恒坚持

B. 有些东西只有永恒地坚持，才会永恒"变化"

C. 有些东西不应随着永恒的"变化"而丢弃

D. 永恒的"变化"是绝对的，静止是相对的

6. 从所给的四个选项中，选择最合适的一个填入括号处，使之呈现一定的规律性：1，4，27，(　　)，3125。

A. 70　　B. 184　　C. 256　　D. 351

7. 从所给的四个选项中，选择最合适的一个填入问号处，使之呈现一定的规律性(　　)。

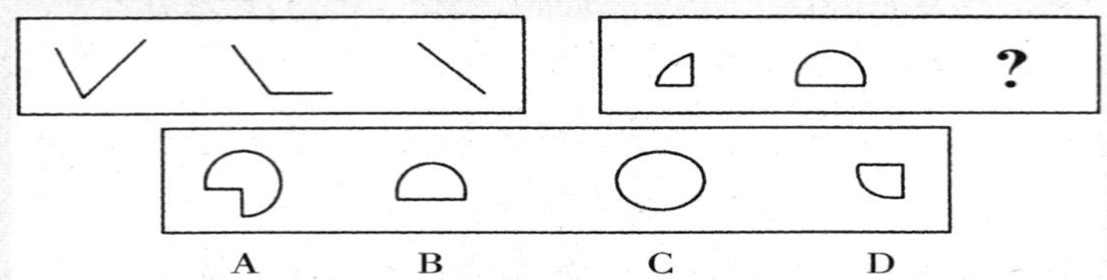

8. 真正的辩论与辩论比赛的不同在于，在前者中，辩论双方均站在自己真实的立场上，而在后者中，角色是抽签决定的。这段话支持了这样一种观点，即(　　)

A. 真正的辩论是为了坚持观点，比赛是为了提高技巧

B. 辩论比赛中的双方是通过抽签决定的

C. 真正辩论的目的是为坚持社会准则

D. 在辩论比赛中，双方必须坚持自己个人的观点

9. 这些像尘土一样卑微的人们，他们的身影出现在我的视线里，他们的精神沉淀在我的心灵里，他们常常让我感觉到这个平凡的世界是那么可爱，这个散淡的世界其实是那么默契，而看起来如草芥一样的生命种子，其实是那么坚韧和美丽。最符合这段文字中心思想的是（　　）。

A. 生命不平凡但美丽　　B. 生命因平凡而美丽

C. 生命既平凡又美丽　　D. 生命的平凡和美丽

10. 世界食品需求能否保持平衡，一方面取决于人口和经济增长的速度。人口增长会导致食物摄取量的增加；另一方面，经济增长会促使畜产品消费增加，改变人们的食物结构，从而对全球的谷物需求产生影响。据此可知（　　）。

A. 人口的增长将影响全球的谷物需求

B. 改变食物结构将降低全球的谷物需求

C. 经济的增长可降低全球谷物的需求

D. 人口的增长会导致世界畜产品消费的增加

二、英语题（每小题10分，共20分）

1. How would you explain how to use internet to your grandma?

2. A customer brings in a product for repair on Monday. The customer is told that it is a simple repair, and that it would be ready by 3 P.M. on Tuesday. When the customer comes in at 4 P.M.on Tuesday, the product has still not been repaired. The customer is very unhappy. As the service manager, how would you handle the situation?

三、论述题（每小题15分，共30分）

1. 针对你们单位业务工作中出现的问题，你提出了一些很好的建议，得到了同事们的赞同，但你的领导并不满意。在这种情况下，你怎么办?

2. 领导安排一项任务交给你和你的一位同事去完成，在执行任务前，你们有不同的看法，但最终还是依你的方法执行任务，但在执行的过程中，发现你的方法不合实际，导致工作无法开展，你将如何处理这件事?

分析：

（1）从笔试内容看涉及知识较广，客观性智力题特征明显，且所占比重大，明显考察应考者的知识面和反映及思维应变能力。

（2）考察应试者的外语水平，明显说明该公司有涉外活动。

（3）在论述题中，显然是要考察应试者的理解、分析、解决问题、文字表达、对人对事的态度、解决人际关系和团队协作意识以及是否具有创造性的思想意识等。

第三节　面试

在高校毕业生求职面试的实践中，往往有一些素质不错的毕业生，由于缺乏面试技巧和必要的准备而过不了面试这一关。因此，学习和掌握面试技巧，做好充分准备，对于应对面试这一难关是非常重要的。

练一练

测测你的面试技巧

1. 在准备第一次去一家公司面试时，你会:
   A. 擦亮你的皮鞋，准时出现在那儿
   B. 很自信，因为简历准备得很充分
   C. 在家里对这家公司及其业务做个小小的研究
   D. 其他
2. 当你面对面试主考官，你会:
   A. 不仔细听主持人提问
   B. 坦诚，但力图表现出主动
   C. 嚼口香糖，吃糖果，吸烟（哪怕是对方提供的）
   D. 看着自己放在膝盖上的双手
3. 当面谈结束时，你会:
   A. 不愿离去，除非他们告知结果
   B. 说再见，然后离开办公室
   C. 询问是否可以得到职位
   D. 愉快地离开办公室，相信自己的魅力
4. 申请职位中的几项任务对你来说是全新的，所以你问面试主考官:
   A. 什么时候开始工作
   B. 对这些特定领域提问，确认工作职责，同面试主考官谈谈如何用你的工作经验来适应这些任务
   C. 指出如果你得到这份工作，你会为什么而担心
   D. 担心你做不了这份工作，因为它和你以前的工作截然不同，请教面试主考官是否他们认为你能胜任这份工作

5. 你已经来到面试现场，下面哪些特性不会用来评判你：

A. 守时、信心十足和首创性

B. 受教育程度和首创性

C. 经历

D. 外貌、口头交流和你的目标

6. 以下选项除哪项外，都会使面试主考官不快：

A. 迟到　　B. 无力握手

C. 友好的目光接触　　D. 犹豫不决

7. 下面哪个特征在面试中没有作用，请选择其中的一个：

A. 适应性　　B. 倾听

C. 实事求是　　D. 强硬的态度

8. 你的面试主考官谈得很多，好像他们掌握了所有有关你的情况，你会：

A. 希望他再读一下你的简历

B. 用他们的表述，引出你的经验和知识

C. 打断他们的讲话，提供有关你的信息

D. 重复说："太棒了，我们可继续谈下去吗？"

参考答案：

1. C 正确。了解了你去面试的公司，你就能按照他们的要求展示你的才能。

2. B 正确。说实话，但展示你主动的一面，这会使你在面试中表现突出。

3. C 正确。表示你对这份工作的兴趣，余下的就让你应聘的公司来决定吧。

4. B 正确。在面试时，你要向面试主考官显示你能做些什么，如果你在面试前有问题，你可以找顾问公司的代表或熟人询问成功申请此工作所需的技能，为面试做一定准备。

5. C 正确。经历是非常重要的，但你已来到面试现场，经历已被面试单位确认。

6. C 正确。好的目光交流展现你的自信，可以把它作为你的有利条件。

7. D 正确。这是适应性的反面。

8. B 正确。用他们的话题来引出你的资格和才干，把他们讲的和你的背景、经历联系起来，可熟悉面谈主持人，在面谈前就设法了解他们，做点准备，确保面谈成功。

一、面试的形式和内容

面试即当面测试，是用人单位对应聘者采取的诸多选拔方式中的一种，也是应聘者取得求职成功的关键一步。面试的目的主要是考核求职者的动机与工作期望；考核求职者仪表、性格、知识、能力和经验等特征；考核笔试中难以获得的信息。

（一）面试的形式

面试有很多形式，依据面试的内容与要求，大致可以分为以下几种。

1. 问题式面试

由招聘者按照事先拟订的提纲考察求职者在特殊环境中的表现，考核其知识，判断其解决问题的能力，从而获得有关求职者的第一手资料。

2. 压力式面试

由招聘者有意识地对求职者施加压力，就某一问题或某一事件做一连串的发问，详细具体且追根问底，直至其无以对答。此方式主要观察求职者在特殊压力下的反应、思维敏捷程度及应变能力。

3. 随意（自由）式面试

招聘者与求职者海阔天空、漫无边际地进行交谈，气氛轻松活跃、无拘无束，双方自由发表言论，各抒己见。此方式的目的是在闲聊中观察应试者的谈吐、举止、知识、能力、气质和风度，对其做全方位的综合素质考查。

4. 讨论式面试

讨论式面试近来成为许多企业偏好的一种面试形式。即一组应聘者围绕一个问题进行讨论，面试官根据每个面试者的表现和结果选择录用对象。应用方式可使应聘者更自然地展示自己的性格和能力。

小组讨论先让应聘者作自我介绍、主题演讲，接下来进入集体游戏或讨论一个问题，对应聘者作进一步考察。不论何种形式的讨论，考察的是个人能力和团队合作能力的综合。因此要把握好个人表现与小组表现的平衡，切忌以自我为中心，做出只顾自己表现不注意小组其他成员的行为。例如，急于打断别人的发言或在别人发言时忙着整理自己的发言提纲。

5. 情景式面试

由招聘者事先设定一个情景，提出一个问题或一项计划，请应聘者进入角色模拟完成，其目的在于考核应聘者分析问题、解决问题的能力。

6. 综合式面试

招聘者通过多种方式考查求职者的综合能力和素质，如用外语与其交谈，或要求即时作文或写一段文字，或即兴演讲，甚至操作计算机等，以考查其外语水平、文字能力，书面及口才表达等各方面的能力。

7. 隐蔽式面试

这是一种特殊形式的面试，主考官主要通过暗中观察应聘者的言行举止来决定对其的评价。这种方式因其隐蔽性可以使主考官获得应聘者在自然状态下的真实表现，故受到一些用人单位的欢迎。而毕业生常常因为其隐蔽性而放松警惕，有的甚至在这种面试中失败了也懵然不知。

【经典实例 7-4】

无形的面试

大学生小杰参加一家企业的招聘会。面试时，应聘者一个个走进招聘办公室，见考官身后的墙壁上贴着一张“告示”：每人只有 5 分钟时间，请你配合！

许多应聘者一进屋，面对如此要求均感到紧张，为抓住有限的时间向考官滔滔不绝地介绍自己的经历和经验，即使考官的办公电话响起，也不愿轻易中断介绍。

轮到小杰时，谈话进行没几句，办公桌上的电话便响起来。小杰心想：与电话相比，面试的紧要程度总还是次要的。于是，小杰笑了笑，在铃声响过两遍后拿起电话递给了考官。这时，面若冰霜的考官露出了难得的笑容：“恭喜你，你被录取了！”

半年后，与那位考官成为好友的小杰问起自己当初为什么被录用时，那位考官笑着说，面试中电话是我们故意安排的现场测试，我认为能够主动终止面试而不影响我接电话的人，一定是位顾全大局的人才。

分析：考场虽然有形，但考察却无时不在。大部分毕业生在面对正式的考试时能很好地“表现”自己、“包装”自己，因此，现在不少用人单位除了采用常规的面试之外，更重视从面试场外的一些暗中考察来寻找令自己心动的人才。因为在一个自然随意、没有约束条件的环境下，处于非应试状态中的毕业生，其表现才接近他的真实面目。

所以，要特别提醒的是：在面试场外，不要以为考官不在场，就可对身边发生的一些事情视而不见，要知道机遇也许就蕴藏其中。当然，要做到这一点，最根本的是大学毕业生在平时就要不断提高自己的综合素质和修养，不但要学好如何“做事”“做学问”，更重要的是要学会如何“做人”。

在实际面试过程中，主考官可能只采取一种面试形式，也可能同时采用几种面试形式。但无论面试的形式怎样变化，目的只有一个：考察应聘者的专业知识背景、智商、情商、仪表、气质、口才和应变等综合能力。可以说，面试是对一名毕业生进行综合素质测试的考场。

【经典实例 7-5】

意想不到的电话

前几天，小周向一家医药公司投了简历，应聘职位是客户服务代表。对方问了几个简单问题后，微笑着对小周说："你的条件非常适合这项工作，公司会尽快通知你参加复试。"

回到学校，小周正在吃饭时，突然手机响了。"喂，谁啊？"小周放下筷子开口问道。"您好，请问是舒兰吗？"电话的另一端传来一阵温柔的声音。"你打错了！"小周没好气地回答。"那您是谁呢？"小周心想，真是太讨厌了，打错了还纠缠不休，于是生气地说："我姓周，你这人是不是有毛病啊，明知打错了还问！""噢，是周文静吗？对不起，我打错了。"

三天后，那家医药公司还没通知小周去面试，于是小周打电话过去询问。对方说："我们已经通过电话面试过你了，你已经被淘汰了。客户服务代表要善于倾听，有耐心、有礼貌，这样才能和客户进一步交流，更好地为客户服务。"这时，小周才如梦初醒，怪不得人家知道她的名字呢！就这样，一次再简单不过的面试，小周却以失败告终。

分析：周文静同学"电话面试"的失败教训告诉我们招聘面试的形式是多种多样的，对此，大学毕业生要有所认知和准备。另外，无论哪种形式的面试，都是对学生已具备的综合素质或专业技能的检测，只有注重平时的积累和培养，才能从容应对各种"检验"。

（二）面试的内容

面试的内容，指面试时需要测评的应聘者的基本素质内容。面试测评的主要内容有以下几种。

1. 仪表风度

这是指应聘者的体型、外貌、气色、衣着举止和精神状态等。研究表明，仪表端庄、衣着整洁、举止文明的人，一般做事有规律、注意自我约束、责任心强。

【经典实例 7-6】

粗心导致的结果

李军是应届毕业生，学的又是热门专业，还当过学生会干部。按"硬件"他完全可去比较理想的公司，然而因为平时大大咧咧惯了，做事又毛糙，结果在面试中，他被一些细节击败了。

李军看中一家合资公司的销售经理职位，经过两轮面试后，他顺利进入最后的面试。为此，李军进行了精心准备，还特别买了一套西服。

面试时，李军回答问题让考官比较满意。这时考官要看他的一次实习鉴定资料，由于资料没有归档，加之心中无数，李军心里一慌，资料撒了一地；好不容易找到后，李军慌乱中又将考官的茶杯碰倒了，心中一急，一句脏话就出来了。

这时，主考官面露愠色。总算捱到面试结束，李军长嘘了一口气，可马上又慌了，原来离开时过于匆忙竟将毕业证遗落在考场，李军只好厚着脸皮敲门拿回了自己的毕业证。这时众考官再也受不了，大笔一挥，便将李军的名字从录用的名单中划掉了。

分析：面试时一定要注重自己的仪表风度。除了外在的衣着，主考官更看重的是面试者的内在素质。尤其在面试过程中，精神状态不佳、粗心大意、丢三落四等是万万要不得的。

2. 专业知识

对专业要求较强的岗位，在面试中，主考官往往会对应聘者提一些专业方面的问题，以了解应聘者掌握专业知识的深度和广度，考查其专业知识是否符合所要录用职位的要求。

3. 实践经验

一般面试官会根据应聘者的个人简历或求职登记表，作些相关的提问，了解应聘者有关背景及实习实践经历，以补充、证实其所具有的实践经验。通过实践经验的了解，还可以考察应聘者的责任感、主动性、思维能力、口头表达能力及遇事的理智状况等。

4. 口头表达能力

口头表述能力的考查主要是看面试中应聘者能否将自己的思想、观点、意见或建议顺畅地用语言表达出来。考察的具体内容包括：表达的逻辑性、准确性、感染力、音质、音色、音量和音调等。

5. 综合分析能力

综合分析能力的考查主要是看面试中，应聘者是否能对主考官所提出的问题通过分析抓住本质，并且说理透彻、分析全面、条理清晰。

【经典实例 7-7】

职场天下，群雄逐鹿，在通向成功之路上，存在不少“堡垒”。生源地的歧视就是其中常见的“拦路虎”。毕业生小李，在广州某著名企业应聘财务会计职位时，就碰到这一幕。该企业地处繁华地带，其招聘职位不多，但其工薪待遇，特别是奖金在同行中算得上最好的。小李很礼貌地递上个人的求职材料后，面试官要他先做一分钟自我介绍。在小李作完自我介绍后，面试官在接下来四分钟里，每分钟都提了同样一个问题，一共四次“你非本地生源”。但小李都做了巧妙的回答。第一次回答是：“我相信我四年的大学学习，有扎实的专业知识和能力，能胜任贵公司的财务工作。”第二次回答：“我已在广州读了四年书，适应本地生活节奏和文化氛围，广州已是我第二故乡。”第三次回答：“贵公司虽是地处广州，但贵公司的客户绝非仅是广州人。”第四次回答：“虽然我非本地生源，但只要您有考虑非本地生源，即使机会为万分之一，那个‘一’就属于我。”结果，小李出色的表现赢得了机会。

分析：很多时候成功应聘需要的是应聘者的自信和机智，不要被问题所吓倒。要记住规定是“死”的，人是“活”的。自信地去争取，机会是靠自己创造的。

6．反应能力与应变能力

反应能力与应变能力主要是看应聘者对主考官所提的问题理解是否准确贴切，回答是否迅速、明了；对于突发问题的反应是否机智敏捷；对于意外事情的处理是否妥当等。

【经典实例 7-8】

快速反应助她赢得工作

一合资企业到某高校招聘 3 名经营化妆品的业务员。该化妆品系列在市场上很受欢迎，而且公司还规定：业务员除了有较高的底薪外，还有一定比例的销售奖。当时，有许多学生都想来试试运气。其中有个长得不算太漂亮、脸上还有些雀斑的女生也报了名，经初步面试，该女生和另外 4 名同学一起入选。

为慎重起见，主考官们又进行了复试。复试采用的是场景模拟演示法，即让学生充当业务员，主考官当客户，当“业务员”按常规向“客户”介绍了产品之后，有个“客户”突然说：“你说这个化妆品很好，还有祛斑养颜的作用，那你脸上为什么还有这么多雀斑？”“业务员”听了一愣，但马上笑了笑：“小姐，您不知道，我脸上的雀斑以前还要多，就是用了本产品之后，才变成现在这样少的。”“客户”满意地笑了，高兴地对“业务员”说：“不错，你很有勇气，很会说话，非常适合干这一行。”因此，她幸运地被录用了。

分析：良好的应变能力是非常受用人单位的青睐的。在该案例中，如果这位女生对“客户”的问题持反感态度，或者无从下手，不知如何回答，那结果又将是另一种局面了。

7. 人际交往能力

在面试中，主考官往往通过询问应聘者经常参与哪些社团活动，喜欢同哪种类型的人打交道，在各种社交场合所扮演的角色，来了解应聘者的人际交往倾向和与人相处的技巧。

8. 工作态度

对工作态度的考查一是了解应聘者对过去学习、工作的态度；二是了解应聘者求职应聘的态度。一般认为，在过去学习或工作中态度不认真，做什么、做好做坏都无所谓的人，在新的工作岗位也很难做到勤勤恳恳、认真负责。

【经典实例 7-9】

某知名企业在某学校组织了一次面试。面试考官先后向两位面试者提出了同样的问题："我们单位是全国数一数二的大公司，下面有很多子公司，凡被录用的人员都要到基层去锻炼，基层条件比较艰苦，请问你是否有思想准备？"毕业生 A 说："吃苦对我来说不成问题，因为我从小在农村长大，父亲早逝，母亲年迈，我很乐意到基层去，只有在基层摸爬滚打才能积累丰富的工作经验，为今后的发展打下基础。"毕业生 B 则回答："到基层去锻炼我认为很有必要，我将努力克服困难，好好工作，但作为年轻人总希望有发展的机会，不知贵公司安排我们下放基层的时间多长？还有可能上来吗？"结果前一学生被录用，后一学生被淘汰。

分析：由此可以看出，在面试过程中，回答问题的技巧很重要。对有些问题的回答，表面上看起来合情合理，无可厚非，但却令考官反感。

9. 求职动机

了解应聘者为何希望来本单位工作，对哪类工作最感兴趣，在工作中追求什么，来判断本单位所能提供的职位或工作条件等能否满足其工作要求和期望。

10. 兴趣与爱好

主考官通过对应聘者提一些诸如休闲时间爱从事哪些运动，喜欢阅读哪些书籍以及喜欢什么样的电视节目，有什么样的嗜好等问题，来了解应聘者的兴趣与爱好，以利于录用后的工作安排。

此外，面试时主考官还会向应聘者介绍本单位及拟聘职位的情况与要求，讨论有关工薪、福利等应聘者关心的问题，以及回答应聘者可能要问到的其他一些问题等。

练一练

15个经典面试问题回答思路

面试过程中，面试官会向应聘者发问，而应聘者的回答将成为面试官考虑是否接受他的重要依据。对应聘者而言，了解这些问题背后的用意至关重要。这里对面试中经常出现的一些典型问题进行了整理，并给出相应的回答思路和参考答案。读者无需过分关注分析的细节，关键是要从这些分析中“悟”出面试的规律及回答问题的思维方式，达到“活学活用”。

问题一：“请你自我介绍一下。”

思路：（1）这是面试的必考题目。（2）介绍内容要与个人简历相一致。（3）表述方式上尽量口语化。（4）要切中要害，不谈无关、无用的内容。（5）条理要清晰，层次要分明。（6）事先最好以文字的形式写好背熟。

问题二：“谈谈你的家庭情况。”

思路：（1）家庭情况对于了解应聘者的性格、观念、心态等有一定的作用，这是招聘单位问该问题的主要原因。（2）简单地罗列家庭人口。（3）宜强调温馨和睦的家庭氛围。（4）宜强调父母对自己教育的重视。（5）宜强调各位家庭成员的良好状况。（6）宜强调家庭成员对自己工作的支持。（7）宜强调自己对家庭的责任感。

问题三：“你有什么业余爱好？”

思路：（1）业余爱好能在一定程度上反映应聘者的性格、观念、心态，这是招聘单位问该问题的主要原因。（2）最好不要说自己没有业余爱好。（3）最好不要说自己有哪些庸俗的、令人感觉不好的爱好。（4）最好不要说自己仅限于读书、听音乐、上网，否则可能令面试官怀疑应聘者性格孤僻。（5）最好能有一些户外的业余爱好来“点缀”你的形象。

问题四：“你最崇拜谁？”

思路：（1）最崇拜的人能在一定程度上反映应聘者的性格、观念、心态，这是面试官问该问题的主要原因。（2）不宜说自己谁都不崇拜。（3）不宜说崇拜自己。（4）不宜说崇拜一个虚幻的或是不知名的人。（5）不宜说崇拜一个明显具有负面形象的人。（6）所崇拜的人最好与自己所应聘的工作能“搭”上关系。（7）最好说出自己所崇拜的人的哪些品质、哪些思想感染着自己、鼓舞着自己。

问题五：“你的座右铭是什么？”

思路：（1）座右铭能在一定程度上反映应聘者的性格、观念、心态，这是面试官问这个问题的主要原因。（2）不宜说那些易引起不好联想的座右铭。（3）不宜说那些太抽象的座右铭。（4）不宜说太长的座右铭。（5）座右铭最好能反映出自己的某种优秀品质。

参考答案：“只为成功找方法，不为失败找借口”。

问题六：“谈谈你的缺点。”

思路：（1）不宜说自己没缺点。（2）不宜把那些明显的优点说成缺点。（3）不宜说出严重影响所应聘工作的缺点。（4）不宜说出令人不放心、不舒服的缺点。（5）可以说出一些对于所应聘工作“无关紧要”的缺点，甚至是一些表面上看是缺点，从工作的角度看却是优点的缺点。

问题七：“谈一谈你的一次失败经历。”

思路：（1）不宜说自己没有失败的经历。（2）不宜把那些明显的成功说成是失败。（3）不宜说出严重影响所应聘工作的失败经历。（4）所谈经历的结果应是失败的。（5）宜说明失败之前自己曾信心百倍、尽心尽力。（6）说明仅仅是由于外在客观原因导致失败。（7）失败后自己很快振作起来，以更加饱满的热情面对以后的工作。

问题八：“你为什么选择我们公司？”

思路：（1）面试官试图从中了解你求职的动机、愿望及对此项工作的态度。（2）建议从行业、企业和岗位这三个角度来回答。

参考答案：“我十分看好贵公司所在的行业，我认为贵公司十分重视人才，而且这项工作很适合我，相信自己一定能做好。”

问题九：“对这项工作，你有哪些可预见的困难？”

思路：（1）不宜直接说出具体的困难，否则可能令对方怀疑应聘者不行。（2）可以尝试迂回战术，说出应聘者对困难所持有的态度——“工作中出现一些困难是正常的，也是难免的，但是只要有坚忍不拔的毅力、良好的合作精神以及事前周密而充分的准备，任何困难都是可以克服的。”

问题十：“如果我录用你，你将怎样开展工作？”

思路：（1）如果应聘者对于应聘的职位缺乏足够的了解，最好不要直接说出自己开展工作的具体办法。（2）可以尝试采用迂回战术来回答，如“首先听取领导的指示和要求，然后就有关情况进行了解和熟悉，接下来制订一份近期的工作计划并报领导批准，最后根据计划开展工作。”

问题十一：“与上级意见不一致，你将怎么办？”

思路：（1）一般可以这样回答“我会给上级以必要的解释和提醒，在这种情况下，我会服从上级的意见。”（2）如果面试你的是总经理，而你所应聘的职位另有一位经理，且这位经理当时不在场，可以这样回答：“对于非原则性问题，我会服从上级的意见，对于涉及公司利益的重大问题，我希望能向更高层领导反映。”

问题十二：“我们为什么要录用你？”

思路：（1）应聘者最好站在招聘单位的角度来回答。（2）招聘单位一般会录用这样的应聘者：基本符合条件、对这份工作感兴趣、有足够的信心。（3）如“我符合贵公司的招聘条件，凭我目前掌握的技能、高度的责任感和良好的适应能力及学习能力，完全能胜任这份工作。我十分希望能为贵公司服务，如果贵公司给我这个机会，我一定能成为贵公司的栋梁!”

问题十三:“你能为我们做什么?”

思路:(1)基本原则上“投其所好”。(2)回答这个问题前应聘者最好能“先发制人”,了解招聘单位期待这个职位所能发挥的作用。(3)应聘者可以根据自己的了解,结合自己在专业领域的优势来回答这个问题。

问题十四:“你是应届毕业生,缺乏经验,如何能胜任这项工作?”

思路:(1)如果招聘单位对应届毕业生的应聘者提出这个问题,说明招聘单位并不真正在乎“经验”,关键是看应聘者怎样回答。(2)对这个问题的回答最好要体现出应聘者的诚恳、机智、果敢及敬业精神。

参考答案:“作为应届毕业生,在工作经验方面的确会有所欠缺,因此在读书期间我一直利用各种机会在这个行业里做兼职。我也发现,实际工作远比书本知识丰富、复杂,但我有较强的责任心、适应能力和学习能力,而且比较勤奋,所以在兼职中均能圆满地完成各项工作,从中获取的经验也令我受益匪浅。请贵公司放心,学校所学及兼职的工作经验使我一定能胜任这个职位。”

问题十五:“你希望与什么样的上级共事?”

思路:(1)通过应聘者对上级的“希望”可以判断出应聘者对自我要求的意识,这既是一个陷阱,又是一次机会。(2)最好回避对上级具体的希望,多谈对自己的要求。

参考答案:“做为刚步入社会的新人,我应该多要求自己尽快熟悉环境、适应环境,而不应该对环境提出什么要求,只要能发挥我的专长就可以了。”

同一个面试问题并非只有一个答案,而同一个答案并不是在任何面试场合都有效,关键在于应聘者掌握了规律后,对面试的具体情况进行把握,有意识地揣摩面试官提出问题的心理背景,然后投其所好。

二、面试前的准备

古语云:“凡事预则立,不预则废。”面试前的准备相当必要,大致有以下几个方面。

(一)深入了解用人单位

俗话说:“知己知彼,百战不殆。”因此,在面试前了解用人单位的情况显得尤为重要。一般来说,毕业生可通过用人单位的内部宣传资料、网站、杂志、报纸、广告宣传手册和新闻媒体的报道等渠道来了解用人单位的性质、规模、特色、组织机构、财务状况、发展前景、企业信誉等情况;了解用人单位对员工的职责、工作要求以及给予员工的报酬、培训等情况;了解用人单位招聘职位的性质、工作内容、所需知识和技能。若事先对这些情况一无所知或知之甚少,则在面试时容易处于被动的境地,也容易对用人单位招聘人员造成“你不关心我单位”的不良印象，从而影响面试成绩。

【经典实例 7-10】

你可以走了

身为某外资企业市场总监的李先生，提起8年前大学毕业的第一次面试，还让他记忆犹新。

当时的就业压力并不大，但李先生还是早早地做好了充足的面试准备。无论是求职信、个人简历，还是自己的着装，都请教过很多人，可以说是很完美。而且，他事先也做了充分的心理调适，所以心态上也很放松。

面试的时候，无论是说自己的经历还是谈技术，从主考官的表情来看，对他都非常满意。40分钟的面试就要接近尾声了，突然主考官问：“李先生，我看您事先做了很充分的准备，说明您对我们公司和这份工作很重视。那您知道我们公司是干什么的吗？”“干什么的？”李先生一下子懵了。半晌，李先生一脸尴尬地说：“对不起，这一点我还没来得及进行足够的关注……”主考官手一挥：“好了，李先生，你可以走了。”

分析：李先生的面试经历告诉我们，面试前我们不仅要总结自己各方面的情况，还要了解用人单位的基本情况，“知己知彼”才能“百战不殆”。

（二）充分准备材料

参加面试要带好自荐信、个人简历、成绩单以及有关证书（正本和复印件）等材料。有关证书包括学历证书、各类获奖证书，以及外语、计算机、职业技能等级证书。如果应聘外资企业，最好将自荐信、个人简历等材料准备为中英文对照格式。即使曾经发过求职信和个人简历，也应该再带上一份材料，以备用人单位查看。并且，所有准备好的文件都应该按顺序整理，以便取用。

（三）面试训练准备

刚毕业的大学生缺乏求职面试经验，在面试前有必要进行一些面试技巧训练，面试技巧的训练包括口才训练、反应训练、礼仪训练等。大学毕业生可以通过学校就业指导课或讲座来学习、查阅有关面试的指导书籍、模拟面试等途径进行训练。

（四）调整心情

面试时一定要精神饱满，因此在参加面试前要适当放松，搞好个人卫生，调节自己的生活规律，保证充分的休息时间，以饱满的精神状态面对主考人员。

（五）独自前往

在各类面试及咨询中，一定不要让自己的父母或亲戚朋友陪同，要独自前往。这样，可以避免用人单位怀疑个人的自信心和独立能力。

（六）遵守约定时间

参加面试，最好比约定时间提前达到面试地点，以稳定自己的情绪和做好面试准备。如果有意外情况，最好能够在面试前通知用人单位，告知自己不能准时到达面试地点。一般提前 10 分钟到达，绝对不可以迟到。到达用人单位后礼貌对待前台接待，在规定的地方等候，不可随意走动。

三、求职面试礼仪

穿着和举止打扮可反映出一个人的修养和生活风格，仪表往往能决定招聘者对应聘者的第一印象。面试环节中，面试者在面试中所体现出的礼仪问题，在很大程度上影响着面试的成绩。

（一）面试仪表

1. 面试着装

服饰能够反映出一个人的文化水平、修养和气质，它是一种重要的体态语言。从某种程度上来说，外表装束更能反映一个人的心态。应试者参加面试时应做到着装整洁、大方、符合职业形象；服饰搭配协调，比较适合大学毕业生的面试需要。在应聘不同岗位时，应根据所应聘的工作性质和类型，确定自己的穿着。例如，应聘技术人员等具体操作岗位，应穿朴素一点；去广告公司应聘，则不应穿古板落俗的衣服；若从事比较活泼的行业（例如营销），则服饰上可适当有些图案，以显朝气。

应试者的衣着服饰要注意以下几个方面：

（1）女同学忌讳服饰过于繁杂、鲜艳，应避开大红、橙色与粉红、紫色等颜色。

（2）男生穿深色西装，领带、衬衣袖口要注意清洁。

（3）尽量减少佩戴首饰，要突出大学毕业生年轻有朝气的一面，以清新的形象示人。

（4）皮鞋要擦去灰尘和污痕，鞋带要系牢。男生的鞋子颜色一般不要比裤子颜色淡。女同学不要穿鞋跟过高的鞋子。

【经典实例 7-11】

适得其反

毕业生小赵参加了系里的就业指导课后，决定接受老师的建议重新给自己包装一下。经过一番打扮，果然大不一样，唯有那一双新鞋，因为不小心买大了一码，又舍不得放弃，只好勉强穿上。不久，一家单位请小赵去面试。他穿上新衣新鞋，自我感觉并不怎么样。面试过后，单位的一位领导突然要求小赵走上几步给考官看，这下可把他吓坏了。心里越发紧张，结果越走越难看。几天后，其他几位同去单位面试的同学都接到了复试的通知，小赵却没有。后来，老师问小赵是不是脚有问题。他说："绝对没有，只是紧张的缘故。"

分析：小小的失误导致错过良机，实在可惜。大学毕业生在应聘面试的时候，衣着打扮除了好看，还要得体，否则会适得其反。

2．化妆与发型

化妆与发型也很重要。面试前，应整理仪容，头发清洗干净，梳理整齐。不要染怪色头发。男同学不要留小胡子，不要留长发。女同学不要浓妆艳抹，不要用浓烈的香水。女性可适当化淡妆。

拓展阅读

面试着装礼仪

面试时，合乎自身形象的着装会给人以干净利落、有专业精神的印象，男生应显得干练大方，女生应显得庄重俏丽。

男生面试时的服饰礼仪

（1）西装

男生应在平时就准备好一至两套得体的西装，不要到面试前才去匆匆购买，那样不容易选购到合身的西装。应注意选购整套的两件式的，颜色应当以主流颜色为主，如灰色或深蓝色，这样在各种场合穿着都不会显得失态。裤子除了要与上身西装保持色调一致以外，还应该注意不要太窄，要保留有一定的宽松度；也不要太短，以恰好可以盖住皮鞋的鞋面为宜。

（2）衬衫

以白色或浅色为主，这样比较好配领带和西裤。平时也应该注意选购一些较合身的衬衫，面试前应熨平整，不能给人“皱巴巴”的感觉。崭新的衬衣穿上去会显得不自然，太抢眼，以至于削弱了面试官对求职者其他方面的注意。

（3）领带

若男生参加面试的岗位需打领带，则应注意领带上面不能有油污，不能皱巴巴，且应与西服颜色相衬。有一点需要特别指出，不要使用领带夹。因为使用领带夹只是亚洲少数国家的习惯，具有很强的地区色彩，并非国际通行的惯例。至于领带的长短，以刚刚超过腰际皮带为好。

（4）皮鞋

皮鞋以黑色为宜，以舒适大方为度。面试前一天要将其擦亮，不留灰尘与污迹。

（5）袜子

袜子应长度适中，颜色宜为深灰色、蓝色、黑色等深色。

（6）头发

尽量避免在面试前一天理发，以免看上去不够自然。男生女生都应在面试前一天洗干净头发，避免头屑留在头发或衣服上，保持仪容整洁是取得用人单位良好第一印象的前提。

此外，男生要将胡须剃干净，并且在刮的时候不要刮伤皮肤，指甲应在面试前一天剪整齐。

女生面试时的服饰礼仪

（1）套装

每位女生应准备一至两套较正规的套服，以备去不同单位面试之需。女式套服在选择时应与准上班族的身份相符，可根据个人气质、脸型、身材、面试单位的类型挑选不同颜色、不同款式。

（2）化妆

女生可以适当地化点淡妆，使自己更显亮丽。用薄而透明的粉底营造健康的肤色，用浅色口红增加自然美感，用棕色眉笔调整眉形，用睫毛膏让眼睛更加有神。但不能浓妆艳抹，过分夸张。

（3）皮鞋

面试时穿鞋总的原则是与整体服饰相协调。中跟皮鞋在面试中较为适宜，较为稳当，又能体现职业女性的气质。相比之下，穿高跟鞋显得步态不稳，穿平跟鞋显得步态拖拉。如穿中、高统靴子，裙摆下沿应盖住靴口，以保持形体垂直线条的流畅。同样，裙摆应盖过长统丝袜袜口；夏日最好不要穿露出脚趾的凉鞋，或光脚穿凉鞋，更不宜将脚趾甲涂抹成红色或其他颜色。

（4）袜子

穿裙装袜子很重要，丝袜以肉色为雅致，要注意避免破损和脱丝。面试时最好带一双备用，以备破损更换。

（5）装饰品

面试时搭配饰品应讲求少而精，一条丝巾，一枚胸花，一条项链，就能恰到好处地体现职业女性气质和神韵。应避免佩戴过多、过于夸张或有碍工作的饰物，让饰品真正有画龙点睛之妙。否则，容易分散考官的注意力，有时也会给考官留下不成熟的印象。

（6）发型

不管长发还是短发，一定洗得干净、梳得整齐，增添青春的活力。发型可根据衣服正确搭配，要善于利用视觉错觉来改变脸形。例如，脸型过长的人，可留较长的前刘海，并且尽量使两侧头发蓬松，这样长脸看起来不太明显；脖颈过短的人，则可选择干净利落的短发来拉长脖子的视觉长度；脸型太圆或者太方的人，一般不适合留齐耳的发型，也不适合中分发型，应该适当增加头顶的发量，使额头部分显得饱满，在视觉上减弱下半部分脸型的宽度。根据应聘的不同职业，发型也应有所差异。

（7）手表

面试时不宜佩戴过于花哨的手表，给人过于稚气的感觉。面试前应调准时间，以免迟到或闹笑话。

提示：服装及饰品是求职者留给面试考官的第一印象，得体的穿着打扮能使其为你加分；也能使自己增加自信，在面试中发挥更好。要达到这个目的，需要研究着装风格，注意细节修饰。

禁忌：男女生都不能在面试时穿T恤、牛仔裤、运动鞋，过于随意、邋遢。女生切忌打扮得过于花枝招展、性感暴露。

（二）面试举止

举止是无声的语言，主要通过人的表情、姿势、动作等表现出来。它是一个人是否具有修养的表现。面试时应注意以下几个方面：

1. 敲门进入面试室

进入面试室前应先轻轻敲门（门一般是关着的），得到许可后方可进入。注意敲门不可用力太大，也不可未进门前先将头伸进来张望一下再进门，更不可大大咧咧地直接推门而入。进门后，应轻轻地转过身去关上门。

2. 主动与主考官打招呼

进入面试室后，应主动与主考官打招呼，可点头微笑，也可问候，如“上午好”“下午好”“各位领导好”。若主考人员没有主动伸手与你握手，无需主动要求握手。要有礼貌地告诉主考官自己是谁，做到举止大方、谈吐高雅、态度热情。

3．回答问题时精神集中、态度诚恳

面试时回答问题精神要集中，力求给对方以诚恳、沉稳、自信的印象。诚实地讲出自己能做什么，不能做什么，切忌含糊其辞。根据听者的反应适时调整自己的语言表达方式，冷静地保持不卑不亢的风度。

在语言方面，毕业生谈话的内容和说话的方式同等重要。只要讲话条理清晰，并通过表情、声音、语调等诸方面的配合，传达出自己真诚、热情、乐观、大方的态度，就会收到良好的效果。

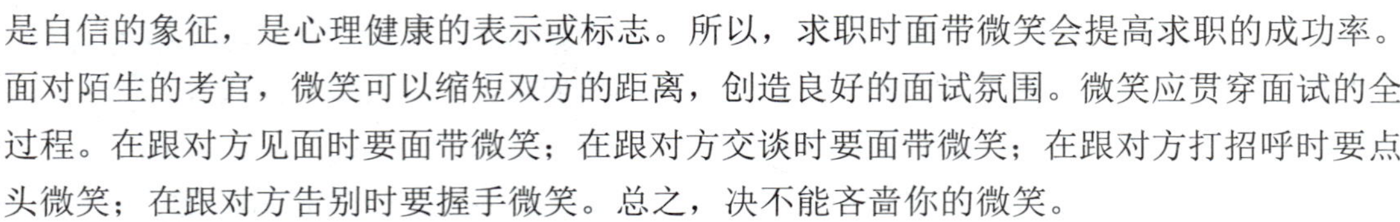

4．微笑待人

俗话说："面带三分笑，礼数已先到"。微笑是自我推荐的润滑剂，是礼貌之花、友谊之桥；是自信的象征，是心理健康的表示或标志。所以，求职时面带微笑会提高求职的成功率。面对陌生的考官，微笑可以缩短双方的距离，创造良好的面试氛围。微笑应贯穿面试的全过程。在跟对方见面时要面带微笑；在跟对方交谈时要面带微笑；在跟对方打招呼时要点头微笑；在跟对方告别时要握手微笑。总之，决不能吝啬你的微笑。

面试者要善于微笑，微笑必须真诚、自然。只有真诚、自然的微笑，才能使对方感到友善、亲切。微笑要适度、得体。适度就是要笑得有分寸、不出声，含而不露，不能哈哈大笑、捧腹大笑；得体就是要恰到好处，当笑则笑，不当笑则不笑，否则会适得其反，给对方留下不好的印象。

5．面试时的姿势

俗话说："站有站相，坐有坐相。"进入面试室落座后的姿势最为重要。正确的坐姿是：全身放松，两腿自然并拢，手放在膝上，挺直腰板，身体微向前倾，坐时既不可坐得太浅，也不能坐得太深（只坐椅子的三分之二）。坐浅了容易使自己紧张，导致注意力不集中，坐深了斜倚在靠背上会给人以懒散感。正确的坐姿，让人看见后会感觉到应聘者精神振奋，朝气蓬勃。注意不要有小动作，如下意识地看手表（让主考人觉得你对面试或提问有些不耐烦）；或翘二郎腿，不停地抖动；或坐时双腿叉开，摇晃不停；或用手掩口；或讲话时摇头晃脑；或用手不停地挠后脑勺；或不停地玩弄随身携带的小物件等。这些小动作会使主试人分神，并很有可能引起他们的反感。

6．认真地倾听并注意目光的交流

面试时与主考人员保持视线的接触，是交流的需要，也是起码的礼貌，更是应聘者自信的一个表现。面试时若回避对方的目光，会被对方认为你或许太胆怯，心中无底；或许太傲气，不将主考人放在眼里。正常状态下，应聘者应将大部分时间望着向自己发问的那位主考人，但不要一直将目光死盯着对方的眼睛。正确的方法是把目光放在对方额头或鼻梁上方，保持目光的自然轻松、柔和，传达出你的真实思想，这样会让对方觉得你是在聚

精会神地和他交流。多个面试考官在场时，应适时地环顾其他考官以表示你对他们的尊重。

7. 在语言方面应注意的问题

（1）谈话时若无特殊情况不可随便打断别人的讲话，即使是有某种原因，也要以适当的方式插话。

（2）面试者要善于使用手势语，注意要得体、协调。在多数情况下，手势语作为一种伴随语言，它使有声语言行为化，或重点强调，或辅助口头表达，但手势语并非多多益善，要适量，当用则用，不当用则不用，尽量简练。有些面试者对此不够注意，在谈话中采用过多的手势，比如边说话边挥舞，以示说话有力，以至于有些动作幅度过大，姿势粗俗欠优雅。同时，手势语使用的频率、摆动的幅度以及手指的姿态等都应和谐地配合有声语言传递信息。过多、过杂且不注意姿势的手势动作，会给人以张牙舞爪和缺乏修养之感。而过多的使用“呢、啦、吧、啊”等语气词或者口头禅，会使考官心烦意乱，也会让考官以为求职者信心不足，准备工作也做得不充分。

（3）讲话时普通话应力求标准，不可讲错字或念错音，最好不用方言。若是涉外单位，还应做好用英语面试交谈的准备。

（4）讲话时不可以自负的方式和语气说话，即话不能说得太满，当然也不必过于谦虚。

8. 微笑告辞

当主考人示意面试结束时，应微笑起立，感谢用人单位给予面试的机会，然后道“再见”，没有必要握手（除非主考人员主动伸出手来）。如果进入面试室时有人接待或引导，离开时也应一并向其致谢、告辞。

【经典实例 7-12】

礼貌的力量

有一名应届大学毕业生到一家公司面试，王经理说话直率，没谈几句就回绝了他。这名大学生十分礼貌地告辞说：“感谢您给了我这次面试的机会，只可惜我自己的能力不够，实在非常抱歉，我会记住您的忠告去努力的。”他礼貌大方地走后，王经理忽然感觉这小伙子不错，公司也需要人才，于是，决定在限定名额之外追加录取这名大学生。

分析：很多同学在被拒绝之后都会垂头丧气，离开时也忘记与主考官打招呼。事实上，即使是面试失败，也没什么大不了的。礼貌告辞，向主考官表示感谢，不要因失败而丧失信心，或许真的会“柳暗花明又一村”呢！

9. 面试禁忌

（1）迟到。迟到是面试中的大忌，没有什么比迟到更让用人单位反感的了。面试时要准时，这是对求职者最起码的要求，准时代表着一个人的基本素质和修养。不准时的人，会让人觉得没有责任感。如果是因为堵车或者地方不熟悉，应该立即与用人单位取得联系，讲明情况。

（2）完全被动：主要是表现为默不作声，主考官再三诱导也只回答“是、不是、好、可以”等简单的字符。考官不说话时，也不会适时提问，而造成长时间的静默。这样的求职者必然让用人单位失望。

（3）傲然自大。有些求职者三番五次质询用人单位的规模、升级制度、在职培训情况，以及问他们能让自己担当什么职务或准备给多少薪水等，而对用人单位提出的问题不屑一顾，或是无礼打断主考官的问话，未经同意就大声说话、吸烟，甚至反问主考官，让其下不了台。

（4）不当反问。例如，主考官问：“关于工资，你的期望值是多少？”应聘者反问：“你们打算出多少？”这样的反问很不礼貌，好像是在谈判，很容易引起主考官的不快和敌视。

（5）急于套近乎。具备一定专业素养的面试官是忌讳与应聘者套近乎的，因为面试中双方关系过于随便或过于紧张都会影响面试官的评判。过分“套近乎”也会在客观上妨碍应聘者进行专业经验与技能的陈述。聪明的应聘者可以例举一至两件有理有据的事情来赞扬招聘单位，从而表现出你对这家公司的兴趣。

（6）超出范围。在面试快要结束时，主考官问求职者：“请问你有什么问题要问我吗？”若应聘者反客为主地询问：“请问你们公司的规模有多大？中外方的比例各是多少？董事会成员里中外方各有几位？你们未来 5 年的发展规划如何？”连珠炮似的问题让主考官几乎哑口无言，结局自然不妙。

（7）盲目应试。应试者择业意向不明确或对用人单位及招聘岗位的要求不清楚，“有病乱投医”，盲目应试赶场，结果自然以失败告终。

四、面试后的努力

面试结束后，能否被录取尚为未知数，面试官事后还要对应聘者重新审视，如果能在招聘单位最后作出决定之前做些积极的努力，或许还能改变自己的命运。

（一）回顾与反省

应聘者在面试结束后要仔细回忆和分析面试场景，从以下问题中找出自己的不足，以便进一步做出有效的努力。

（1）出现的面试官姓名和职位？

（2）单位的要求是什么？

（3）首要目标和最大的挑战是什么？为什么我能做好这份工作？

（4）哪些问题没有回答好？为什么？双方共同认为下一步应该做什么？

（5）和面试官最后几分钟谈话内容是什么？

在对上述问题进行分析和总结后，若有机会应该虚心地向招聘者请教自己有哪些欠缺，以便今后改进。这样，既可以给招聘者留下良好的印象，也会使自己取得进步。

（二）与招聘者保持接触

（1）应试者不要忘记在面试结束的一两天内向面试人员和其他人员写一封感谢信：一是感谢对方的面试机会；二是说明自己留下了愉悦的印象和感受；三是再次表明对此工作的兴趣和信心。面试后的感谢信所起的作用主要有引起招聘者的注意，加深印象；可以澄清面试中可能的误解，消除对方疑虑；可以补充资料，补充说明；提供重申工作职位的机会，表明诚意，给对方信心。最好能在面试结束后 24 小时内将感谢信发出。

拓展阅读

面试后的感谢信

尊敬的××先生：

感谢您昨天为我的面试花费时间和精力。我觉得和您的谈话很愉快，并且了解到许多关于贵公司的情况，包括公司的历史、管理形式以及公司宗旨。

正像我已经谈到过的那样，我的专业知识、经验和成绩对公司是很有用的，尤其是我的刻苦钻研能力。我还在公司、您本人和我之间发现了思想方法和价值取向上的许多共同点。我对贵公司的前途十分有信心，希望有机会和你们一起为公司的发展努力工作。

再一次感谢您，并希望有机会与您再谈。

×××

××年××月××日

（2）有的情况下可能会有第 2 轮的面试，甚至第 3 轮的面试，面试的团队也越来越大，需要做相应的准备。

（3）在面试后的一周左右和合适的时间里，主动打电话询问面试结果，在其后的一个月中可以多次去电话询问，但是不要过于频繁，引得对方反感。

如果在一个星期内，或者依据招聘者作决策所需的一段合理时间之内没有得到任何音信，可以给负责人打个电话，问其“是否已经作出决定了？”这个电话可以表示出自己的兴趣和热情，还可以从他的口气中听出你是否有希望得到这份工作。如果在打听情况时察觉出自己有希望中选，但最后决定尚未作出，可以过段时间后再打一次电话询问。

每次打过电话之后，还应该随后寄出短信，重申自己的优点、对所应聘职位的兴趣、为公司发展所能做的具体贡献和希望早日得到回音等。这些对于求职的成功都有很大的帮助。哪怕招聘者已经暗示你可能落选了，也可寄一封短信表明即使没有成功，但也很高兴有面试机会。这样做不仅仅是出于礼貌，而且还能使招聘者在其公司出现另一职位空缺时想到你，创造出一个潜在的求职机会。

【案例 7-13】

失而复得

小万是中南财经政法大学工商学院的应届毕业生。武汉一家事业单位招聘宣传干事，小万到了招聘地点才知道，招聘单位要求硕士以上文化程度。小万想，自己平时已在各类报纸上发表文章 20 多篇，应该能够胜任这份工作。于是，他成为应聘的 20 多人中唯一的本科生。

交上简历后，小万一直没有接到通知。他打电话询问，对方人事主管说："我们倾向于招收研究生，你条件虽不错，但不符合我们的要求。"

小万听后，知道机会不大，但还是给人事主管发了一条短信：虽然我不太符合贵单位的要求，但仍感谢您给我的指导，如果面试者中没有合适的，或者有人缺席，请及时通知我，非常感谢！

一个星期后，那家单位果然给小万打来电话，说正好有个面试名额空缺。小万经过精心准备，在面试中赢得了工作机会。单位人事主管告诉小万说是他后来的那条短信打动了自己。

分析：做足面试后的努力是非常必要的。与其苦苦等待、怨天尤人，倒不如主动出击，争取最后的结果。一条短信、一个电话、一封邮件，或许都会让你有意想不到的收获！

思考与练习

1．毕业生求职需要准备哪些应聘材料？
2．根据自身特点拟求职信、自荐信各一份。
3．简述笔试的作用与种类。
4．谈一谈笔试前的准备及笔试的方法与技巧。
5．针对自己，谈如何克服和改正面试中的不当行为？
6．你认为最基本的面试礼仪有哪些？

7．你对课上所提出的面试问题，还有哪些没把握？

8．如何谈有关报酬的问题？

9．用人单位最看重应聘者哪些方面的情况？

10．作为应聘者，应了解和掌握招聘单位哪些方面的信息，才有助于面试的成功？

11．通过这项训练，你有哪些体会？

权益保护

本章导读

作为就业活动主体之一的大学毕业生，在就业的过程中，必须要和用人单位签订就业协议和劳动合同。因此，了解自己享有的权利和必须履行的义务，防范就业陷阱，掌握签订就业协议和劳动合同的相关知识，正确运用国家相关就业政策、法律、法规来维护自己的合法权益，对于每一个大学生来说都是非常重要的。本章主要介绍权益保护的相关知识。

学习目标

知识目标

- 掌握毕业生就业的基本权利与义务
- 了解毕业生应了解的法律常识
- 掌握就业协议的签订与解除
- 掌握劳动合同的签订
- 掌握求职陷阱及防范对策

能力目标

- 能熟练掌握就业协议与劳动合同签订前后需注意的问题
- 能够在实际求职过程中防范求职陷阱

第一节　就业权益

所谓就业权益，就是指毕业生在求职择业及上岗的过程中，依法享有的权利和利益。在就业市场上，毕业生和用人单位均是平等的民事主体，但是面对“买方市场”的现实，毕业生的就业权益往往受到不同程度的损害。如何保护毕业生的就业权益，已逐渐成为社会关注的热点问题。作为毕业生本人，也应该了解就业权益保护的基本知识，用政策和法律真正维护自己的合法权益。

一、毕业生就业的基本权利与义务

（一）毕业生就业的基本权利

毕业生作为就业市场的一个重要主体，在就业过程中享有多方面的权利，根据目前就业政策、法规的有关规定，毕业生的就业权利主要包括两大方面：一方面是在整个求职择业过程中的权利；另一方面是毕业生针对录用单位的权利。

1. 毕业生在求职择业过程中的权利

1）接受就业辅导权

毕业生有权从学校接受就业辅导。学校应成立专门机构，安排专门人员对毕业生进行就业辅导，包括向毕业生宣传国家关于毕业生就业的方针、政策；对毕业生进行职业生涯规划的教育；对毕业生进行择业技巧的指导；引导毕业生根据国家、社会的需要，并结合个人实际情况准确定位，合理择业。当然，随着毕业生就业完全市场化，毕业生也将由从学校接受就业辅导转为主动到市场寻求和接受社会合法机构的就业辅导。

2）被推荐权

高校在就业工作中的一个重要职责就是向用人单位推荐毕业生。历年工作经验证明，学校的推荐往往在很大程度上影响用人单位对毕业生的取舍。毕业生享有的被推荐权包含以下几个方面的内容：

（1）如实推荐，即高校在对毕业生进行推荐时，应实事求是，根据毕业生本人的实际情况向用人单位进行推荐，不能故意贬低或随意捧高毕业生。

（2）公正推荐，学校对毕业生进行推荐应做到公平、公正，应给每个毕业生就业推荐的机会，不能厚此薄彼。

（3）择优推荐，学校根据毕业生的在校表现，在公正、公开的基础上，还应择优推荐，用人单位录用毕业生也应坚持择优标准，真正体现优生优用、人尽其才。

3）自主择业权

我国《劳动法》规定，劳动者享有选择职业的权利。因此，毕业生只要符合国家的就业方针和政策，可以根据自己的兴趣、爱好和能力，自主地选择职业、用人单位，学校、其他单位和个人均不得干涉。任何将个人意志强加给毕业生、强令毕业生到某用人单位就业的行为，都是侵犯毕业生自主择业权的行为。当然，对于缺乏经验的毕业生来说，选择越多，困惑就越大。因此，学校、用人单位和家长，可以在此时为初出校门、缺乏工作经验的毕业生提供择业意向方面的建议和引导，但不能强迫或限制毕业生选择职业。

4）平等就业权

我国《劳动法》，劳动者享有平等就业的权利；劳动者就业，不因民族、种族、性别、宗教信仰不同而受歧视；妇女享有与男子平等的就业权利。但在实际就业过程中，毕业生平等就业的权利常常受到侵犯，“就业歧视”现象屡见不鲜，它破坏了市场的公平竞争环境，造成了人力资源的巨大浪费。要从根本上解决这一问题，还有待于相关法律条例的制定和完善。就目前来说，更重要的是毕业生本身维权意识的加强。

5）获取信息权

就业信息是毕业生择业成功的前提和关键，只有在充分占有信息的基础上，才能结合自身情况选择适合自身发展的用人单位。毕业生有全面、真实获悉用人单位信息的权利。在双向选择的过程中，毕业生有权向用人单位了解具体的工作内容、工资、福利待遇、发展前景等情况，从而做出符合自身条件的选择；用人单位有义务向毕业生和学校如实介绍本单位的真实情况，并提供相关的资料。

2. 毕业生就业中与录用单位相关的权利

1）要求用人单位履行就业协议的权利

就业协议书是国家或省就业主管部门统一印制，专门用于毕业生就业的正式文本，具有法律效力。毕业生和用人单位一旦签约，就有义务严格履行协议，不得无故进行更改或擅自解除。用人单位必须依照协议接收毕业生，并妥善安排毕业生的工作，提供相应的工作和生活条件，以保证毕业生的正常工作。

2）要求用人单位提供各种劳动保障的权利

毕业生到用人单位报到后，应当与用人单位签订正式的劳动合同，有权利要求用人单位根据《劳动法》的规定提供各种劳动保障。我国《劳动法》规定，劳动者享有取得劳动报酬的权利、休息休假的权利、获得劳动安全卫生保护的权利、接受职业技能培训的权利、享受社会保险和福利的权利、提请劳动争议处理的权利以及法律规定的其他劳动权利。

3）追究用人单位违约责任的权利

毕业生与用人单位签订的就业协议书是双方遵循平等自愿、协商一致原则而达成的协议，双方均有遵守的义务。毕业生、用人单位签订就业协议书后，任何一方不得擅自毁约。如果用人单位无故要求解约，毕业生有权要求对方严格履行就业协议，否则毕业生有权利要求用人单位支付约定的违约金。

（二）毕业生就业的基本义务

权利和义务总是相对的，毕业生在享有多项就业权利的同时，也应该履行一定的就业义务。

1. 如实提供个人信息的义务

在双向选择的过程中，毕业生有权向用人单位了解与单位或职位相关的信息也有义务向用人单位如实地提供本人的基本信息，包括户籍所在地、学业成绩、外语水平、获奖情况、实践经验等，以便用人单位对众多应聘的毕业生进行比较和择优录用。如果毕业生提供虚假的个人信息欺骗用人单位，从而获得录用机会，这不仅会损害用人单位自主选择的权利，也会损害其他毕业生公平竞争的权利。

2. 主动报告就业情况的义务

每年 5 月份，学校都要根据毕业生的就业情况制订就业建议方案，上报上级就业主管部门，6 月份，上级就业主管部门根据学校的就业建议方案签发毕业生《报到证》。如果毕业生没有及时向学校上报自己的就业情况，不仅对学校制订就业建议方案的工作带来一定的困难，而且有可能使报到地点出现错误，需要另行调整改派，既增添了自己的麻烦，也增加了学校的工作量。

3. 严格履行就业协议的义务

某省高校毕业生就业指导中心曾针对招聘毕业生的情况，对省内 2 000 多家用人单位进行了调查，结果显示：批量招聘应届毕业生的企业，到岗率不足 70%的占了将近一半，有两成多的用人单位到岗率甚至不足 50%。毕业生毁约的现象比较严重，大学生的就业诚信度已经受到社会广泛的质疑。

毕业生毁约的行为，不仅浪费了本人在求职中花费的人力、财力和时间，而且干扰了用人单位正常的人才招聘工作、损害了母校的声誉、减少了其他毕业生的就业机会。因此，毕业生应该遵循诚信的原则，慎重签约，严格履约。

4. 遵守劳动纪律、保守商业秘密的义务

相当一部分用人单位，在确定录用毕业生之前，会安排若干应聘的毕业生到用人单位进行实习，以便双方作进一步的了解，再确定录用的人选。毕业生在实习期间，应该与其他正式员工一样，严格遵守用人单位的劳动纪律，特别是要保守用人单位的商业秘密。因为毕业生在实习期间，或多或少会接触到用人单位的技术信息和经营信息，尽管用人单位不一定会对这些信息采取保密措施，但毕业生都应该严格保密，防止侵权行为的发生。

【经典实例 8-1】

不签协议酿苦果

广东某职业技术学院 2014 届毕业生肖某等 4 人，经过面试，被广东省

中山市某灯饰有限公司录用。为了进一步加深了解，公司要求4名毕业生先到公司进行试用，试用期为 1～3 个月，视毕业生的工作能力，择优转为正式员工，正式录用后才签订劳动合同。双方约定，在试用期间，公司与毕业生不签订任何形式的劳动合同，只为肖某等4人提供食宿并支付1 800元的月薪。肖某等4人到岗后，发现该单位的管理方式不适合自己的发展，于是在工作满一个月后，向单位提出辞职，并要求其支付1 800元工资。但是该单位负责人并不同意4人同时辞职，极力劝阻其中两名优秀的毕业生留下。由于肖某等4人坚决要辞职，负责人便扬言不会支付任何工资，并要求他们向公司支付经济补偿金。肖某等4人非常气愤，但是对如何保障自己的就业权益又毫无头绪，只好赶紧打电话回学校，向负责就业工作的老师求助。

分析：我国专门制定《劳动法》保护劳动者的就业权益，对于应届毕业生的就业权益，国家还制定了一系列的政策法规予以特殊保护。毕业生应该主动了解相关知识，认真学习，灵活运用，使自己的就业权益得到应有的保障。

二、毕业生应了解的法律常识

（一）要拒绝用人单位的无理要求

法律明文规定用人单位不得以任何名义向应聘者收取报名费、抵押金、保证金等费用，对于员工的培训费用，应当从企业成本中支出。《劳动合同法》规定，用人单位招用劳动者，不得扣押劳动者的居民身份证和其他证件，不得要求劳动者提供担保或者以其他名义向劳动者收取财物。当大学生面对用人单位这些无理和非法的要求时，有权拒绝以维护自己的合法权益。

【经典实例 8-2】

北京某大学毕业生王某，应聘到一家企业工作。这家企业规模虽不大，但看上去比较正规。王某的所有手续都办得很顺利，对自己的岗位也算满意。但是经理告诉她，上岗前要进行一个月培训，需交培训费 800 元，培训考核合格后将如数退还。王某见经理非常认真，心想这家企业用人还挺严格的，于是不假思索地交了钱。但是一个月培训结束后，公司人事部门通知她未通过考核，不予录用。王某一听气坏了，找经理理论，经理避而不见，找业务主管，业务主管指着培训条款说："你看这里写得明明白白，考核合格才退费，你考核不合格，我们在你身上花了这么大的人力、物力，难道白费不成？"王某性格泼辣，说："你不退费就是诈骗，我要到市劳动局告你们。"经理怕事情闹大，才把钱退还给了她。

分析：值得庆幸的是王某要回了培训费，保护了自己的合法权益。在现实生活中，很多大学生遇到这种情况会选择忍气吞声，不敢与之抗争，自认倒霉，进而助长这些不法行为。但王某的问题在于缺乏基本的法律常识和法律意识。当公司经理要她交培训费时，她就应该意识到这不符合法律规定，并理直气壮地拒交此笔费用，而不是等到发现受骗后再来维护自己的权益。

（二）要了解自己在试用期内的合法权益

（1）即使在试用期也一定要签订劳动合同。《劳动合同法》规定，建立劳动关系，应当签订书面劳动合同。已建立劳动关系，未同时订立书面劳动合同的，应当自用工之日起一个月内订立书面劳动合同。

（2）用人单位不能在试用期内随意辞退劳动者。

（3）试用期内的劳动报酬问题。基于劳动关系的劳动应当得到相应的劳动报酬，《劳动合同法》对此明确规定，劳动者在试用期的工资不得低于本单位相同岗位最低档工资或者劳动合同约定工资的 80%，并不得低于用人单位所在地的最低工资标准。这意味着今后用人单位不能再让应届毕业生做廉价劳动力，而毕业生可以依法维护自己在试用期获得应得劳动报酬的权益。

【经典实例 8-3】

某高校经贸专业毕业生冯某被北京一家公司录用，和他一起进入试用期的还有另外 6 名员工。他们被分到不同的部门实习，冯某到中关村大街一大型电子商城内公司的摊位卖电子产品。经理说，让他站柜台是出于两点考虑：一是让他熟悉公司的业务，为以后工作打基础；二是了解市场动态，听取顾客意见，以便于改进产品。3 个月试用期过后，冯某销售业绩相当不错，除了第一个月不太熟悉，销售额 5 000 多元外，后两个月都超过了 20 000 元。冯某想，这个业绩足以证明自己的才能，公司没有理由不录用他。但是，试用期过后，经理让他回家等消息，一等就是两个月，仍然没有等到公司的录用通知，他给公司打电话，却被告知告诉他落聘了。冯某怎么也无法相信。后来一打听，才知道他们这批人，一个也没有被录用。半年后，冯某再一次到中关村那家电子城，无意中来到这家公司的摊位，发现又一批新来的大学生在那里站柜台。

分析：第一，冯某没有意识到即使是在试用期也要及时签订劳动合同。第二，当得知自己试用期后无故落聘，没有向公司据理力争维护自己的合法权益，而是自认倒霉。根据规定，任何单位在试用期辞退劳动者必须举证证明劳动者在试用期间不符合录用条件，否则就不能辞退。本案中冯某在试用期间表现优秀，公司是没有正当理由辞退他的，公司的做法是违法的。其实小冯可以拿起法律武器来维护自己的合法权益，可是他选择了放弃，这也反映了当代一部分大学生的法律意识或维权意识比较淡薄。

（三）要拒绝没有法律效力的口头承诺

毕业生在求职时必须清楚，所有的口头承诺都是无效的，也不可能完全兑现，一定要把与用人单位口头商谈的内容全部写进合同里，签约前还应反复检查，确保合同内容无歧义和遗漏，只有这样才能最大限度地维护自己的合法权益。

第二节　就业协议和劳动合同

一、就业协议

（一）就业协议的概念

就业协议是明确毕业生、用人单位和学校在毕业生就业工作中权利和义务的书面表现形式，是毕业生与用人单位确定劳动关系的标志和法律依据。就业协议一般由教育部或各省、市、自治区就业主管部门统一制表。就业协议的作用主要有以下三点：

（1）作为毕业生落实就业单位，用人单位同意接收毕业生就业，双方确立劳动关系的主要依据。

（2）作为毕业生就业主管部门及其所在学校编制就业计划、制订就业方案、管理大学毕业生就业的主要依据。

（3）作为毕业生和用人单位承担相同法律责任的法律依据，以保证协议的严肃性，防止用人单位和毕业生在双向选择中的随意性，避免就业市场的混乱。

（二）就业协议的内容

教育部统一制定的《全国普通高等学校毕业生就业协议书》，其主要内容一般由规定条款、签署意见与盖章、备注三部分组成，具体包括几个方面：

（1）作为毕业生，应按国家法规就业，向用人单位如实介绍自己的情况，了解用人单位的使用意图，表明自己的就业意见，在规定的时间内到用人单位报到，若遇到特殊情况不能按时报到，需征得用人单位同意。

（2）作为用人单位，要如实介绍本单位的情况，明确对毕业生的要求及使用意图，做好各项接收工作。

（3）作为学校，要如实向用人单位介绍毕业生的情况，做好推荐工作，用人单位同意录用后，经学校审核列入就业建议计划，报主管部门批准，学校负责办理派遣手续。

（4）各方应严格履行协议，任何一方若违反协议，应承担违约责任。

（5）其他补充协议。

拓展阅读

《全国普通高等学校毕业生就业协议书》的内容格式一般如下表所示：

<table>
<tr><td rowspan="8">毕业生情况及应聘意见</td><td>姓名</td><td></td><td colspan="2">性别</td><td></td><td>出生年月</td><td></td><td>民族</td><td></td></tr>
<tr><td>政治面貌</td><td></td><td colspan="3">培养方式</td><td></td><td>健康情况</td><td colspan="2"></td></tr>
<tr><td>专业</td><td colspan="4"></td><td>学制</td><td></td><td>学历</td><td></td></tr>
<tr><td>家庭地址</td><td colspan="8"></td></tr>
<tr><td>移动电话</td><td colspan="4"></td><td>邮箱地址</td><td colspan="3"></td></tr>
<tr><td>应聘方式</td><td colspan="8">学校招聘会（ ）政府举办招聘会（ ）人才市场（ ）网络签约（ ）其他（ ）</td></tr>
<tr><td>应聘时间</td><td colspan="4"></td><td>应聘地点</td><td colspan="3"></td></tr>
<tr><td colspan="9">应聘意见：
毕业生签名：
年 月 日</td></tr>
<tr><td rowspan="9">用人单位情况及接收意见</td><td>单位名称</td><td colspan="5"></td><td>单位隶属</td><td colspan="2"></td></tr>
<tr><td>联系人</td><td></td><td colspan="3">联系电话</td><td></td><td>邮政编码</td><td colspan="2"></td></tr>
<tr><td>通讯地址</td><td colspan="5"></td><td>网 址</td><td colspan="2"></td></tr>
<tr><td>单位性质</td><td colspan="8">国有企业（ ）非国有企业（ ）事业单位（ ）科研（ ）部队（ ）其他（ ）</td></tr>
<tr><td rowspan="4">毕业生档案、户口、党、团关系接收</td><td colspan="2">档案接收单位名称</td><td colspan="4"></td><td rowspan="2">邮编</td><td rowspan="2"></td></tr>
<tr><td colspan="2">档案转寄详细地址</td><td colspan="4"></td></tr>
<tr><td colspan="2">户口接收地址（单位）</td><td colspan="6"></td></tr>
<tr><td colspan="2">党、团组织关系接收单位</td><td colspan="6"></td></tr>
<tr><td colspan="5">用人单位意见：（请单位加盖人事部门公章）
签章
年 月 日</td><td colspan="4">用人单位上级主管部门意见：
（有用人自主权的单位此栏可略）
签章
年 月 日</td></tr>
</table>

续表

<table>
<tr><td rowspan="3">学校意见</td><td>学校联系人</td><td></td><td>联系电话</td><td></td><td>邮编</td><td></td></tr>
<tr><td>学校通讯地址</td><td colspan="5"></td></tr>
<tr><td colspan="3">院（系）审核意见：
签章
年 月 日</td><td colspan="3">学校毕业生就业部门审核意见：
签章
年 月 日</td></tr>
</table>

（四）就业协议的签订

1. 就业协议签订的基本原则

毕业生与用人单位达成一致意见之后，须签订《全国普通高等学校毕业生就业协议书》。签订该协议书应遵守以下基本原则：

1）平等公正原则

签约各方当事人在法律资格上或者在民事权利能力上是平等的，签约过程和协议内容都应当是公正的，不可有任何偏袒、强迫，更不允许威胁。

2）双向选择、协商一致的原则

当事人依法具有自由决定是否签订就业协议、与谁签订就业协议的权利。协议内容特别是要害项目，一定要经过协商，双方一致同意方可。

3）合法合理性原则

签订就业协议的主体必须合法。主体合法主要是指求职择业者必须具有就业资格，即必须是毕业生或结业生，并具有民事能力；用人单位必须具有民事能力，具有录用毕业生的权利以及计划。就业协议的内容必须合法，即所签订的协议必须符合国家的法律法规，符合国家的就业方针政策和各级政府的规定。同时也要符合社会道德规范要求，做到合情合理。

4）诚信原则

主要是指当事人各方都要客观、如实地介绍各自的情况，不得用欺诈隐瞒、弄虚作假、故意粉饰等手段骗取对方的信任和允诺，同时必须遵守信用，认真地履行协议规定的权利和义务。

2. 签订就业协议的步骤和程序

1）签订就业协议的步骤

就业协议的订立一般要经历两个步骤，即要约和承诺。

（1）要约

毕业生持学校印制的就业推荐表参加各地各行业举办的供需洽谈会，即进入人才市场，向用人单位表达求职意向，或给用人单位寄发自我介绍、有意就职的书面材料，这些实际上就是要约邀请。用人单位收到毕业生的材料，对毕业生进行多方面考察，经过选择决断，同意接收后，将同意回执寄给高校毕业生就业工作部门或毕业生本人，这样就完成了要约的环节。

（2）承诺

毕业生收到多家用人单位的同意回执或通过其他方式得到多家用人单位的同意答复后，从中作出进一步的选择和决断并最终确定一家用人单位，与此同时到学校毕业生就业工作部门领取就业协议书，同用人单位签订就业协议，这就是承诺。

2）签订就业协议的程序

要约与承诺环节的完成为就业协议的签订准备好了前提条件，接下来就应该是就业协议签订了。一般来说，签订就业协议要经过如下程序：

（1）毕业生到学校就业工作部门领取统一制式的就业协议书，一般为一式四份。

（2）毕业生和用人单位在就业协议多方面的内容上达成一致后，双方在就业协议书上签字盖章。

（3）无独立人事权的用人单位需报请上级主管部门在就业协议书上签字盖章。

（4）毕业生所属院系审核就业协议，并签字盖章。

（5）毕业生所属学校审核就业协议，并签字盖章。

就业协议签订完成后，毕业生、用人单位和学校各执一份，第四份交由本省大中专毕业生就业指导中心鉴证并存档。

3. 签订就业协议应注意的问题

签订就业协议是一项比较烦琐、具体，又关系到当事各方利害的事情。因此，要求毕业生、用人单位和学校三方都要耐心、细致和慎重。近年来，毕业生与用人单位之间的就业争议呈上升趋势，不仅使毕业生和用人单位的利益受到损害，同时也给学校和就业主管部门增加了工作压力。作为毕业生在签订就业协议时特别要注意以下问题：

（1）要认真学习国家及相关省、市、自治区的就业政策和规定，充分利用对大学毕业生就业有利的方面，规避可能带来的麻烦和损害。如教育部颁布的《普通高校毕业生就业工作暂行规定》《大学生求职择业常见问题解答》以及各省、市、自治区引进人才、录用毕业生的优惠政策和具体规定。

（2）要充分了解就业协议书的所有条款，深刻领会每一条款的准确含义。要向用人单位如实介绍自己的情况，表明自己的就业意见和希望。这不仅是用人单位妥善安排大学生具体工作岗位的重要因素，而且是用人单位对大学毕业生诚信状况的一次考验，也是大学毕业生向用人单位以及社会应尽的义务，同时还能避免由此滋生的诸多不利。

（3）要注意弄清用人单位是否具备合法的主体资格。仔细了解用人单位的基本情况、发展前景、文化氛围、用人规定以及对毕业生的使用意图、希望和要求。

（4）在签订就业协议前，要尽量多地收集就业信息，以便选择最佳用人单位。一旦与一家用人单位履行了签约手续，千万不可再与第二家甚至更多家用人单位签订就业协议。

（5）要充分利用就业协议书备注栏的作用，将自己的合理要求，诸如工资福利待遇、住房条件、服务期限、升学或选干后的处理办法以及违约处理办法等明确写入其中。

（6）要严格按照学校规定的签约程序签订就业协议，对只口头答应接收毕业生就业但未有任何书面接收意见的用人单位应慎重对待。大学毕业生与用人单位签订就业协议后，一定要将其中一份协议交回学校，纳入学校的就业方案。

（7）要牢记就业协议书只有经各方签字盖章后才能生效，防止出现这方面的遗漏。要明白就业协议一经生效，毕业生、用人单位、学校三方都应严格履行。任何一方提出变更协议要求都需征得另外两方同意。未经协商，任何一方都不得单方面终止和变更协议内容。

上述七条注意事项需要大学毕业生灵活掌握，细心运用，提高应变能力，做到具体问题具体对待，以维护自己的合法权益。

（五）无效就业协议与就业协议的解除

1. 无效就业协议

无效就业协议是指欠缺就业协议的有效条件或者违反就业协议签订的原则，从而不发生法律效力的就业协议。无效就业协议自订立之日起，就没有法律约束力。无效就业协议产生的法律责任由造成就业协议无效的一方承担。具体情况如下：

（1）一方采取欺诈、胁迫等手段，或者乘人之危，使对方在违背真实意愿的情况下签订的就业协议无效。例如，有的用人单位未如实介绍本单位实际情况，根本无用人用工计划而与毕业生签订的就业协议；有的用人单位利用大学毕业生就业难的心理，威胁利诱他们从事损害国家、社会和他人利益的活动而与大学毕业生签订的就业协议等。

（2）用人单位免除自己的法律责任，排除大学毕业生权利的就业协议无效。例如，有的用人单位凭借我国就业形势的长期严峻和其自身的用人用工优势，趁大学毕业生急于求职择业之机，只主张自己的权利，只强调大学毕业生的义务，而与大学毕业生签订的就业协议等。

（3）就业协议未经学校鉴证并登记，学校不予列入就业方案，也不予派遣。如有的就业协议经学校审查认为协议内容对毕业生显失公平，或违反法律、行政法规的强制性规定等，学校可以不予鉴证。这样的就业协议也就很难成立了。

掌握无效就业协议的相关知识和情况，规避由此产生的法律责任风险，也是大学毕业生求职择业、签订就业协议要注意的重要问题。

2. 就业协议的解除

在大学毕业生就业求职的过程中，常有就业协议解除的情形出现，需要大学生们了解这方面的知识。

就业协议解除是指在生效的就业协议未履行或者未完全履行之前，当事人各方约定或当事人单方行使解除权取消协议关系，终止协议权利义务。就业协议的解除分为单方解除和三方解除。

1）单方解除

单方解除又分为两种情况，一种是单方擅自解除，另一种是单方依法或依协议解除。单方擅自解除协议属违约行为，解约方要对另外两方承担违约责任；单方依法或依协议解除，解除方无须对另外两方承担法律责任。

2）三方解除

就业协议的三方解除是指毕业生、用人单位、学校三方经协商一致，取消原先订立的协议，使协议不发生法律效力。此类解除因是三方当事人真实意思表示一致的体现，三方均不承担法律责任。需要指出的是，三方解除就业协议应在学校就业计划上报主管部门之前进行，如果就业派遣计划下达后三方解除就业协议，还须经主管部门批准办理调整改派。

（六）违约责任及毕业生违约的后果

就业协议书一经毕业生、用人单位、学校签署便具有了法律效力，任何一方擅自解除都得承担违约责任，并向权利受损方支付协议条款所规定的违约金。从实际情况来看，就业违约既有大学生违约，也有用人单位违约，但大学生违约居多，这是由我国就业市场的买方市场形式决定的。

毕业生违约，除本人应承担违约责任，支付违约金外，常常还会造成其他不良的后果。主要表现为以下三种。

1．对用人单位造成的不利

一旦毕业生因某种原因违约，势必使用人单位为录用毕业生所做的大量工作付之东流，甚至影响其正常的生产经营活动，再加上毕业生就业工作时间相对比较集中，用人单位若重新招人，在时间上错过了良机，往往造成工作被动。

2．对学校造成的不利

一是影响学校与用人单位的长期合作关系，对学校的信誉和以后的毕业生就业工作不利。因为用人单位往往将毕业生违约行为同学校的管理不严、教育不力联系起来，而对学校的推荐工作表示怀疑，一旦毕业生违约，用人单位常常是几年内不到该学校挑选毕业生。二是影响学校就业计划方案的制订和上报，以及学校的正常派遣工作。

3．对其他毕业生造成的不利

一般来说用人单位到校挑选的毕业生数量是有限的，一旦与某毕业生签订就业协议，就不可能再录用其他毕业生。若该毕业生日后违约，其他当初希望到该用人单位工作的毕业生由于录用时间、某毕业生违约造成的连锁反应等原因，也无法补缺，从而影响其他毕业生就业。因此，毕业生在就业过程中一定要慎重选择，冷静定夺，做到严格履约，认真践约。

提　示

如果与用人单位签订了就业协议书后又觉得自己不适合这份工作，必须与原单位解除就业协议，并及时持证明回学校办理相关手续。找到新单位后，可到其所在地的人才交流中心办理改派手续，把自己的档案、户口等人事关系改派到新的用人单位。否则，你的档案、户口就会滞留在原单位，这会给以后的工作和生活带来很多不便。轻易不要行使解除权，更要避免承担违约责任的单方擅自解除。但这也不是绝对的，应本着“两利相权取其重，两害相权取其轻”的原则，正确行使就业协议解除权。

【经典实例 8-4】

别让找工作陷入困难的境地

易某是某高校的应届毕业生，通过校园招聘会，被B公司录用并签订了《全国普通高等学校毕业生就业协议书》，B 公司以及当地人事部门在协议书上盖章后寄到学校，学校就业办公室也在协议书上盖章同意。

此后，不断有用人单位到学校来招聘，易某也不断地参加校园招聘会。后来他又被C公司看中，并打算录用他。经再三衡量，易某觉得C公司规模和名气都比B公司大，对自己的发展更有利，于是他又选择了C公司，并开始在C公司见习。

毕业后，易同学没有在规定的时间到B公司报到，也没有任何音信。B公司经询问得知易同学已经到另外一家公司上班去了。于是，B公司正式致函易某，请其履行所签的《全国普通高等学校毕业生就业协议书》，否则，将通过法律途径解决问题。在始终没有得到明确答复的情况下，B公司向法院提起诉讼，状告易某违约，要求其赔偿。法院开庭审理了此案，认为原、被告之间自愿签订的《全国普通高等学校毕业生就业协议》，是双方当事人真实意图的反映，双方都应履行协议。被告的行为违反了《合同法》，应承担违约责任。

而与此同时，C公司要求与易某签订学校统一发放的《全国普通高等学校毕业生就业协议书》，并根据此协议签订正式的劳动合同，办理易某档案和户口等相关手续。可是此时易某却无能为力，因为唯一的一份《全国普通高等学校毕业生就业协议书》已经和B公司签了。C公司因此无法与易某签订正式的劳动合同。

易某本来是想谋求一份更好的工作，却不料使自己陷入了进退两难的困境。

分析： 第一，没有意识到《全国普通高等学校毕业生就业协议书》的重要性以及相关的法律效力，以为它就是一张纸而已。当他与B公司签订此协议并加盖了相关部门的公章后，此协议已经产生了法律效力，他与B公司都要按照协议履行和承担相关的权利和义务。由于没有意识到协议的法律效力，他才会到另一家公司上班，完全无视他与B公司已经签订的协议。

第二，反映了易某存在诚信问题，这也是当代一些大学生很缺乏的品质。既然易某和B公司已经就就业问题达成了协议，那双方就应该具有基本的诚信，起码在一方有变化时，应该及时通知另一方，以减少对对方造成损失。

易某在应聘上更好公司以后，没有及时告知B公司，造成B公司一直以为他会来报到上班，当B公司得知易某不能来上班，准备再招聘其他人顶替其岗位时，已经错过了招聘的好时机。易某的行为既对B公司造成了一定的损失，同时又对自己和学校的声誉造成了不良的影响。

二、劳动合同

（一）劳动合同的概念

所谓合同，简而言之就是合意，即当事人之间表示一致的意思。合同也叫契约，是双方（或数方）当事人依法签订的有关权利义务的协议。劳动合同是合同的一种特殊类型，又叫“劳动协议”或“劳动契约”。我国《劳动法》第十六条规定：劳动合同是劳动者与用人单位确立劳动关系，明确双方权利和义务的协议。

（二）劳动合同的内容

作为一份完整的劳动合同，归纳起来，其主要内容由两部分组成：一是法律规定的必须包括的条款，称作必备条款；二是劳资双方自己约定的条款，称作约定自治条款。

对于劳动合同的必备条款，我国《劳动合同法》第十七条规定，劳动合同文本应当载明下列事项。

1. 劳动双方的基本信息

劳动双方的基本信息包括用人单位的名称、住所和法定代表人或者主要负责人；劳动者的姓名、住址和居民身份证或者其他有效证件号码。

2. 劳动合同期限

劳动合同期限是劳动合同中的重要条款，在签订劳动合同时，劳动者与用人单位协商确定劳动合同的期限。按照《劳动合同法》的规定，劳动合同期限分为三种，即固定期限、无固定期限和以完成一定工作任务为期限。

3．工作内容和工作地点

1）工作内容

工作内容是指用人单位安排劳动者从事什么工作，包括劳动者从事的劳动岗位、工作性质、工作范围以及劳动生产任务所要达到的效果、质量指标等。工作内容是劳动合同中确定的劳动者应当履行的劳动义务的主要内容。在订立劳动合时，劳动者应该和用人单位协商，使工作和岗位尽量明确，最好做到定岗定位。因为岗位的设定不仅直接关系到劳动者的薪酬，而且还可能涉及到试用期的长短、能否胜任工作以及劳动合同解除时的举证责任等一系列问题。

2）工作地点

工作地点是指劳动者在用人单位从事劳动合同所约定工作的地点。工作地点需要精确的范围应视公司的性质而定，对于跨国公司而言可能需要精确到国家或地区，对于一般公司而言只要精确到省市即可。“工作地点”是《劳动合同法》新增加的，是劳动合同签订前用人单位告知劳动者的内容之一。

提 示

即便劳动合同没有明确约定工作地点，也并不意味着用人单位可以随意变更劳动者的工作地点。按照有关法律规定，劳资双方需要变更劳动者的工作地点，应当在协商一致后再确定。

4．工作时间

工作时间主要是指工时制度和加班加点制度。对于加班加点的条件、工资计发等劳动法律法规都有明确的硬性规定。目前我国主要采用三种工时制，即标准工时制度、不定时工时制度和综合计算工时制。

用人单位对劳动者个人实行何种工时制度，主动权在单位，如果用人单位只是在合同中约定实行不定时工时制或综合计算工时制，而没有获得劳动保障部门批准的话，那么工时制度就是标准工时制，超过标准工作时间进行的工作就是加班，可以向用人单位主张加班费。

5．休息休假

（1）带薪休假主要有法定节假日、年休假、探亲假、婚假、丧假。

（2）其他假期主要包括事假、病假等，职工因私事请假期间的待遇，国家现行法律规范中没有具体规定，要看用人单位规章制度的规定。

6．劳动报酬

在劳动报酬问题上，劳动者应弄清以下几点：

（1）工资是劳动报酬的最重要部分，因为其他社会保险费的缴纳都是以工资为基数确定的；

（2）工资是劳动者获得劳动报酬的主要组成部分，但不是全部，还应有不列入工资总额范围的由用人单位支付给劳动者的其他费用；

（3）法律规定劳动合同中约定的工资标准不得低于当地的最低工资标准；

（4）劳动合同中应当写明劳动报酬的具体数额或计算方法及支付日期，并明确该劳动报酬是税前还是税后等事项。

7. 社会保险

按照国家规定，每个职工应该享受养老保险、医疗保险，失业保险、工伤保险，女职工还应享受生育保险，这五项就是通常说的社会保险。其中，前三种保险的保费由企业和个人共同缴纳，后两种保险的保费完全由企业承担。除了社会保险之外，还有住房公积金也是法定的，其费用由企业和个人共同缴纳。社会保险和住房公积金的缴费基数、缴费比率等均由法律或当地政府规定，劳动者需要了解相关的政策规定。

8. 劳动保护和劳动条件

劳动保护和劳动条件是指在劳动合同中约定的用人单位对劳动者所从事的劳动必须提供的生产、工作条件和劳动安全卫生保护措施，包括劳动场所和设备、劳动安全卫生设施、劳动防护用品等。

9. 法律、法规规定应当纳入劳动合同的其他事项

如《劳动法》中规定的劳动纪律条款以及《安全生产法》《职业病防治法》等规定的必需纳入劳动合同的事项。对此，《劳动合同法》第八十一条规定，用人单位提供的劳动合同文本未载明法定规定的劳动合同必备条款的，由劳动行政部门责令改正；给劳动者造成损害的，应当承担赔偿责任。

劳动合同中的约定自治条款是指劳动合同中除了必备条款外，当事人可以协商约定其他内容。对此《劳动合同法》第十七条规定，劳动合同除前款规定的必备条款外，用人单位与劳动者可以协商约定试用期、培训、保守秘密、补充保险和福利待遇等其他事项。在实践中属于劳动合同约定自治条款的主要内容包括试用期、合同文字、服务期、竞业限制、商业秘密、合同生效条件、合同变更或解除、经济补偿、经济赔偿及支付方式等。

（三）签订劳动合同时要注意的问题

1. 要了解必要的劳动法律知识

劳动合同是劳动者维权的基本手段之一。如何签订一份能保证自己合法权益的劳动合同，哪些是劳动合同中的必备条款，对用人单位提出的哪些“不合理”甚至“霸王条款”可以说不，都需要劳动者了解相关法律知识后才能辨别。

2. 签订合法劳动合同

劳动合同产生法律约束力的主要条件包括以下几个方面：首先，要确保劳动者和用人

单位都具备签订劳动合同的主体条件；其次，要确保双方签订的劳动合同内容（权利与义务）必须符合法律、法规和劳动政策；最后，签订劳动合同的程序、形式必须合法，如经协商一致、签订劳动合同书、由劳动行政部门鉴证劳动合同等。

3. 及时签订劳动合同

当劳动者已经为用人单位工作时，劳动者应当理直气壮地要求用人单位跟自己签订劳动合同，如果用人单位拒绝签订，可以向当地劳动保障监察部门投诉。对此，《劳动合同法》第八十二条规定，用人单位自用工之日起超过 1 个月但不满一年未与劳动者订立劳动合同的，应当向劳动者每月支付两倍的工资。

4. 注重劳动合同的细节

劳动者在与用人单位签订劳动合同时，要在把握大局的基础上，特别注意其中的细节。首先，对用人单位事先拟好的劳动合同，劳动者一定要仔细推敲，发现条款表述不清、概念模糊的，应及时要求用人单位进行说明并修订；其次，在签订劳动合同前，劳动者应尽可能地掌握一下用人单位拟制的与自己的工作岗位相关的诸如岗位工作说明书、岗位责任制、绩效考核制度、合同管理细则以及有关规章制度，因为这些文件中会涉及劳动者多方面的权利和义务；再次，当劳动合同涉及数字时，应当使用大写汉字；最后，劳动合同至少一式二份，劳动者和用人单位各执一份，劳动者要妥善保管，切不可由用人单位代管。

第三节　求职陷阱与防范对策

由于人事分配制度在由传统的包分配就业模式向人才的双向选择模式转变的过程中，有许多求职法规还不完善，这就给不法分子带来了投机的空子。因此，虽然求职之路充满了成功的契机和可能，但是同样也存在着的骗局与陷阱，作为求职者需要明确正确地选择求职就业的途径，如何面对可能遇到的陷阱以及准确识别求职中的陷阱，保障自身合法权益不受侵害。

【经典实例 8-5】

谨防招聘广告诈骗

酒店管理专业毕业生李某看到街头张贴的小广告说武汉某五星级大酒

店招聘前台接待员，就按广告上留下的手机号码联系上了酒店的“人力资源部主任”，对方简单问了几个问题后，就让她第三天上午8点到酒店面试。李某如约前往，到了9点还不见人影，正要到酒店人力资源部问个究竟时，她的电话响了，那个“主任”告诉她已经悄悄观察过了，并且经过一个小时的观察，觉得她的形象气质都很适合这个岗位，因此决定录用她了，但要她将300元服装费汇到一个卡号上，下周一就可以上班。李某兴高采烈，按要求汇了钱。过了两天，那个“主任”又来电话说酒店要进行专门培训，需要交2 000元培训费。李某对这个工作很满意，培训交钱也可以理解，就又汇了2 000元到那个账号上。过了一天，“主任”又通知她交押金5 000元，不然不能上班。李某这才感到可能受骗了，赶紧到酒店人力资源部询问，结果让她大吃一惊：酒店根本没有招聘这回事。

分析：这是典型的利用招聘广告诈骗的案例。骗子并不高明，只是李某的防范意识太差，工作没有找到，还被骗去2 300元钱。如果有点警惕性，不轻信小广告，或者到酒店人力资源部门问一问，就可以避免上当。

一、求职陷阱

所谓求职陷阱是指在大学生求职就业过程中，用人单位或一些不法分子为达到某种目的有意设计的圈套。根据目的和性质的不同，求职陷阱有善意陷阱和恶意陷阱之分。善意陷阱不以侵害大学生权益为目的，常见在用人单位面试、考核毕业生过程中，作为考核内容的一部分，旨在观察毕业生的能力与素质；而恶意陷阱则是以侵害大学生的权益为目的，这类陷阱情况复杂，形式多样，近年来呈上升趋势，毕业生应了解各种形形色色的求职陷阱，在今后的求职过程中作为借鉴，高度警惕，认真识别。

（一）招聘会陷阱

现在大学生就业越来越成为社会的热点，与此同时一些以谋利为目的的机构和个人也试图涉足这个市场。尽管国家对大学生就业市场有明确的规定，但大学生在在就业市场中总会发现一些不该出现的身影，招聘单位“出工不出力”，只“招”不“聘”，把招聘会当作宣传单位的机会。有些单位收了求职者的简历后，便杳无音信了。在这里提醒广大毕业生们，只有高校主管部门才能组织不以赢利为目的的毕业生就业洽谈会，其他机构举办这类就业招聘会必须得到主管部门的批准。毕业生们要有选择性地参加适合自身的人才招聘会，切忌盲从。

（二）职业中介陷阱

许多毕业生由于在校园招聘会上没能找到合适的单位，就把眼光投向了一些职业中介，然而往往有些职业中介打着介绍职业的幌子，专干骗钱的勾当。主要包括以下三种情形：

（1）当求职者交了中介费后，他们就会列出一堆理由让求职者耐心等待机会，接下来或是石沉大海，或是介绍一些与求职者求职要求不符的职业，更有甚者会随便安排求职者去一些条件极差或是根本不存在的单位面试。

（2）一些非法中介公司事先与某个小单位串通，先安排毕业生在这些单位工作，一两天后，便以各种理由将毕业生辞退，或设计各种障碍让毕业生自行离开。

（3）一些中介公司巧立名目，安排求职者进行面试或培训，收取更多费用后便以面试、培训不合格为由将求职者退回。

以上三种情形的结果都是一样的，当求职者回过头找中介退钱时，所谓“中介公司”要么找不到人，要么无理抵赖。当然，面对如此骗局，对涉世不深的大学毕业生们造成的不仅仅是经济损失，更重要的是心灵伤害。在这里要提醒毕业生们，以上提到的黑职介并不仅仅指没有经过工商注册，完全以骗取钱财为目的的非法中介，个别拥有合法手续的职业中介机构同样也会设置各种名目压榨求职者，两者都可以称为黑职介。近年来有些黑职介改头换面称作“人力资源公司”，其目的无非是以大头衔来博取求职者的信任为自己敛财。希望毕业生们增强对职业中介机构的辨别能力，到正规、合法的人才交流中心登记或到学院推荐的正规职业中介求职。

【经典实例 8-6】

谨防中介诈骗

武汉某大学的应届毕业生刘某通过中介机构推荐上岗，交了 200 元的中介费，50 元建档费。他拿着中介机构给他的地址找到了位于一商贸大楼五层的一间挂有“某某公司对外联络处”牌子的办公室，是省外的一家大型企业。刘某看到已有几位大学生在应聘求职。一位女士接待了他，简单面试后，被公司录取。接下来，这位女士说，“为了慎重起见，公司统一组织大家体检，体检后签订劳动合同，每人缴纳体检费 430 元，不过现在还在进行招聘，人员还没有招满，一星期后到这里集合。”小刘高兴地缴纳了体检费。

一星期后，刘某再到集合地点，发现公司的门牌换了。一打听，才知道省外那家公司近期根本没有在本地招聘人员的计划，更没有在此设立什么对外联络处。刘某去找中介机构说理并要求退费，中介机构却一口咬定信息是这家公司提供的，并拒绝退费。此时刘某才知道自己上当了。

刘某说，他的另一名同学更惨，工作一天后发觉单位不正规，想辞职却被扣押了学生证，不得不拿“违约金”去换。

（三）媒体求职陷阱

由于广播、电视、报纸、杂志、互联网等媒体覆盖面广、信息量大，很多此类媒体也都开辟了求职招聘专栏，为供需双方搭建桥梁。因此，阅读招聘广告成为了毕业生获取求职信息的途径之一，但是，在“满天飞”的招聘广告中，挑选一份称心如意的工作并非易事，稍不留神，还可能掉入五花八门的广告陷阱之中。

1. 虚假招聘广告

1）不法分子刊登或发布的虚假广告

（1）“高薪”招聘。初次求职的大学生对工作薪水常常有高于实际的要求，一些不法分子利用毕业生的这一心理，以夸张、离谱的高薪为诱饵，在广播、电视、报纸、杂志、互联网等媒体上发布招聘信息，诱使大学毕业生上当，被其控制强迫从事传销等违法活动，有些甚至还会以此要挟勒索求职者。

关于传销

传销是 1995 年之前由西方传入中国的，传销收益主要是来源于介绍他人加入的入门费，而不是来自真正的产品销售所得。金字塔式销售中的所谓“商品”，并不具有真正的市场竞争力，其价格往往高于市场同类商品的数倍乃至数十倍，它是操纵者骗取钱财的一个幌子。1998 年 4 月国务院下发了《关于禁止传销活动的通知》，并严厉查处了一大批传销组织，使非法传销的势头有所收敛。近年来，在一些地方，一度被禁止的传销和变相传销的活动又重新抬头。传销组织者偷梁换柱，冠以“代理”“专卖”“消费联盟”“加盟连锁”“动力营销”“滚动促销”等新形式，实则换汤不换药。他们以快速致富、高额回报为诱饵，采取各种手段蒙蔽群众，聚敛钱财。他们还采取扣留身份证、控制通讯工具、监视等手段不让受骗者离开，强迫他们联系亲友前来或者寄钱寄物从中牟利，给人民群众造成了巨大的经济损失，严重扰乱了社会经济秩序，并引发了一些社会问题，成为社会治安的巨大隐患。

（2）窃取求职者个人信息。有些不法分子在媒体上刊登招聘信息，目的不在于招聘人才，而是骗取应聘者的个人资料，然后假冒他人身份申请银行信用卡进行疯狂透支；或者对女性进行性骚扰，更有甚者会成为犯罪分子的“猎物”。

2）用人单位刊登的虚假广告

（1）无偿试用。某些单位在招聘广告上或是列出诱人的人才引进条件，或是冠以“长期急聘”等字眼，待毕业生报名应聘后，便以考察能力为由，不与应聘者签定劳动合同，也没有明确的试用期规定，目的是借试工之名，欺骗求职者为其提供无偿廉价的劳动。

（2）招聘单位介绍及职位名不符实。一些单位为了提高入职要求，或吸引高学历的应聘者，常常夸大招聘职务头衔，或是美化单位形象，误导求职者。因此，毕业生们要擦亮双眼，认真解读招聘广告，进行实地调查研究，确保信息真实的情况下才能应聘签约。

（3）以招聘之名行广告之实。有些单位经常在网站、广播、电视、报纸杂志上刊登招聘广告，却只发消息，不见招人，其目的不是为了提高单位知名度，就是为中介单位打广告，或是掩饰单位危机，避开债权人的讨债压力。对于这类广告信息，毕业生们大可不必浪费时间、精力去理会。

2．网络招聘广告陷阱

不法分子委托专业人员制作精美的网站，他们会找出一个相对规范的企业网站模板，填充进公司简介等编造的内容，或者干脆找一家公司做“样本”，完全拷贝“样本”公司的全部网页。然后，诈骗分子就开始在全国各个主要的招聘网站或者高校网站上发布虚假招聘信息，并公布网站网址，通过冒充用人单位或中介单位收取大学生就业押金、中介费；骗取大学生求职简历，据此向用人企业收取招聘费、信息费；打着招聘的名义将大学生带入传销陷阱等方式实施网络招聘诈骗。此类陷阱隐蔽性强、具有一定的科技手段，而且运作过程也不再需要实体，甚至可以通过网络划账来进行诈骗。

（四）社会关系陷阱

由于大学生心理发展不很成熟，加之社会阅历尚浅，一些社会不良现象影响了他们的求职的心态，很多大学生对毕业就业态度悲观，认为通过正当渠道就业的机率小，更多地将求职就业的希望寄托在走后门托关系上，这样就给了一些不法分子可趁之机。社会关系骗局与职业中介骗局不同的是，这类骗局的主体是以个人为名义的。一些“能人”将自己说成是政府机构的人，或是某些官员的亲戚，在相信“有了关系好办事”的人群中，这些人是颇有市场的，他们往往以可帮你找到一份好工作但需要活动费与辛苦费为由骗取钱财。当然，通过合适的关系找一份工作也是一种选择，但是一定不能盲目轻信他人。

（五）创业陷阱

一些毕业生可能会选择个人创业来开始自己的职业生涯，虽然是自己做老板，但同样也会遭遇骗局，如果不加以分辨，会蒙受很大的损失。

1. 快速致富骗局

涉及到快速致富方面的骗局，行骗者往往发布虚假信息，通过欺骗手段，描述经营对象的美好发展前景，哄骗客户进行资金投入，然后不是失踪，就是以假冒伪劣产品冲抵客户所付货款。

2. 连锁加盟骗局

专家认为连锁加盟这一行业目前正在快速而不断地向多行业、跨区域方向拓展，它为许多创业者提供了致富成功的平台，但连锁加盟也是一把“双刃剑”，加盟者不仅会在发展模式等诸多方面受限制，还有可能上当受骗，例如，有些人会利用这一概念，将商品销售装入连锁加盟的“瓶子”打着连锁加盟的名头，而实质却是出售其设备；还有些特许加盟成了某些不法分子快速“圈钱”的手段，总部收到加盟费后，对连锁店不管不问，进货、销售渠道不畅通，导致加盟店倒闭。

拓展阅读

遇到求职陷阱你该怎么办？

1. 如被欺诈或误入非法行业，应立即向公安机关报案。

2. 合法的中介机构应持有《职业介绍许可证》或《人才中介服务许可证》《营业执照》《税务登记证》《收费许可证》等。如果遇到无证照或证照不全的中介，应及时向有关的劳动部门、工商管理部门或公安部门反映。

3. 如果遇到用人单位发布虚假招聘信息，信息中所列的待遇、薪酬与实际情况严重不符的，求职者应向劳动部门反映，请求查处。

4. 用人单位以招聘推销员为名，订立推销员不可能完成的任务，致使推销员不能获取报酬的，其行为系以欺诈手段建立劳动关系，同样违反了法律的有关规定，如果其行为触犯刑律，应由相关部门追究刑事责任。

5. 对于因用人单位或中介机构收取一定中介费用后搬迁消失的情况，如果是正规中介机构或有营业执照的用人单位，可向劳动部门投诉；如是没有营业执照的用人单位，则可向所在地公安部门报案，由公安部门查实。如其行为触犯刑律，应依法追究其刑事责任；未触犯刑律的，可移交相关劳动部门处罚。

二、防范对策

大学毕业生如何保护自身的合法权益也是新形势下高校毕业生应该具备的基本知识。

（一）正确认识自我，克服不良求职心理

正确地认识自我，适度地设计自我并追求与社会相适应的自我价值，养成良好的自我意识，对大学生择业具有重要的意义。身为大学毕业生，并不代表自己就是一个完美无缺的人。毕业生要客观冷静地做一些自我分析，清楚自己的优势与特长、劣势与不足，对自己有一个全面、客观、正确的评价。只有自我认知，才可以避免求职中的盲目性，不过高定位工作目标，才能有的放矢地找到适合自己的位置；只有通过自我认知，才可以避免因个人自负清高而遭到就业失败，只有及时调整就业期望值，实事求是地对待自己，保持达观的择业心态，才能避免心理冲突，减缓择业受挫和焦虑带来的痛苦。

（二）了解国家关于毕业生就业的方针、政策

毕业生应了解目前关于毕业生就业的方针、政策、规范以及它们之间的关系，熟悉毕业生在就业过程中的权利和义务、毕业生就业的权益、保障毕业生求职就业权益的部门等，提高自己的法律意识，必要时要懂得用法律武器保护自己的合法权益。

（三）全面解读招聘广告，规避求职陷阱

根据劳动和社会保障部门有关规定，用人单位的招聘行为是受到劳动保障部门监管。招聘广告的内容应该是具体的，应该包含劳动合同的主要条款，如用人单位的性质、招聘的岗位、人数及薪酬福利待遇等信息，这样内容明确具体的广告，对发出人具有法律约束力，一经承诺即成立，体现了劳动法对劳动者的保护，防止用人单位及不法分子利用招聘广告欺骗求职者，同时，作为求职者，毕业生也应该全面解读招聘广告，核实招聘广告的合法性，确保自身权益不受侵害。

（四）正确认识职业中介

从合同法的角度看，中介与当事人的关系属于中间合同关系，中介是一种以委托人的名义，为其提供订约机会的中间人。职业中介作为这样的中间人，是指为求职者和用人单位提供其他中间服务的专营或兼营的组织。求职者可从以下几个方面加以识别：

（1）查看职介机构是否在经营场所醒目的位置悬挂由省、市劳动保障部门核发的《许可证》正本和工商行政部门核发的《营业执照》正本，这些证照是否在有效期内，是否有规范的名称、明确的业务范围，经营场地是否与核准的地址相符，是否具有税务部门核发的税务登记证和物价部门核发的收费许可证。

（2）查看职介机构的从业人员是否持证上岗，凡接待求职者和用人单位的从业人员

必须佩带由劳动保障部门验印的职介从业人员资格证。

（3）查看相关信息，签定《求职招聘合同书》。求职者到职介机构查阅、咨询信息时，应注意查阅用人单位的委托招聘书和招聘简章，同时应签定《求职招聘合同书》。

（五）运用法律手段维护自身合法权益

毕业生应学会运用法律手段维护自身的合法权益，大学生就业权益的法律保护主要有两类：一是作为一般劳动者享有的合法权益；二是作为大学生这一特殊群体享有的权益。

与毕业生就业有关的法律、法规可分为四个层次：第一个层次是指相关的法律，如《劳动法》和《合同法》，它们具有绝对的权威性，在就业、劳动市场运作方面处于统领地位；第二个层次是指国家教育部及有关部委关于毕业生就业的规范，如教育部颁布的《普通高等毕业生就业工作暂行规定》，该规定对全国高校、毕业生、用人单位具有普遍的约束力，是目前最为系统全面的就业规范；第三个层次是指各地方就业主管部门关于毕业生就业的规范性文件；第四个层次是指各高校关于毕业生就业的管理规定、实施办法、细则等。国家、社会为毕业生就业提供了诸多保障，作为毕业生也应该自觉遵循有关就业规范，接受其制约，保证自己的就业行为不违反就业规范，不侵犯其他毕业生的合法权益。

如何防范求职陷阱？

1. 尽量直接和用人单位联系，减少对中介机构的依赖。

2. 不要轻信报刊或网络尤其是不知名的媒体上刊登的招聘广告，面试之前最好能通过各种渠道了解该中介公司的资质和规模。

3. 面试时，不要随身携带印章、大量现金及信用卡，不缴纳任何费用，不购买公司以任何名义要求购买的有形、无形产品。

4. 不随意做任何允诺或签署任何不明文件。

5. 不将证件及信用卡交给用人单位保管，不要心存“撒大网捞小鱼”的心理，要有选择地投递简历，对自身资料要加强保密。

6. 如果通过中介机构求职，在支付中介费之前，一定要坚持中介机构先开具正规发票，然后付费，否则黑中介会以各种理由拒开发票。

7. 面试时主考官说话轻浮、目光闪烁不定，并要求更换面试地点或时间，只要使你产生不安全感，即可基本断定这是一家不可靠的单位。

8. 面试时不食用用人单位提供的饮食，并详记该用人单位主考官、接待人员的基本资料及特征。

9. 在与招聘单位接触的过程中，留心所观察到的各种细节，分析其是否正规、正常地经营，面试时是否草率，待遇是否丰厚得不合常情，公司业务、工作内容是否明确。

10. 前往面试时打电话告知亲友、老师或同学所要面试的地点。

思考与练习

1. 什么是就业权益？大学生有哪些权利和义务？
2. 什么是就业协议？签订就业协议应注意哪些问题？
3. 什么是劳动合同？签订劳动合同时劳动者应注意哪些事项？
4. 大学生求职就业的主要途径有哪些？怎样在形形色色的求职陷阱面前做到不上当受骗？

第九章

大学生自主创业

本章导读

随着大学生就业市场多元化的形成和我国大学生就业压力的加大，自主创业开始成为不少大学毕业生的选择，为了解决大学生就业难的问题，国家也为大学生创业提供了一系列政策支持。创业带来的丰厚回报固然让人羡慕，而创业伴随的高风险却也让人望而却步。面对创业的机遇和挑战，大学生应当做好哪些准备呢？本章主要介绍大学生自主创业相关知识。

学习目标

知识目标

- 掌握创业的概念、要素、过程
- 掌握大学生创业准备
- 掌握创业计划书的撰写
- 了解大学生创业环境和创业优惠政策

能力目标

- 能够根据自己的实际情况，简单地描述自己的创业构想随着大学扩招，大学毕业生人数随直线上升，就业压力日渐增加，“创业也是一种就业”的观念日渐深入人心，大学生自主创业从国家政策到社会舆论都获得了广泛的支持，也得到了很多在校大学生的认可。

第一节　创业的基本知识

一、创业的概念

创业是指承担风险的创业者通过寻找和把握创业机会，投入已有的技能与知识，配置相关资源，创建新企业，为消费者提供产品和服务，为个人和社会创造价值和财富的过程。这个概念包括以下几层含义：

（1）创业是一个创造的过程，即创业者要付出努力和代价。

（2）创业的本质在于机会的商业价值的发掘与利用，即要创造或认识到事物的一个商业用途。

（3）创业的潜在价值需要通过市场来体现，即市场是实现财富的渠道。

（4）创业以追求回报为目的，包括个人价值的满足与实现、知识与财富的积累等。

二、创业的要素

（一）创业的关键要素

创业的关键要素包括创业机会、创业团队和创业资源。

- **创业机会：**就是创业者可以利用的商业机会。从创业过程的角度来说，创业机会是创业的起点，创业过程就是围绕着创业机会进行识别、开发、利用的过程。
- **创业团队：**是指在创业初期（包括企业成立前和成立早期），由一群才能互补、责任共担、愿为共同的创业目标奋斗的人所组成的特殊群体。

- **创业资源：**是指创业企业在创造价值的过程中需要的特定资产，包括有形与无形的资产。它是企业创立和运营的必要条件，主要表现为创业人才、创业资本、创业技术和创业管理等。

（二）创业各要素之间的关系

我们可以从以下几个方面来认识创业各要素之间的相互关系：

第一，创业机会是创业过程的重要驱动力，创业团队是创业过程的主导者，创业资源是创业成功的必要保证。创业过程始于创业机会。开始创业时，创业机会比资金、团队的才干和能力以及合适的资源更重要。在创业过程中，创业机会与创业资源之间经历着一个适应→差距→适应的动态过程。

第二，创业过程是创业机会、创业团队和创业资源三个要素匹配和平衡的结果。创业团队要善于配置和平衡，借此推进创业过程，包括对创业机会的理性分析和把握，对创业风险的认识和应对，对创业资源的合理配置和利用，对工作团队适应性的认识和分析等。

第三，创业是一个连续不断地寻求平衡的行为组合。三个要素的绝对平衡是不存在的，但创业过程要保持发展，必须追求一个动态的平衡。这期间创业团队必须思考的问题包括：目前的团队能否领导组织未来的成长？组织面临怎样的资源状况？下一阶段的运作与成功面临哪些困难与陷阱？这些问题在组织发展的不同阶段会以不同的形式出现，它牵涉到组织的可持续发展。

创业与就业的差异

（1）角色差异。两者在企业中的地位、所肩负的责任和使命均有较大差异。创业者通常处于新创企业的高层，在企业实体的创建过程中，创业者始终是负责人，始终参与其中；而就业者通常处于中低层，到达高层需要一个过程，也不需要对企业的成长负责，只需要做好本职工作就可以了。

（2）技能差异。创业者通常身兼多职，既要有战略眼光，也要有具体的经营技能，从而要求其具备相当全面的知识和技能；就业者通常具备一项专业技能即可开展自己的工作。

（3）收益与风险差异。就业的主要投入是数年的教育成本；而创业除了教育成本，还包括前期准备中投入的人力、物力和财力。一旦失败，就业者并不会丧失教育成本，但创业者会损失在创业前期投入的一切成本；而一旦成功，就业者只能获得约定的工资、奖金及少量的利润，创业者则会获得大多数经营利润，其数额理论上没有上限。

（4）成功的关键因素的差异。就业可以完全依靠企业实体；但创业更多的还要考虑自身的经验、学识与财力，以及各种需求和各种资源的占有等条件。

三、创业的过程

创业过程包括从产生创业想法到创建新企业并获取回报的整个过程，通常可分为以下六个主要环节。

（一）产生创业动机

创业动机是创业的原动力，它推动创业者去发现和识别市场机会。创业活动的主体是创业者，创业活动首先取决于个人是否希望成为创业者。创业动机不仅仅是打算创业的一时冲动，更是对创业目标与预期收益的深思熟虑。

（二）识别创业机会

识别创业机会是对可能成为创业机会的诸事件的分析和对创业预期结果的判断。创业机会一般分为两种：一种是意外发现的，一种是经过深思熟虑才发现的。国家产业政策的调整、新技术的出现、人口和家庭结构的变化、人们的物质和精神需求的变化、流行时尚等都可能形成创业机会。创业者应该具有敏感的嗅觉，能够及时、准确地识别创业机会，识别之后，还要对创业机会进行评价和提炼。这里需要创业者将知识、经验、技能和其他市场所需的资源进行整合。

（三）整合有效资源

资源是创业的基础性条件，整合资源是创业者开发机会的重要手段。强调整合资源，是因为创业者可以直接控制的可用资源往往很少，许多成功的创业者都有白手起家的经历。创业者需要整合的资源包括基本信息（有关市场、环境和法律问题）、人力资源（合作者、最初的雇员）、财务资源等。

（四）创建新企业

创建新企业需要进行大量的准备工作，其中创业计划、创业融资和注册登记尤为关键。创意能否变成行动，关键看其能否形成一个周密的创业计划；资金往往成为创业企业的“瓶颈”，创业融资在企业的创建过程中至关重要；当创业者完成创业计划并获得融资之后，就可以按照法定程序进行注册登记，包括确定企业的组织形式、设计企业名称、向工商行政管理机关提出企业登记注册申请、领取营业执照等。

（五）实现机会价值

创业者整合资源、创建新企业的目的是实现机会价值，并通过实现机会价值来实现自己的创业目标。这是创业过程中的重要环节，确保新创建的企业生存是创业者必须面对的挑战，但创业者不能仅仅考虑生存，同时还要考虑成长，不成长就无法生存得更好，在激烈竞争的环境中尤其如此。创业者需要了解企业成长的一般规律，预见企业不同成长阶段可能面临的问题，采取有效的措施予以防范和解决，使机会价值等到充分的实现，同时不断地开发新的机会，把企业做活、做大、做强、做长。

（六）收获创业回报

对回报的正当追求是创业活动的目的，有助于强化创业者对事业的执著。对创业者来说，创业是获取回报的手段和途径，是一种载体。回报可能是多种多样的，对回报的满意程度在很大程度上取决于创业者的创业动机。有调查发现，多数创业者的创业动机首先是自己当老板，然后才是追求利润和财富，对这些人来说，当老板的感受就是回报。

【典型案例 9-1】

二手书里挖出创业“一桶金”

李丽是一名大三的学生，她喜欢阅读各类书籍，经常去二手书店淘书。她发现学校附近的二手书店通常是将人家卖不出去的书籍收来放在店里销售，从中总是难以找到自己想要的书。随着网络书店的迅速崛起和图书市场格局的演变，二手书店越来越少，旧书也无法满足市场的需求。同时，随着物价上涨，包装精美的图书价格不菲，二手书市场的利润空间在扩大。她还发现一些好书在出版后不久就在全国各大书店下架了，甚至有不少成了绝版书。

经过一番细致的分析，李丽决定用自己这几年兼职积攒的钱开一家二手书店。她把二手书店的受众群体确定为她所在大学的学生和老师，经过调查后确定经营的二手书主要是经管、社科和人文类的书籍，收购的二手书主要是知名作者和优秀出版社的书以及老师推荐的书。

随后，她就在淘宝网上建立了自己的店铺，既进行网上销售也在网上收购二手书，现在网上交易已占到了业务总量的15%。她还销售一些基本不盈利的书籍，用于维系老顾客的忠诚和吸引新顾客光顾。不久，她增加了“寄售”业务，为老顾客代销二手书，只收一点代销费。李丽的二手书店经营了半年之后，每个月都有 3 000 多元的净利润。

分析：李丽开店经营二手书的案例看似平凡，不是什么轰轰烈烈、精彩动人的创业故事，但的确是比较典型的大学生创业活动。她通过发掘自己身边的资源找到了创业机会，然后整合各种资源（淘宝网等），在满足客户需要的同时获得了利润。

第二节　大学生创业准备

创业准备是创业者进入创业实践前所经历的物质力量和精神力量的聚集过程，它为日后的创业实践奠定基础。创业准备首先要明确方向、找准目标，一般包括三个方面：一是确定创业的方向，即要干什么；二是选择创业的方式方法，即准备怎么干；三是确立创业的目标，即创业要达到的预期结果。创业活动是一项艰苦而复杂的社会实践活动，要取得创业的成功，就必须深入调查研究，充分分析论证，选准创业目标。

一、确定创业方向

创业绝非“头脑一热，仅凭激情就能成功”那么简单，需要具备相关的条件并进行认真踏实的准备。在各项有关创业的前期准备工作中，确定自己未来的创业方向，是非常重要的。因为只有方向明确了，相应的各种准备才会更有针对性和目的性。大学生在创业中，优势是有激情、具备一定的专业基础知识及相关技能等，局限是缺乏实际工作经验和资金不足。因此，在确定创业方向时要扬长避短，进行谨慎、清醒的分析与把握。

（一）选择自己熟悉的行业

俗话说：“隔行如隔山。”因此，在确定创业方向时，应尽量选择与自己的专业、经验、兴趣、特长能挂得上钩的项目，即你所熟悉的行业。在社会分工越来越细的今天，行业种类也越来越多，从事某一个行业，就应具备这一行业的专业知识和技能，了解行业准入条件和标准，否则，成功的概率就很小。在选择行业时，应尽量考虑自己熟悉的行业或与自己所学专业相对应的行业群。如服装专业的毕业生，可开办服装店；营销专业的学生，可开办小型商品批发部、营销部等等。

（二）选择容易操作起步的行业

刚创业时可以从小百货、杂货店、修理店、速递服务等起步，逐步积累经验，建立人脉，积累资本。万事开头难，良好的开端是成功的一半。

（三）选择资金周转率高的行业

创业起步阶段，有限的资金要用于办理各种手续购置固定资产、购买原材料等，这就要求资金周转率要尽可能高一些，投入小见效快。如选择各类小型来料加工厂、修理店、服务部等。

（四）选择具有成长性的行业

创业者无不希望自己的事业不断发展壮大，成功的创业者所选择的行业应该是具有成长性的行业。企业经营业绩较好且能逐年增长，甚至有高速发展的前景，才是最有前途的创业行业。成长性行业是对创业者的挑战，但同时也能给创业者以更优厚的回报。因此，在选择创业行业时，一定要选择具有成长性的行业，如各类服务业、加工业等。

（五）选择需要人手少的行业

创业初期，可从小事做起，逐步做大做强。因为刚开始创业，资金比较少，经验也不多，所以应选择需要人手少的行业。待经营良好，扩大营业时，再酌情增加人员，逐步发展壮大。

（六）选择利润稳定的行业

创业的目的是实现自我价值，也是为了获取利润。开始创业时，由于资金投入较少，承受风险的能力较低，一定要选择利润比较稳定的行业。要做好利润评估工作，尽量降低创业风险。要尽可能避开竞争激烈的热门行业，选择那些较少有人问津的冷门行业可能更容易成功。

二、选择创业方式

创业方式的选择是实现创业目标的开端。选择恰当的创业方式，可以打开创业的思路，确定实现创业目标的路径。要获得创业的成功，可根据自己的实际情况，选择最合适的创业方式。创业方式一般有以下几种。

（一）创建新企业

创建自己的企业是实现创业目标的最佳形式之一。大多数创业者都认为，开办生意应从一个全新的企业开始，“孩子还是自家的亲”。从头干起虽然比较困难，但最大的好处是一张白纸可以书写最新最美的文字，可以描绘最新最美的图画。

创办新企业的优点是能够按照自己事先设想的模式塑造和运作企业，企业登记注册的速度也比较快，开始时以小本经营起家，没有历史后遗症。缺点是挤入一个现成的市场比较困难，需要抢生意，参与激烈的竞争，并且企业需要度过一段创业之初低收入或亏损期，心理压力较大；因行业准入条件等原因，有些行业对于新加入者来说可能机会已经很少；在创业之初，难以获得银行积极的融资支持。

（二）购买正在经营的企业

在西方国家，购买正在经营的企业是创业的常见方法。一些企业家往往是靠企业的兼并收购而在相当短的时间内取得成功的。

购买正在经营的企业的优点是对正常经营的企业，购买后可以马上产生收入或者利润；可以利用原有企业的优秀品牌和声誉并进一步发扬光大；获得现成的客户群体。其缺点也显而易见：要为商誉付出额外代价；可能出现资产虚增，生意也许并不值那么多钱；容易卷入购买前的企业纠纷或者债务中；改变原有企业的经营模式、理念、制度或辞去员工有困难等。

（三）特许经营

特许经营是指特许经营权拥有者以合同约定的形式，允许被特许经营者有偿使用其名称、商标、专有技术、产品及运作管理经验等从事经营活动的商业经营模式。

现在，特许经营的行业和商品有成千上百种之多，从人们熟悉的餐饮、速食业，到百货超市、面包店、招牌印刷、复印、彩色照片冲洗、清洁、汽车美容、商务中心、咨询、会计师、审计、培训课程、医疗保健等，都可以采取特许经营的方式来创业。

特许经营的优点是：能够利用总公司的知名商誉或金字招牌，充分吸引顾客注意；能够得到总公司在管理模式、经营、销售、市场推广、商品进货、人员培训、软件和业务工作规范资料等方面的支持和整体效应；比较容易得到银行、供货商或总部的融资支持；前期业务发展速度可能比较快。其缺点是：不能有自己的经营思路，特许必须要遵照特许总部的“几统一”管理规则；特许投资额较大，通常需要支付一笔不菲的入门费，还要分摊总公司的广告费，或者从业务收入中被提成；总部不保证特许生意一定盈利，加盟者自负盈亏。

（四）做自由职业者

自由职业者是指独立工作，不隶属于任何组织的人，不向任何雇主作长期承诺而从事某种职业的人，通常是脑力劳动者或服务提供者。

自由职业者主要通过设计、咨询、策划、电脑编程、写作、翻译等一些创造性的劳动或专业技术工作而获得报酬，包括作家、撰稿人、画家、美编、网站设计人员等。自由职业也是创业的一种方式。

做自由职业者的特点是不用看上司脸色、作息时间自由、避免了同事矛盾；不必严谨仪表；等等。缺点是一般单独工作且工作时间较长，容易产生孤独感；生活很难计划；等等。

三、确立创业目标

所谓创业目标，就是指创业者在创业过程中通过努力争取达到的预期结果。确立创业目标，既要考虑到自己的实际情况，又要考虑到社会的需要；既要考虑长远，又要立足眼前。在确立创业目标时要做到以下几点。

（一）确立创业目标应符合国家产业政策

社会是创业的舞台，要想在社会舞台上获得创业的一席之地，创业目标必须与社会需求保持一致，必须与区域产业政策相一致，得到社会的支持和认同。若创业者所确立的目标与国家产业政策相悖，即使在短期内能获得暴利，也缺乏生存和发展空间。

（二）确立创业目标应量力而行

俗话说得好，“没有金刚钻，别揽瓷器活”。不同的行业因其性质、特点不同，对创业者的能力要求也不同。任何人都不是全能全智的，精于此，往往疏于彼。因此，在选择创业目标时，应考虑自己的学识水平、身体素质、能力高低等，制订合适的长短期目标，长远目标给创业发展指明方向，短期目标易于实现。力所能及的目标，能激发创业热情，增强创业信心，提高创业成功率；而不切合实际的目标，干起来力不从心，困难重重，会增加创业风险，降低创业成功率。

（三）确立创业目标与专业相关

创业与专业有着密不可分的关系。成功创业者告诉我们，专业知识技能是一个人创业成功的前提和保证，在创业目标选择时，应尽量与专业相关，学以致用，提高创业的科技含量和成功率，以专业知识技能推动企业的可持续发展。

（四）确立创业目标应符合兴趣

在选择创业目标的时候，根据自己的兴趣而定，最大限度地发挥自身潜力，这种选择是比较合理的，对工作也是一种促进。在创业目标与自己的兴趣不完全相符的情况下，可以培养自己的职业兴趣。但如果过分强调兴趣，反而会作茧自缚，不利于创业目标的确立。

【典型案例 9-2】

做自己最喜欢的事

吴限在大学毕业后，先后换了七个工作岗位，都感觉不是自己要做的事，最后他决定自主创业。他开始选择的项目是开办一个电子商务网站——“全球制造网”。虽然这个项目是他喜欢的，但这时的他，一无资金二无技术，亲戚和朋友也没有可以帮助他的人，何况当时已经有了“阿里巴巴”网站，最初的困难可想而知。

他开始利用电话黄页的信息，对上边登记有电话和地址的公司进行地毯式宣传和推销，几个月下来，不仅没有拉到一个 VIP 客户，反而为房租和员工工资、网站运营负债累累。

这时，好多人开始劝他放弃，但是他坚决要做下去。为了争取浩博公司这个大客户，他一次次登门，一次次被拒绝，最后他争取到一个给这家公司的管理层讲课的机会，对方说，如果他的课可以打动在座的管理者，他就可以拿到这个合作的机会。但是，在他讲课的时候，参加听课的人竟然有的都睡着了。

面对这样的挫折，公司里的员工也劝他放弃努力，但是，吴限再次分析了失败的原因，又在众人的反对声中，去说服这家公司，最后吴限锲而不舍的精神，终于打动了浩博公司的老总，成为全球制造网第一个 VIP 用户，仅仅浩博公司一家，一年的订单就有 480 万元。正是吴限的不放弃，使他最后成为了赢家。

分析：无论你最后选择了什么项目，在经营的过程中，都不会是一帆风顺的，这时就需要你用超人的耐力和百折不挠的精神，坚定不移地迈向你的目标，最后的王者一定就是你！

（五）确立创业目标与性格匹配

从管理心理学的角度讲，不同性格类型的人适合于不同的职业，不同的职业对人有不同的性格要求。外向的人适于做社会型的工作，内向的人适于做研究型的工作。因此，在选择创业目标时尽量不要背离自己的性格，否则，当创业活动越来越难以开展时，不仅会感觉到痛苦，也会让别人怀疑你的能力。例如，善于处理人际关系，胆大而富于激情并有自己的信念、能吃苦、有恒心、意志坚定、心理稳定、能承受压力、有主见、有责任心、喜欢决策和支配他人、喜欢干有一定挑战性的事情，这种人应当选择有创造性的工作去磨炼自己。

第三节　创业计划的制订

创业计划是保证创业成功的关键因素之一。要想取得创业成功，必须根据初步确定的创业目标，拟定一份详细的创业计划书。有了创业计划，就可以按“计划”逐步进行工作，并努力付诸实践，同时在实践中调整修订计划以臻完善，使之真正成为你整个创业过程中的“行动指南”。

一、创业计划的作用

对初创企业来说，创业计划的作用尤为重要，一个酝酿中的项目，往往很模糊，通过制订创业计划书，把正反理由都书写下来，然后再逐条推敲，这样创业者就能对这一项目有更清晰的认识。可以说，创业计划首先是把计划中要创立的企业推销给创业者自己。其次，创业计划还能帮助创业者把计划中的创业企业推销给合作者。因此，创业计划书将是创业者所写的商业文件中最主要的一个。

创业计划书能够很好地发挥“四性”作用。

（一）全面性

创业计划书需要全面审视企业未来发展可能遭遇的各种问题，并且针对这些经营问题提出对策。这种对于计划书的全面要求，能促使创业者提前思考应对策略，以提升危机处理能力与降低企业的风险。因此，全面性的创业规划将有助于提升创业者的企业经营能力，增加创业成功的概率。

（二）方针性

创业计划书为新创事业设定目标与发展路径，并展现创业团队的决心与创业者期望能够呈现的价值。因此，创业计划书就成了组织成员在经营决策时的方针指引。“当不能确定该如何决定时，就找出创业计划书作为指引”这句话，可作为创业者的座右铭。在经历刺激挑战与种种困难的创业过程中，组织成员忘记当初创业的目标与愿望时，将创业计划书作为方针指引，有助于凝聚成员对于新创事业发展的共识。

（三）沟通性

创业计划书是一份有效的对外沟通说明，可将创业者的事业构想、愿望、前景与发展潜力展现给潜在投资人与事业伙伴。一份具有吸引力的创业计划书，可以让投资人感受到创业者强烈的事业心与创业的成功可能，因此能够为企业争取到许多有利的外部资源。

（四）计划性

创业计划是一个持续性的规划过程，创业前的计划往往会与实际执行有所落差，因此在新创企业发展过程中，还需要不断地收集新信息，分析计划目标与实际情况的差距，修订计划，调整经营策略与阶段目标。这种应变式的计划过程，将有助于连接计划目标与实际行动方案，创业团队也能在持续的计划过程中不断地学习成长，成为一个更具有效率的组织。

二、创业计划的内容

创业初期，创业资金可能是从风险投资机构或银行及其他投资人处得来，这时，投资者往往要求创业者提供一份详细的创业计划书。创业计划书的书写，要根据阅读计划书的对象不同而有所不同。阅读对象主要有投资者、银行等，因此，计划书书写的目的、重点也会有所不同。不过，创业方案书也有一般的格式，无论哪种形式都需要涵盖以下内容。

（一）创业计划书的六要素

创业计划书应包括六个要素，通常称作六 C。

第一个 C 是概念（CONCEPT）。概念指的就是通过阅读计划书，要让别人可以很快地知道企业要经营的是什么。

第二个 C 是顾客（CUSTOMERS）。有了经营的内容以后，接下来是经营服务的对象即顾客。顾客的范围界限要很明确，例如，把目标顾客定位为所有的女人，那 50 岁以上的女人也是吗？5 岁以下的小女孩也是你的客户吗？适合的年龄层在哪里要界定清楚。

第三个 C 是竞争者（COMPETITORS ）。你经营的内容是否有人经营过？如果有人经营过，是在哪里经营的？是否有替代品？竞争者跟你的关系是直接竞争还是间接竞争？

第四个 C 是能力（CAPABILITIES）。要经营的内容自己会不会、懂不懂？譬如说开餐馆，如果师傅不做了，一时又找不到合适的人，自己会不会炒菜？如果没有这个能力，至少合伙人要会做，再不然也要有鉴赏的能力，不然最好是不要做。

第五个 C 是资本（CAPITAL）。资本可能是现金，也可以是有形或无形资产，是可以换成现金的物品。资本在哪里、有多少，自有的部分有多少，可以借贷的有多少，创业者心里要很清楚。

第六个 C 是持续经营（CONTINUATION）。当事业做得风声水起时，将来的计划是什么？

任何时候只要掌握这六个 C，就可以随时检查、随时做出更正，不怕遗漏什么。

（二）创业计划书的内容

通常一本创业计划书在前面需要写一页左右的摘要，接下来是创业计划书的章节。一般分成十大章，分别为事业描述、产品和服务、市场、地点、竞争、管理、人事、财务需求与运用、风险、成长与发展。

1. 事业描述

事业描述，就是你的事业到底是什么。必须描述所要进入的是什么行业，是商业、制造业还是服务业；卖什么产品或提供什么服务，谁是主要客户；进入产业目前的生命周期是处于萌芽、成长、成熟还是衰退阶段；要进入事业的状况是新创的还是加入或承接既有的，要用独资的方式还是合伙或公司的型态；为何能获利、成长；打算何时开业，要不要配合节庆日，营业时间有多长，是否有季节性，等等。

2. 产品和服务

需要描述你的产品和服务到底是什么，有什么特色，产品的特色能带给客户什么利益；你的产品或服务跟竞争者有什么差异；如果产品或服务是新创的、独特的，如何让顾客决定去购买；如果你的产品服务并不特别，顾客要买的理由是什么，等等。

3. 市场

市场就是你的产品或服务要卖给谁。先界定目标市场在哪里，是在既有的市场去服务既有的客户呢，还是在既有市场去开发新客户，或者在新市场去服务既有客户，或是在新市场去开发新客户；不同的市场、不同的客户有不同的营销方式，你用哪种营销方式，是直销还是要找经销商；怎样去定位、上市、促销，这些都跟市场规模大小、想要有的市场占有率和每年成长的潜力有关；当市场成长时，市场占有率会上升还是下降；市场竞争是否激烈，为何；怎么定价，预算要怎么做，要采取什么样的策略，等等。

4. 地点

一般公司对地点的选择可能影响不那么大，但是如果要开店，店面地点的选择就很重要，要不然为什么麦当劳要开在街口转角。通常一个不好的地点会让创业者关门大吉，好的地点会让创业者多赚利润。

5. 竞争

竞争分析可以从这五个方向去做：谁是最接近的强大竞争者；他们的业务如何；他们与创业者业务相似的程度；从他们那里能学到什么；如何做得比他们好。

6. 管理

要明确自己的管理专业及相关背景、自己的弱势、创业团队之间如何互补、创业团队之间的强弱势、彼此间职务及责任如何分工、职责是否界定明确、除了团队本身是否有其他资源可分配和取得。

7. 人事

要分别考虑现在、半年内、未来三年之内人事需求是什么；还需要引进哪些专业技术人才，有专业技术的人在哪里，可否引入；是需要全职还是非全职的人力；薪水如何计算，所提供之福利有哪些，是不是有加班费，有没有安排教育训练，这些人事成本会是多少。

8. 财务需求与运用

财务需求与运用包括筹资或融资款项要如何运用，是要拿来营运周转，还是添购设备、备料进货或是技术开发，要何时动用；还有供货商、规格、品牌、价格、数量、运费、税金等需求如何计算；筹融资款对专业的获利有何贡献；预测未来 3 年的损益表、资产负债表和现金流量表。

9. 风险

经营企业一定会有风险，除一般的经营风险和市场风险外，还有意外风险，如当初选的地点旁有捷运，可是后来捷运不经过；进出口会有汇兑的风险、餐厅有火灾的风险等，要清楚当风险发生时如何应对。

10. 成长与发展

在创业计划书中要想：下一步要怎么样，三年后要怎么样，五年以后要怎么样，企业需要持续经营，所以在规划时要尽量做到多元化和全球化发展。

一般创业计划书的模板如下所示：

创业（商业）计划书
（模版）

企业（团队）名称：________________________________

项目名称：____________________________________

主营业务：____________________________________

法人代表或业主：________________________________

通讯地址：____________________________________

邮政编码：＿＿＿＿＿＿＿＿＿＿＿＿＿＿＿＿

电　　话：＿＿＿＿＿＿＿＿＿＿＿＿＿＿＿＿

传　　真：＿＿＿＿＿＿＿＿＿＿＿＿＿＿＿＿

电子邮件：＿＿＿＿＿＿＿＿＿＿＿＿＿＿＿＿

目　录

一、项目概况

（创意组、初创组、成长组填写）

项目概况一般包括以下内容：创业项目选择理由、主要经营范围、主要产品或服务、目标及潜在顾客、发展前景或目标、竞争优势、企业宗旨或经营理念或企业文化等，以及企业注册时间、企业性质、企业的发展速度、成绩、荣誉等（该部分创意组不填）。

____

____

____

____

二、创业团队情况

（创意组、初创组、成长组填写）

核心成员的背景信息的描述：姓名、年龄、学历、专业技能等。

姓名	性别	年龄	专业能力及成就	团队职务	备注

三、市场评估

（创意组、初创组、成长组填写）

1. 目标顾客描述

① 目标顾客细分（年龄/性别/地域/收入水平/消费习惯等）；② 评价（消费意愿/消费能力等）；③ 确定目标客户。

____

____

____

____

2. 市场占有率预算

计算/预算项目在选定区域范围所占的比率，注重计算过程，而非具体数字。

____

____

____

____

3. 创业项目 SWOT 分析

优势	
劣势	
机会	
威胁	

四、市场营销计划

（创意组、初创组、成长组填写）

过去一年的市场营销策略描述，以及未来一年的市场营销策略描述，描述简明易懂。

营销方式	具体措施及成效（预期）

1. 产品

产品或服务	主要特征及定位

2. 价格

产品或服务	成本价	竞争对手的价格	销售价（定价）

3. 地点

地　址	面 积	成本	选择该地点原因

4. 促销

人员推销		成本预测	
广　告		成本预测	
公共关系		成本预测	
营业推广		成本预测	

五、企业组织结构

（创意组、初创组、成长组填写）

1. 企业组织结构

企业组织结构图			
姓 名	职 务	工作职责	月薪

2. 企业所需证（照）（创意组不填写）

类 型	费用

3. 合伙（合作）人与合伙（合作）协议

（创意组不填写，企业可另附企业章程）

MBED / E / 合伙人				
出资方式				
出资数额与期限				
利润分配和亏损分摊				
经营分工、权限和责任				
合伙人个人负债的责任				
协议变更和终止				
其他条款				

六、流动资金（月）

（创意组、初创组、成长组填写）

1. 原材料和包装

项　　目	数　量	单　价	总费用（元）

供应商名称	地　址	电话或传真

2. 其他经营费用

项　目	费用（元）	备　注
业主的工资		
雇员工资		
租　金		
营销费用		
公用事业费		
维修费		
保险费		
其他		
合　计		

七、销售收入

（填写过去 12 个月的销售收入，初创组、成长组填写，创意组不填写）

销售情况 / 月份 / 销售的产品或服务														合计
产品（1）	销售数量													
	平均单价													
	月销售额													
产品（2）	销售数量													
	平均单价													
	月销售额													

续表

销售情况 / 月份 / 销售的产品或服务														合计
产品（3）	销售数量													
	平均单价													
	月销售额													
产品（4）	销售数量													
	平均单价													
	月销售额													
产品（5）	销售数量													
	平均单价													
	月销售额													
合计	销售数量													
	销售总收入													

八、销售收入预测

（填写未来 12 个月的销售收入预测，创意组、初创组、成长组均填写）

销售情况 / 月份 / 销售的产品或服务														合计
产品（1）	销售数量													
	平均单价													
	月销售额													
产品（2）	销售数量													
	平均单价													
	月销售额													
产品（3）	销售数量													
	平均单价													
	月销售额													
产品（4）	销售数量													
	平均单价													
	月销售额													

续表

销售情况 月 份 销售的产品或服务														合计
产品（5）	销售数量													
	平均单价													
	月销售额													
合计	销售数量													
	销售总收入													

九、销售和成本

（请填写企业过去 12 个月的销售和成本，初创组、成长组填写，创意组不填写）

销售情况 月份 销售的产品或服务														合计
销售	含流转税销售收入													
	流转税（增值税等）													
	销售净收入 A													
成本	原材料（列出项目）													
	（1）													
	（2）													
	（3）													
	（4）													
	（5）													
	业主工资													
	员工工资													
	租金													
	营销费用													
	公用事业费													
	维修费													

续表

销售情况 月份 销售的产品或服务														合计
成本	折旧费													
	贷款利息													
	保险费													
	其他													
	总成本 B													
利润(A－B)														
税费	企业所得税													
	其他													
净收入（税后）														

十、销售和成本计划

（填写未来 12 个月的销售和成本计划，创意组、初创组、成长组均填写）

金额（元） 月份 项目														合计
销售	含流转税销售收入													
	流转税（增值税等）													
	销售净收入 A													
成本	原材料（列出项目）													
	（1）													
	（2）													
	（3）													
	（4）													
	（5）													
	（6）													

续表

金额（元） 月份 项目														合计
成本	业主工资													
	员工工资													
	租金													
	营销费用													
	公用事业费													
	维修费													
	折旧费													
	贷款利息													
	保险费													
	其他													
	总成本 B													
利润(A－B)														
税费	企业所得税													
	其他													
净收入（税后）														

十一、现金流量

（请填写过去 12 个月的现金流量，初创组、成长组填写，创意组不填写）

金额（元） 月份 项目													
现金流入	月初现金												
	现金销售收入												
	赊销收入												
	贷款												
	其他现金流入												
	现金流入小计（A）												

续表

金额（元） 月份 项目													
现金流出	现金采购支出（列出项目）												
	（1）												
	（2）												
	（3）												
	赊购支出												
	业主工资												
	员工工资												
	租金												
	营销费用												
	公用事业费												
	维修费												
	贷款利息												
	偿还贷款本金												
	保险费												
	设备												
	其他（列出项目）												
	税金												
	现金流出小计（B）												
月底现金（A－B）													

十二、现金流量计划

（请填写未来 12 个月的现金流量计划，创意组、初创组、成长组均填写）

金额（元） 月份 项目													
现金流入	月初现金												
	现金销售收入												
	赊销收入												

续表

金额（元） 月份 项目													
	贷款												
	其他现金流入												
	现金流入小计（A）												
现金流出	现金采购支出（列出项目）												
	（1）												
	（2）												
	（3）												
	赊购支出												
	业主工资												
	员工工资												
	租金												
	营销费用												
	公用事业费												
	维修费												
	贷款利息												
	偿还贷款本金												
	保险费												
	设备												
	其他（列出项目）												
	税金												
	现金流出小计（B）												
月底现金（A－B）													

十二、风险与退出

创业风险	分析	对策
行业风险		
政策风险		
市场风险		
技术风险		

续表

创业风险	分析	对策
资金风险		
管理风险		
环境风险		
其他风险		

拓展阅读

“××杯”大学生创业计划书

作品单位：×××学院

企业名称：39°半宠物会所

负责人姓名：邓××

地址：青海省×××

电话：×××××

目　录

一、实施可行性概述

通过前期问卷调查，我们发现，××市宠物占全市总人口的8%左右，数量相当可观。而且多为高档品种。它们的主人也十分愿意在它们身上进行消费。在宠物喂养方面，他们大多数会选择到宠物超市购买宠物饲料进行喂养。在我们调查的人群中所有人都表示，如果宠物发生意外，会继续购买宠物进行饲养。这些数据表明我们会所在销售方面选择的商品是正确的。在调查过程中，我们还发现，有很多人想对宠物进行形象设计，却找不到自己满意的宠物美容店。对此，我们会所有专门的宠物形象设计师提供不同价位、不同风格的设计方案供顾客进行选择。还有许多人平时没有时间照顾宠物而不得不放弃自己的爱好，而我们会所提供的寄养服务刚好可以帮助他们解决这一问题。

除此之外，39°半宠物会所还提供宠物培训、宠物配种、宠物标本制作及宠物摄影等一系列服务。

虽然，其他宠物店也提供相同服务，但是我们会所是专门针对宠物的，且提供的产品与服务相对集中与全面，顾客可以在我们会所完成一系列的需求，我们会对自己会所所售宠物进行一系列跟踪售后服务，定期访问，以增加顾客对我们的信任度。我们还会有后期发展计划，以不断扩大我们的会所，占领宠物市场。

二、企业概述

39°半宠物会所主要以销售宠物（包括特殊宠物）及相关产品为主。同时也为顾客提供一系列服务项目。

本会所提供宠物培训、宠物美容、宠物配种、宠物摄影、宠物寄养以及宠物标本制作服务，满足顾客的各种需求。我们坚信，宠物会让人们生活的更快乐。

对于已销售的宠物，我们会做一系列的售后服务，有免费美容，疫苗注射跟踪调查等，让顾客无后顾之忧，快乐的饲养宠物。

三、产品与服务

1. 宠物（培训过的工作犬）

这类宠物经过专业培训。主要顾客群体为各类保安公司、小区物业管理、对宠物有特殊要求的人。

2. 宠物（未培训）

这类宠物主要针对喜爱宠物的各界人士，为他们寻找适合自己的宠物伴侣。

3. 特殊宠物（订购）

这类宠物主要针对有特殊爱好的人士，因为这类顾客群体不多所以采取订购形式。

4. 宠物培训

针对有宠物的人群，我们专业的训犬师对宠物进行各类培训，根据顾客需求不同，分为生活和技能两类。

5. 美容（洗剪吹/染烫/修指甲）

针对各类时尚人士，根据他们的需求和我们的专业指导，把宠物外貌改造成他们喜欢的样子。

6. 宠物日常用品销售【食品（包括营养品）/服装/玩具】

针对所有养宠物的人群。此类用品为生活必需品，需求量大。

7. 宠物配种

针对对宠物品种要求较高的人群，进行专业配种。

8. 宠物标本制作

针对对宠物有特殊感情的人，可以帮助他们留下对自己有意义的特殊宠物（大约可保存20年）。

9. 宠物摄影

主要作为赠送服务，提高会所产品与服务销量。

10. 宠物寄养

为喜欢宠物却没有时间养宠物的顾客提供的服务。

四、市场与顾客群分析

根据前期的市场走访与问卷调查。我们发现××市销售的宠物有很多，但是服务类型相对单一，且很多养宠物的人都反映找不到自己喜欢的宠物美容店。现在的宠物美容店提供的选择比较少，而且多数是按照自己意愿装扮宠物，不能满足顾客需求。

提供配种服务的多为藏獒，犬类品种较少，且没有提供其他宠物配种。进行宠物培训也多为零散的个体户，没有相对完善的设备与技术。

××市宠物占全市总人口的 8%左右，市场相当庞大，且市场占有率不高。通过问卷调查，我们也发现，宠物的主人也是非常愿意为其宠物进行消费的，其中以青年人和老年人为主。青年人注重的是时尚，老年人注重的则是感情。

五、如何面对市场竞争

有压力才有动力，面对市场竞争，会所会不断的进行自我完善。因为会所面对的是终端消费者，所以我们可以在最短的时间内了解消费者的需求。对会所做出调整以便更好的服务消费者。

六、定价与销售策略

定价:

根据不同产品，不同种类，进货价格进行分开定价。有一定涨幅，但不超过5%。

销售策略:

1. 凡是在本会所购买的宠物都可以享受两次免费美容服务（200 元以下）、赠送3张照片、定期提醒注射疫苗。

2. 在本会所一次性消费超过5 000元，送会员卡一张，服务性项目享受9折优惠。

3. 在本会所累计消费达10 000元赠送会员卡一张，服务性项目享受8.8折优惠。

4. 每月举办一次主题活动，相关产品及服务进行优惠。

5. 每周推出一款特价宠物，限量限时进行抢购。

七、销售和成本计划

项目	月份 / 金额（元）	1	2	3	4	5	6	7	8	9	10	11	12	合计
销售	含税收入	-	51 072	53 140	67 542	55 634	91 770	82 190	82 978	146 964	109 970	122 272	161 586	1 025 618
	增值锐	-	-	-	-	-	-	-	-	-	-	-	-	-
	净收入	-	51 072	53 140	67 542	55 634	91 770	82 190	82 978	146 964	109 970	122 272	161 286	1 025 618
成本	原材料													
	宠物	20 000	10 000	-	20 000		30 000		20 000	10 000	30 000	10 000	-	150 000
	食物	1 500	1 500	1 500	600	3 000	1 500	-	1 500	3 000	1 500	1 500	-	17 100
	服装	2 000	-	-	1 000	-	1 000	-	1 000	-	1 000	-	1 000	7 000
	玩具	1 500	-	750	-	750	-	750	-	750	-	750	-	5 250
	拍照	2 000					300				500			2 800
	特殊宠物	-	250	500	600	500	400	750	450	500	350	400	450	5 150
	业主工资	2 000	2 000	2 000	2 000	2 000	2 000	2 000	2 000	2 000	2 000	2 000	2 000	2 400
	工资	7 200	16 400	16 400	16 400	16 400	16 400	16 400	16 400	16 400	16 400	16 400	16 400	187 600
	营销费用	3 000	200	200	300	200	150	350	200	500	260	300	230	5890

续表

项目 \ 月份 \ 金额（元）		1	2	3	4	5	6	7	8	9	10	11	12	合计
成本	租金	40 000	-	-	-	-	-	-	-	-	-	-	-	40 000
	公用事业费用	25 000	50	50	50	50	50	50	50	50	50	50	50	25 550
	维修费	-	-	-	50	-	-	100	-	-	-	-	80	230
	折旧费	500	500	500	500	500	500	500	500	500	500	500	500	6 000
	货款利息	750	750	750	750	750	750	750	750	750	750	750	750	90 000
	保险费	6 020	-	-	-	-	-	-	-	-	-	-	-	6 020
	登记注册	240	-	-	-	-	-	-	-	-	-	-	-	240
	其他	0	500	500	500	500	500	500	500	500	500	500	500	5 500
	总成本	111 710	32 150	23 150	42 750	24 650	53 550	22 150	43 350	34 950	53 810	33 150	21 960	497 300
	所得税	-								334 66.5			559 57.5	89 424
	净收入	-111 950	18 922	29 990	24 792	30 984	38 220	60 040	39 628	785 47.5	56 160	89 122	836 68.5	438 864

注：① 其他包括销售策略中的赠送服务成本与宠物寄养中的食物耗材。

② 第一个月的公共事业费用中包括设备费用，装修费用。

八、

现金流量表

项目	月份 / 金额（元）	1	2	3	4	5	6	7	8	9	10	11	12
现金流入	月初现金	-	25 790	32 212	49 702	61 994	80 528	106 248	153 788	180 916	244 923.5	288583.5	365205.5
	销售收入	-	51 072	53 140	67 542	55 634	91 770	82 190	82 978	146 964	109 970	122 272	161 586
	贷款	150 000	-	-	-	-	-	-	-	-	-	-	-
	其他现金流入	-	-	-	-	-	-	-	-	-	-	-	-
	可支配现金	150 000	76 862	85 352	117 244	117 628	172 298	188 438	236 766	327 880	354893.5	410 855.5	526 791.5
现金流出	项目												
	宠物	20 000	10 000	-	20 000		30 000		20 000	10 000	30 000	10 000	-
	食物	1 500	1 500	1 500	600	3 000	1 500	-	1 500	3 000	1 500	1 500	-
	服装	2 000	-	-	1 000	-	1 000	-	1 000	-	1 000	-	1 000
	玩具	1 500	-	750	-	750	-	750	-	750	-	750	-
	拍照	2 000					300				500		
	特殊宠物	-	250	500	600	500	400	750	450	500	350	400	450
	业主工资	2 000	2 000	2 000	2 000	2 000	2 000	2 000	2 000	2 000	2 000	2 000	2 000

续表

项目	月份 / 金额（元）	1	2	3	4	5	6	7	8	9	10	11	12
现金流出	员工工资	7 200	16 400	16 400	16 400	16 400	16 400	16 400	16 400	16 400	16 400	16 400	16 400
	营销费用	3 000	200	200	300	200	150	350	200	500	260	300	230
	租金	40 000	-	-	-	-	-	-	-	-	-	-	-
	公用事业费用	25 000	50	50	50	50	50	50	50	50	50	50	50
	维修费	-	-	-	50	-	-	100	-	-	-	-	80
	折旧费	500	500	500	500	500	500	500	500	500	500	500	500
	贷款利息	750	750	750	750	750	750	750	750	750	750	750	750
	保险费	6 020	-	-	-	-	-	-	-	-	-	-	-
	登记注册	240	-	-	-	-	-	-	-	-	-	-	-
	其他	0	500	500	500	500	500	500	500	500	500	500	500
	偿还贷款本金	12 500	12 500	12 500	12 500	12 500	12 500	12 500	12 500	12 500	12 500	12 500	12 500
	税金	-	-	-	-	-	-	-	-	35506.5	-	-	55452.5
	现金总支出	124 210	44 650	35 650	55 250	37 100	66 050	34 650	55 850	829 56.5	66 310	45 650	898 85.5
月底现金		25 790	32 212	49 702	61 994	80 528	106 248	153 788	180 916	244 923.5	288583.5	365205.5	4369 06

注：① 其他包括销售策略中的赠送服务成本与宠物寄养中的食物耗材。

② 第一个月的公共事业费用中包括设备费用，装修费用。

九、投资与回收

前期投入金额较多，但是月底现金不存在出现亏损情况。因为有许多销售类项目，所以资金回收较快。

十、组织与员工

经理：要求有管理能力，有较强的执行能力和组织，对市场变化有相当的敏锐性，熟知员工工作能力，进行合理分配。

导购：了解会所文化，宗旨；对每一种产品的性能、特点、操作演示和维护十分熟悉；对会所与产品有关的商业政策应了解和掌握；明白如何做产品活动；了解顾客购买心理，对顾客有导向作用；具备公关礼仪知识，知道怎么样与顾客沟通，如何展示自身形象。

训犬师：对宠物充满爱心、有耐心，懂得宠物的行为语言，有相关资格认证。

宠物美容师：有相关资格认证，从业经验 1 年以上，能够熟练完成常见宠物的洗澡美容工作，工作积极踏实认真，关爱动物，责任心强，具团队合作精神。

宠物护理师：年龄性别不限，有宠物医院工作经验，持证上岗人员优先。熟悉各种常见家养宠物犬、猫生活习性，美容护理知识。

后勤：能吃苦耐劳，有责作心，工作认真负责。

我们会采取应届毕业生优先录取的原则。大学生相对于其他人来说，有较高的文化素养，有活力，对待工作态度认真积极。

十一、经济分析

资金来源及用途：

银行贷款 15 万元，用于购买设备，进货，交房租和会所前期宣传活动。

设备清单：

美容工具	2 000 元
培训工具（定做）	3 000 元
小货车（二手）	8 000 元
打印机	3 000 元
办公设备	700 元
相片纸	2 000 元

销售收入预测

		1	2	3	4	5	6	7	8	9	10	11	12	合计
宠物（培训）	销售数量	-	2	5	3	1	8	4	4	15	7	8	10	67
	平均单价	4 500	4 500	4 500	4 500	4 500	4 500	4 500	4 500	4 500	4 500	4 500	4 500	
	月销售额	-	9 000	22 500	13 500	4 500	36 000	18 000	18 000	67 500	31 500	36 000	45 000	301 500
宠物（未培训）	销售量	-	8	3	10	8	7	10	7	15	12	13	27	120
	平均单价	2 000	2 000	2 000	2 000	2 000	2 000	2 000	2 000	2 000	2 000	2 000	2 000	
	月销售额	-	16 000	6 000	20 000	16 000	14 000	20 000	14 000	30 000	24 000	26 000	54 000	240 000
特殊宠物	销售数量	-	5	4	12	10	8	15	9	10	7	8	9	97
	平均单价	200	200	200	200	200	200	200	200	200	200	200	200	
	月销量额	-	1 000	800	2 400	2 000	1 600	3 000	1 800	2 000	1 400	1 600	1 800	19 400
美容	销售数量	-	20	9	17	15	23	24	20	26	18	30	32	234
	平均单价	150	150	150	150	150	150	150	150	150	150	150	150	
	月销售额	-	3 000	1 350	2 550	2 750	3 450	3 600	3 000	3 900	2 700	4 500	4 800	35 600
食品	销售数量	-	37	35	42	54	55	60	63	59	70	67	71	613
	平均单价	96	96	96	96	96	96	96	96	96	96	96	96	
	月销售额	-	3 552	3 360	4 032	5 184	5 280	5 760	6 048	5 664	6 720	6 432	6 816	58 848

续表

		1	2	3	4	5	6	7	8	9	10	11	12	合计
玩具	销售数量	-	28	42	53	37	48	42	51	53	60	57	62	533
	平均单价	40	40	40	40	40	40	40	40	40	40	40	40	
	月销售额	-	1 120	1 680	2 120	1 480	1 920	1 680	2 040	2 120	2 400	2 280	2 480	21 320
服装	销售数量	-	36	37	12	20	22	47	45	32	29	48	51	379
	平均单价	50	50	50	50	50	50	50	50	50	50	50	50	
	月销售额	-1 800	1 850	600	1 000	1 100	2 350	2 250	1 600	1 450	2 400	2 550	18 950	
配种	销售数量	-	7	5	11	15	18	21	30	17	13	21	32	190
	平均单价	200	200	200	200	200	200	200	200	200	200	200	200	
	月销售额	-	1 400	1 000	2 200	3 000	3 600	4 200	6 000	3 400	2 600	4 200	6 400	38 000
宠物摄影	销售数量	-	45	60	78	90	118	105	127	150	135	148	172	1 229
	平均单价	20	20	20	20	20	20	20	20	20	20	20	20	
	月销售额	-	900	1 200	1 560	1 800	2 360	2 100	2 540	3 000	2 700	2 960	3 440	24 560
宠物标本制作	销售数量	-	2	5	7	6	9	8	10	8	9	12	10	86
	平均单价	800	800	800	800	800	800	800	800	800	800	800	800	
	月销售额	-	1 600	4 000	5 600	4 800	7 200	6 400	8 000	6 400	7 200	9 600	8 000	68 800

续表

		1	2	3	4	5	6	7	8	9	10	11	12	合计
宠物培训	销售数量	-	15	12	17	21	19	23	33	37	45	39	35	296
	平均单价	500	500	500	500	500	500	500	500	500	500	500	500	
	月销售额	-	7 500	6 000	8 500	10 500	9 500	11 500	16 500	18 500	22 500	19 500	17 500	148 000
宠物寄养	宠物数量	-	15	17	14	13	16	9	10	12	15	17	20	158
	寄养天数	-	7	5	8	6	9	10	7	6	8	10	11	87
	平均单价	40	40	40	40	40	40	40	40	40	40	40	40	
	月销售额	-	2 400	3 400	4 480	3 120	5 760	3 600	2 800	2 880	4 800	6 800	8 800	50 640
合计	销售总量	-	220	234	276	290	351	368	409	435	420	468	531	4 002
	总收入	-	51 072	53 140	67 542	55 634	91 770	82 190	82 978	146 964	109 970	122 272	161 586	1 025 618

十二、后期发展方向

通过长期和宠物的接触，我们会不断加强对宠物的了解，不断完善自己对宠物的认识。今后，我们会创建自己的宠物医院；组建自己的移动宠物美容车队；进行服务残疾人士的宠物出租与培训；定期举办有宠物参与亲子活动，改善父母与子女的关系；组织自己的宠物参加一系列的比赛，提高知名度；寻找优良品种，建立自己的宠物繁殖中心，打造属于自己的宠物品牌。目前，网络上关于宠物方面的数据相当的少且不全面，我们还可以进行专业的数据统计分析在网上进行出售。

十三、图表展示

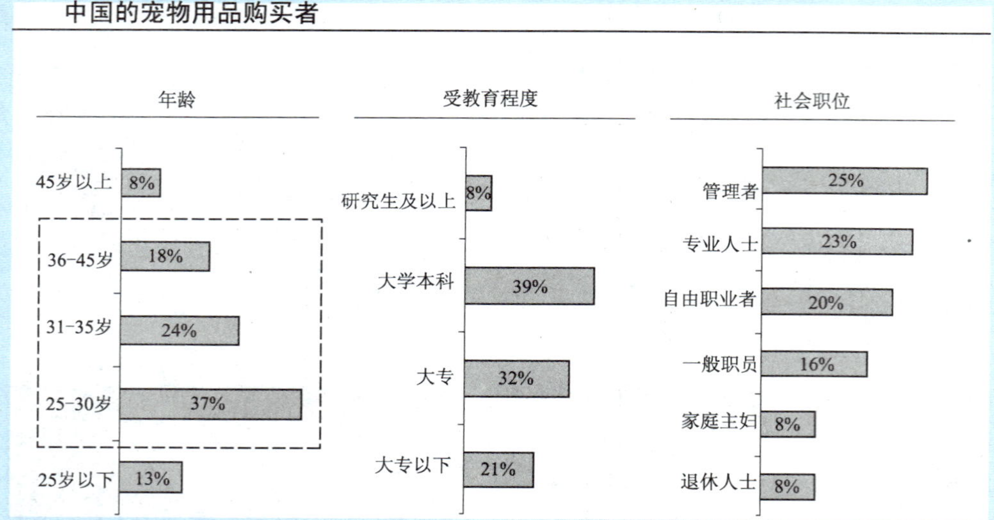

中国的宠物用品购买者的宠物消费金额

中国养宠家庭年度宠物消费金额

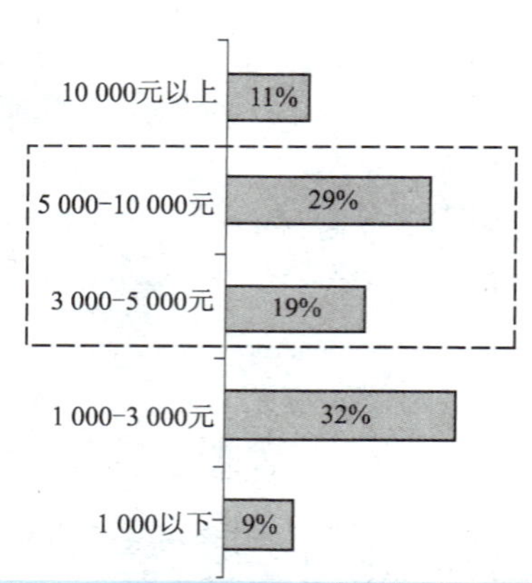

美国养宠家庭年度宠物消费金额

表1 目前美国宠物年均各类服务消费情况
（单位：美元）

	狗	猫
医疗	463	363
食品	217	183
寄养	225	143
常规检查	219	175
美容相关	127	13
维他命	77	31
玩具	41	26

数据来源：2007-2008美国宠物主调查

十四、可能存在的问题与防范措施

在给宠物进行美容与摄影时，宠物可能不配合。我们会有专业的训犬师在会所驻守，专门处理这一问题。

政府相关政策调整，如市区不能养殖大型犬，我们会根据政府政策改变营销策略。

宠物寄养时可能会生病，在寄养前会与客户签订一份合同，如果宠物在寄养期间发生意外、生病，会所联系宠物医院治疗，费用会所承担50%，客户承担50%。如果宠物发生死亡，会所按市场价60%对顾客进行赔偿。宠物在寄养前须做健康检查。

宠物在培训期间如发生意外，会所承担80%的责任。

三、拟定创业计划应注意的问题

拟定创业计划的过程是客观严格地从整体角度审视创业构想的过程。创业计划主要是根据市场提供的创业信息来拟定的，创业者在拟定创业计划前，应对创业项目所涉及的一些具体问题做进一步的市场调查，使创业计划具有可实施性。此外，还应注意以下几方面的问题。

（一）创业计划要符合实际

拟定的创业计划必须符合自己的实际情况，做到心中有数。目标不能过高，目标过高不容易实现，会挫伤创业者的创业积极性，目标适中才是创业者的首选。创业计划要切实可行，通过努力能够实现。

（二）创业计划要量力而行

创业是开创性、进取性事业，不可能一步登天。要根据自己的技术、特长、能力、财力、物力等因素，综合考虑创业计划。要从小事做起，脚踏实地，一步一个脚印地把自己的事业发展壮大。

（三）创业计划要重视竞争

在拟定计划书时，要充分考虑来自同行的竞争，了解掌握竞争对手的产品、市场份额、营销策略、竞争优势等，做好市场评估。

（四）投资分析要客观公正

要尽量考虑各种影响因素，如政策条件、市场信息、社会热点、消费习惯、特定需求等，准确把握投资机会，保持冷静的头脑，客观公正地分析各种影响因素，找出应对的办法，不能用投机的心态进行投资分析。

第四节　创业计划的实施

“纸上得来终觉浅，绝知此事要躬行”确立了创业目标，经考察、论证、评估，拟定出创业计划，下一步就是付诸行动，实践自己的创业构想，基本步骤是：选址、取名、筹资、办理法定手续、准备开业等。

一、选址

创业者在确立创业目标、拟定创业计划等各项工作的同时，就要考虑选址的问题。企业所处的地理位置对成功创业有很大的影响，一定要周密考虑，慎重选址。

（一）商业与服务项目选址

随着创业的不断升温，想投资开店当老板的人越来越多。选址是开店关键的第一步，要想选对地点，淘到真金，实非易事。

不同区域的店铺有不同的特点，繁华商业区和沿街店铺客流量大，但租金成本较高；人口密集的大中型居住小区，客源稳定，但经营方向有所局限；郊区住宅社区的配套商铺，位置稍偏，但有较大的价格优势和发展潜力。因此，创业者在选择开业店铺上，不能有急于求成或盲目跟风的心态，而应根据自己的创业项目和经济实力来确定最佳开店地点，并在选择时注意：一是"客流"就是"钱流"；二是"黄金市口"不一定都赚钱；三要注意铺位的性价比；四要实地考察顾客进出口、供送货路径、停车场等情况，还要考察同业情况、房东背景等。

（二）生产项目选址

生产企业设施通常是由工厂、办公楼、车间、仓库等物质实体构成。设施选址一般包括两个层次：一是选位，即选择什么地区设置设施，如沿海还是内陆，南方还是北方等；二是定址，即在地区选定位置建厂。

选址的基本要求是：接近市场；接近原材料产地；交通运输和通讯联系方便；水、电、气等基础设施完善；气候条件能满足生产技术要求；土壤结构能承受工厂的全部负荷；有足够的建厂用地和扩展余地；有利于三废（废水、废渣、废气）的处理。

无论是商业与服务项目还是生产项目选址，都还要考虑以下问题：需要的空间面积，是租赁还是购买；租赁或购买的成本；该地区有什么经济特点；该地区或该建筑物有无法律问题，如租约或特殊许可等。

二、企业名称

确定企业名称的基本原则是，一要简洁通俗、朗朗上口；二要别具一格、独具特色；三要与自己经营的商品或服务相关联；四要用字吉祥、给人美感。

三、筹资

资金是创业的基础，是创业意愿实现的必要保证，也是决定创业规模的重要因素。这就要求创业者在进行创业前必须筹集到一定数量的资金。筹集创业资金的方法主要有以下几种。

（一）个人储蓄

在确立创业目标、拟定创业计划的时候，必须考虑资金问题。这就是说，在准备自己当老板的同时，还要筹划创业资金的来源。创业起步阶段，一般都是小本经营，可以利用个人储蓄作为创业资金的来源。

（二）亲友借贷

创业起步阶段，刚刚毕业的青年学生创业资金大都较少，要创出一番自己的事业，可以向亲友借贷，并立下借据，按期归还。借贷最好集中在少数特定的对象上，万一发生经济纠纷，也可以尽量缩小影响面。

（三）银行贷款

银行贷款已经被越来越多的创业者所接受。目前，商业银行主要办理针对公司（企业）经营和个人消费信贷两种类型的贷款，前者由商业银行的公司业务部发放，后者由个人银行部发放。个人要从商业银行取得经营的短期贷款，一般情况下，商业银行要求贷款人提供抵（质）押物或信用担保。经营较好的企业，除了要提供抵（质）押物外，为银行提供企业的财务报表会产生比较好的效果，较低的负债率、良好的现金流和产权归属明晰的固定资产更为银行所看重；而刚开始起步的经营者，恐怕就没有这些东西了。因此，个人用定期储蓄存单、国债等变现能力较强的单证或产权明晰的房产、设备等作抵（质）押，也能够很快从商业银行取得贷款。如果能够寻找一个经营良好、守信用的企业来为自己提供信用担保，也很容易为银行所接受。

（四）政策性扶持资金

作为调节产业导向的手段，各级政府每年都拿出一些资金，扶持高科技项目的发展。如果你的项目符合要求，就可以争取这样的资金，从而解决创业资金问题。

（五）风险投资

将自己的创业计划提供给风险投资公司或投资者，如果得到他们的认可，就可以得到他们的资助。风险投资通常不需要担保，但是需要签订保护性条款，并且需要创业者分一部分公司管理权给风险投资者。对有好的项目但缺乏资金的创业者来说，风险投资也许是一个不错的选择。

四、办理法定手续

创业者在创业时还应懂得有关法律、法规，依法办好开业、生产经营手续。一般来说，办理法定手续包括办理营业执照、组织机构代码证、税务登记证、经营许可证、银行开户、商标注册、各项社会保险，签订相关合同等。

（一）办理营业执照

办理营业执照的机关是工商行政管理局。办理营业执照时，应向企业所在地的工商行政管理局提出申请，申请书的内容包括：企业名称、地址、组织机构代码证、公司类型、经营范围（主营、兼营）、经营期限、个人有效证件等，经工商行政管理局审阅核准后领取营业执照。

（二）办理组织机构代码证

根据现代化管理的需要和保护企业法人的权利不受侵犯，经营者必须到当地技术监督部门办理组织机构代码证。

（三）税务登记

依法纳税是每一个公民应尽的义务，也是每一个企业应尽的义务。经营者拿到营业执照后，应携带营业执照（副本）复印件、居民身份证复印件、经营场所房屋产权证复印件或房屋租赁合同复印件到当地税务局办理税务登记证。

提　示

随着我国商事制度改革，将实行工商营业执照、组织机构代码证、税务登记证三证合一。

（四）商标注册

需要注册商标或国家规定必须注册商标的，要到工商行政管理机关提交商标注册申请，经依法审定，予以公告。

（五）办理许可证

有些行业需要到相关部门办理行政许可证，如到卫生健康委员会办理食品卫生许可证、药品生产许可证，到烟草管理部门办理烟草专卖许可证，等等。

（六）银行开户

办好相关证件后，持相关证件及印鉴卡，到银行开设银行账户，以便于和其他业务部门通过银行进行各类资金结算活动。同时，购买业务凭证，由银行编发账户账号。

（七）办理各项社会保险

到当地人力资源和社会保障局办理各项社会保险，如职工养老保险、工伤保险、医疗保险、失业保险、生育保险等。

（八）签订相关合同

当事人签订合同一般采用书面形式。合同内容一般包括当事人的名称或姓名和住所、标的、数量、质量、价格或报酬、履行期限及地点和方式、违约责任、解决争议的方法。不同的合同，条款不尽相同。有的合同还包括结算方式、包装方式等。不管怎样的合同，条款一定要齐全，有利于合同的履行。

五、招聘员工

招聘到合适的人才，人尽其才，是企业生存和发展的关键。企业需要各种各样的人才在一起工作，既要有出类拔萃的决策者、技术骨干，也要有一般的具体工作人员。招聘原则是“任人唯贤，择优录用”，以确保招到高质量的人才。

我们正处在一个创业的时代。时代在发展，社会在进步，经济在变革，为创业者提供了前所未有的创业条件。国家和地方出台了一系列优惠政策，鼓励高校毕业生创业。每一位有志青年学生，都应该审时度势，投入到创业的洪流中，显身手，展才华，实现自己的人生理想，为社会作出更大的贡献。

第五节　大学生创业环境与创业优惠政策

一、大学生创业环境

（一）法律、政策、社会环境持续改善

第一，2004 年修正的《宪法》明确规定：“国家保护个体经济、私营经济等非公有制经济的合法的权利和利益。”这就为私营经济的存在和发展从《宪法》上给予了保障。与此同时，其他有关非公有制经济发展的法律也逐渐制定并付诸实施，私营经济发展的法律环境逐渐具备。

第二，创业门槛不断降低。首先，对私营经济在市场进入方面的限制大多将逐渐取消，更多的行业领域将许可民营进入；其次，一些经营手续办理程序得到简化，企业自主经营范围变得更为宽泛和自由。

第三，资本市场日趋健全和活跃。在融资方面，银行贷款、金融支持、融资担保、风险投资、产权交易等业务不断推陈出新。为解决创业过程中融资难的问题，有关机构还启动了为创业者提供开业贷款担保和贴息的业务。

第四，各种创业载体和服务机构发展加快。如今，各类企业孵化器、工业园区、企业服务中心、风险投资机构、担保服务机构、信用评级机构、顾问咨询等正在快速发展，从而更有利于创业的启动与发展。

提　示

企业孵化器也称高新技术创业服务中心，它通过为新创办的科技型中小企业提供物理空间和基础设施，提供一系列的服务支持，进而降低创业者的创业风险和创业成本，提高创业成功率，促进科技成果转化，培养成功的企业和企业家。

第五，社会观念正在改变。经过了 30 多年的改革开放，人们对私营经济的看法和态度已有根本的改变，创业光荣、致富光荣已成为共识，一种鼓励、宽容创新和创业的社会观念正在形成。

（二）社会经济科技发展为创业者提供了广阔的发展空间

迅速发展的经济不仅需要人们创业、呼唤着人们创业，而且，它也为创业者创造了前所未有的机遇，为创业者提供了一个前所未有的大舞台。

首先，知识经济为大学生提供了巨大的创业舞台。知识经济时代最重大、最根本的变化是知识成为最宝贵的资源、最重要的资本，从而向一切富有知识与智慧的人提供了前所未有的机遇。例如，随着高科技的发展，大量的新兴行业不断涌现，这为受过良好教育并具有相当的专业知识的人才提供了无穷的机会。当代许多创业明星就是在网络技术和服务领域创业成功的；随着知识更新速度加快，“继续教育”成为人们的终身行为，从事文化教育、信息传播也成为一个大有前途的创业领域。

其次，第三产业成为我国一个极具魅力的投资领域。从总体上看，我国第三产业仍比

较落后，特别是一些新兴第三产业还远远跟不上时代的步伐。随着我国市场经济的进一步发展，第三产业可以为创业者提供许多大显身手的舞台。

鼓励大学生创业可以“微商”为突破口

“从目前情况看，大学生创业的比例比较低，与国家倡导的以创业带动就业的要求还有很大差距。随着互联网技术应用的推进，大学生创业的环境发生了巨变，今后要多考虑以‘微商’为抓手，推动更多大学生创业。”全国人大代表、江西师范大学校长说。

他介绍，所谓“微商”，目前在学术界并无统一定义，一般意义上大家认为它是以个人为单位，利用移动互联网环境所衍生的载体渠道，将传统方式与互联网相结合，可移动性地实现销售渠道新突破的小型个体行为。通俗地说，“微商”就是在移动端上进行商品售卖的小商家。

梅国平认为，与传统商业“捆绑代理商模式”不同，“微商模式”投资门槛低，而且不必构建系统的网络渠道，对创业者的商业经验要求几乎为零，大学生只要投入时间均可尝试。推进“微商创业”，对大学生体验创业、熟悉管理、积累经验有很大助益。

“可以说‘微商模式’将是大学生创业的主流业态之一。”梅国平建议，为让更多大学生“愿意创业、敢于创业”，应完善现有大学生创业政策，包括创业教育、市场信息咨询、金融支持、风险预警、创业失败后的心理疏导等。

“首先，可将创业教育课程作为大学课程开设，培养大学生的创业意识，提高其创业基本技能；其次，要以市场化、专业化、集成化、网络化为导向，鼓励开展以移动互联网络技术为依托的特色专业化创业活动；此外，简化登记手续，为以‘微商模式’创业的大学生提供便捷的网上工商注册服务，同时规范其经营行为。”梅国平说。

“鼓励大学生‘微商创业’，符合‘互联网+’的思路。”他说。

资料来源：新华网

二、大学生创业优惠政策

为支持大学生创业，国家和各级政府出台了许多优惠政贷，涉及融资、开业、税收、创业培训、创业指导等诸多方面。对打算创业的大学生来说，了解这些政策，才能走好创业的第一步。

（一）企业注册登记方面

1．程序更简化

凡高校毕业生（毕业后两年内，下同）申请从事个体经营或申办私营企业的，可通过各级工商部门注册大厅“绿色通道”优先登记注册。其经营范围除国家明令禁止的行业和商品外，一律放开核准经营。对限制性、专项性经营项目，允许其边申请边补办专项审批手续。对在科技园区、高新技术园区、经济技术开发区等经济特区申请设立个私企业的，特事特办，除了涉及必须前置审批的项目外，试行“承诺登记制”。申请人提交登记申请书等主要登记材料，可先予颁发营业执照，让其在 3 个月内按规定补齐相关材料。凡申请设立有限责任公司，以高校毕业生的人力资本、智力成果、工业产权、非专利技术等无形资产作为投资的，允许抵充注册资本。

2．减免各类费用

除国家限制的行业外，工商部门自批准其经营之日起 1 年内免收其个体工商户登记费（包括注册登记、变更登记、补照费）、个体工商户管理费和各种证书费。对参加个私协会（个体劳动者协会、私营企业协会）的，免收其 1 年会员费。对高校毕业生申办高新技术企业（含有限责任公司）的，其注册资本最低限额为 10 万元，如资金确有困难，允许其分期到位；申请的名称可以“高新技术”“新技术”“高科技”作为行业予以核准。高校毕业生从事社区服务等活动的，经居委会报所在地工商行政管理机关备案后，1 年内免予办理工商注册登记，免收各项工商管理费用。

（二）金融贷款方面

1．优先贷款支持、适当发放信用贷款

加大高校毕业生自主创业贷款支持力度，对于能提供有效资产抵（质）押或优质客户担保的，金融机构优先给予信贷支持。对高校毕业生创业贷款，可由高校毕业生为借款主体，担保方可由其家庭或直系亲属家庭成员的稳定收入或有效资产提供相应的联合担保。对于资信良好、还款有保障的，在风险可控的基础上适当发放信用贷款。

2．简化贷款手续

通过简化贷款手续，合理确定授信贷款额度，一定期限内周转使用。

3．利率优惠

对创业贷款给予一定的优惠利率扶持，视贷款风险度不同，在法定贷款利率基础上可适当下浮或少上浮。

（三）税收缴纳方面

凡高校毕业生从事个体经营，自工商部门批准其经营之日起1年内免交税务登记证工本费。新办的城镇劳动就业服务企业（国家限制的行业除外），当年安置待业人员（含已办理失业登记的高校毕业生，下同）超过企业从业人员总数60%的，经主管税务机关批准，可免纳所得税3年。劳动就业服务企业免税期满后，当年新安置待业人员占企业原从业人员总数30%以上的，经主管税务机关批准，可减半缴纳所得税两年。

（四）企业运营方面

1．员工聘请和培训享受减免费优惠

对大学毕业生自主创办的企业，自工商部门批准其经营之日起1年内，可在政府人事、劳动保障行政部门所属的人才中介服务机构和公共职业介绍机构的网站免费查询人才、劳动力供求信息，免费发布招聘广告等；参加政府人事、劳动保障行政部门所属的人才中介服务机构和公共职业介绍机构举办的人才集市或人才、劳务交流活动给予适当减免交费；政府人事部门所属的人才中介服务机构免费为创办企业的毕业生、优惠为创办企业的员工提供一次培训、测评服务。

2．人事档案管理免两年费用

对自主创业的高校毕业生，政府人事行政部门所属的人才中介服务机构免费为其保管人事档案（包括代办社保、职称、档案工资等有关手续）两年。

3．社会保险参保有单独渠道

高校毕业生从事自主创业的，可在各级社会保险经办机构设立的个人缴费窗口办理社会保险参保手续。

拓展阅读

附录一　创业企业投资管理暂行办法

（2005年9月7日国务院批准，2005年11月15日国家发展改革委员会、科技部、财政部、商务部、中国人民银行、国家税务总局、国家工商行政管理总局、中国银监会、中国证监会、国家外汇管理局联合发布，自2006年3月1日起施行）

第一章　总　则

第一条　为促进创业投资创业发展，规范其投资运作，鼓励其投资中小企业特别是中小高新技术企业，依据《中华人民共和国公司法》、《中华人民共和国中小企业促进法》等法律法规，制定本办法。

第二条 本办法所称创业投资企业。系指在中华人民共和国境内注册设立的主要从事创业投资的企业组织。

前款所称“创业投资”。系指向创业企业进行股权投资。以其所投资创业企业发育成熟或相对成熟后只要通过股权转让或的资本增值收益的投资方式。

前款所称”创业企业”，系指在中华人民共和国境内注册设立的出于创建或重建过程中的成长性企业，但不含已经在公开市场上市的企业。

第三条 国家队创业投资企业实行备案管理。凡遵照本办法规定完成备案程序的创业投资企业，应当接受创业投资企业管理部门的监管，投资运作符合有关规定的可享受政策扶持。未遵照本办法规定完成备案程序的创业投资企业，受创业投资企业管理部门的监管，不享受政策扶持。

第四条 创业投资企业的备案管理部门国务院管理部门的省级（含副省级城市）管理部门两级。国务院管理部门为国家发展和改革委员会；省级（含副省级城市）管理部门由同级人民政府确定，报国务员管理部门备案后履行相应的备案管理职责，并在创业投资企业备案管理管理业务上接受国务院管理部门的指导。

第五条 外商投资创业投资企业适用《外商投资创业投资企业管理规定》。依法设立的外商投资创业投资企业，投资运作符合相关条件，可以享受本办法给予创业投资企业的相关政策扶持。

第二章　创业投资企业的设立与备案

第六条 创业投资企业可以以有限责任公司、股份有限公司成法律规定的其他企业组织形式设立。

以公司形式设立的创业投资企业，可以委托其他创业投资企业、创业投资管理顾问企业作为管理顾问机构，负责其投资管理业务。委托人和代理人的法律关系适用《中华人民共和国民法通则》、《中华人民共和国合同法》等有关法律法规。

第七条 申请设立创业投资企业和企业投资管理顾问企业，依法直接到工商行政管理部门注册登记。

第八条 在国家工商行政管理部门注册登记的创业投资企业，向国务院管理部门申请备案。

在省级及省级以下工商行政管理部门注册登记的创业投资企业，向所在地省级（含副省级城市）管理部门申请备案。

第九条 创业投资企业向管理部门备案应当具备下列条件:

（一）已在工商行政管理部门办理注册登记。

（二）经营范围符合本办法第十二条规定

（三）实收资本不低于 3 000 万元人民币，或者受歧视收资本不低于 1 000 万元人民币求全体投资者承诺在注册后的5年内不足不低于3 000万元人民币实收资本。

（四）投资者不得超过200人，其中，以有限责任公司形式设立创业投资企业的，投资者人数不得超过50人。单个投资者对创业投资企业的投资不得低于100万人民币。所有投资者应当以货币形式出资。

（五）有至少3名具备2年以上创业投资或相关业务经验的高级管理人员承担投资管理责任。委托其他创业投资企业、创业投资管理顾问企业作为管理顾问机构负责其投资管理业务的，管理顾问机构必须有至少3名具备2年以撒谎业投资或相关业务经验的高级管理人员对其承担投资管理责任。

前款所称“高级管理人员”，系指担任副经理级以上职务或相当职务的管理人员。

第十条 创业投资企业向管理部门备案时，应当提交下列文件：

（一）公司章程等规范创业投资企业组织程序和行为的法律文件；

（二）工商登记文件与营业执照的复印件；

（三）投资者名单、承诺出资额和一角出资额的证明；

（四）高级管理人员名单、简历。

由管理顾问机构手托起投资管理业务的，还应提交下列文件：

（一）管理顾问机构的公司章程等规范其组织程序和行为的法律文件；

（二）管理顾问机构的工商登记文件与营业执照的复印件；

（三）管理顾问机构的高级管理人员名单、简历；

（四）委托管理协议。

第十一条 管理部门在收到创业投资企业的备案申请后，应当在5个工作日内，审查备案申请文件是否齐全，并决定是否受理其备案申请。在受理创业投资企业的备案申请后，应当在20个工作日内，审查申请人是否符合备案条件，并向其发出“已予备案”或“不予备案”的书面通知。对“不予备案”的，应当在书面通知中说明理由。

第三章 创业投资企业的投资运作

第十二条 创业投资企业的经营范围限于：

（一）创业投资业务。

（二）代理其他创业投资企业等机构或个人的创业投资业务。

（三）创业投资咨询业务。

（四）为创业企业提供创业管理服务业务。

（五）参与设立创业投资企业与创业投资管理顾问机构。

第十三条 创业投资企业不得从事担保业务和房地产业务，但是购买自用房地产除外。

第十四条 创业投资企业可以以全额资产对外投资。其中，对企业的投资，仅限于为上市企业。但是所投资的未上市企业上市后，创业投资企业所持配售部分不在此限。其他资金只能存放银行、购买国债或其他固定收益类的证券。

第十五条　经与被投资企业签订投资协议，创业投资企业可以以股权和优先股、可转换优先股等准股权方式对未上市企业进行投资。

第十六条　创业投资企业对单个企业的投资不得超过创业投资企业总资产的20%。

第十七条　创业投资企业应当在章程、委托管理协议等法律文件中，明确管理运营费用或管理顾问机构的管理顾问费用的计提方式，建立管理成本约束机制。

第十八条　创业投资企业可以从以实现投资收益中提取一定比例作为对管理人员或管理顾问机构的业绩报酬，建立业绩激励机制。

第十九条　创业投资企业可以事先确定有限的存续期限。但是最短不得短于7年。

第二十条　创业投资企业可以在法律规定的范围内通过债券融资方式增强投资能力。

第二十一条　创业投资企业应当按照国家有关企业财务会计制度的规定，建立健全内部财务管理制度和会计核算办法。

第四章　对创业投资企业的政策扶持

第二十二条　国家与地方政府可以设立创业投资引导基金，通过参股和提供融资担保等方式扶持创业投资企业的设立与发展。具体管理办法另行制定。

第二十三条　国家运用税收优惠政策扶持创业投资企业发展并引导其增加对中小企业特别是中小高新技术企业的投资。具体办法由国务院财税部门会同有关部门另行制定，

第二十四条　创业投资企业可以通过股权上市转让、股权协议转让、被投资企业回购等途径，实现投资退出。国家有关部门应当积极推进多层次资本市场体系建设，完善创业投资企业的投资退出机制。

第五章　对创业投资企业的监管

第二十五条　管理部门已予备案的创业投资企业及管理顾问机构，应当遵循本办法第二、第三章各条款的规定进行投资运作，并接受管理部门的监管。

第二十六条　管理部门已予备案的创业投资企业及其管理顾问机构，应当在每个会计年度结束后的四个月内向管理部门提交经注册会计师审计的年度财务报告与业务报告，并及时报告投资运作过程中的重大事件。

前款所称“重大事件”，系指：

（一）修改公司章程等重要法律文件；

（二）增建资本。

（三）分立于合并。

（四）高级管理人员或管理顾问机构变更；

（五）清算与结业。

第二十七条　管理部门应当在每个会计年度结束后的5个月内，对创业投资企业及其管理顾问机构是否遵守第二、第三章各条款规定，进行年度检查。在必要时，可在第二、第三章相关条款规定的范围内，对其投资运作进行不定期检查。

对未遵守第二、三章各条款规定进行投资运作的，管理部门应当责令其在30个工作日内改正；未改正的，应当取消备案，并在自取消备案之日起的3年内不予受理其重新备案申请。

第二十八条　省级（含副省级城市）管理部门应当及时向国务院管理部门报告所辖地区创业投资企业的备案情况，并与每个会计年度结束后的6个月内报告已纳入备案管理范围的创业投资企业的投资运作情况。

第二十九条　国务院管理部门应当加强对省级（含副省级城市）管理部门的指导。对未履行管理职责成管理不善的，应当建议其改正；造成不良后果的，应当建议其追究相关管理人员的失职责任。

第三十条　创业投资兴业协会依据本办法和相关法律、法规及规章，对创业投资企业进行自律管理，并维护本行业的自身权益。

第六章　附　则

第三十一条　本办法由国家发展和改革委员会会同有关部门解释。

第三十二条　本办法自2006年3月1日起施行。

附录二　青海省高校毕业生自主创业基金使用管理办法

一、总则

（一）为鼓励和支持高校毕业生自主创业，根据省委办公厅、省政府办公厅《关于引导和鼓励高校毕业生面向基层就业的实施意见的通知》（青办发[2005]38号）精神，制定本办法。

（二）高校毕业生自主创业基金（以下简称基金），是支持我省高校毕业生自主创业的专项基金。

（三）基金由省、州（地、市）、县政府分别筹集，主要通过财政划拨和社会资助等渠道筹资。

二、基金的使用范围

（一）基金的支持对象：

1. 2005年（含2005年）以后在我省普通高校毕业，且具有我省户籍、在我省自主创业的毕业生。

2. 2005年（含2005年）以后我省生源在外省普通高校毕业回青自主创业，且户籍已转入我省的毕业生。

（二）基金用途：

1. 高校毕业生创办、领办科技创新企业的借款。

2. 高校毕业生自主创业的贷款贴息。

三、基金的申请条件

（一）高校毕业生毕业后5年内自主创办、领办企业和其它经济实体或从事个体经营（国家限制的行业除外）。

（二）依法登记并取得工商行政管理部门核发的营业执照，具有法人资格和健全的财务管理制度。

（三）具有担保人提供的担保文件或财产证明。

（四）具有固定的营业场所。

（五）在校期间遵纪守法、表现良好、诚实守信，无不良行为记录。

四、基金的支持额度与期限

（一）高校毕业生创办、领办科技创新企业具注册资金在10万元以上的，可提供6万元以内的借款支持；注册资金在10万元以下的，可提供3万元以内的借款支持。借款期限不超过3年，按银行同期最低利率结息。

（二）高校毕业生自主创业的，可申请2万元以内的贷款贴息。高校毕业生2人以上合作经营的，可适当扩大贷款贴息规模，但不得超过4万元，贴息年限为3年。

（三）每名高校毕业生只享受一项优惠政策。

五、基金的管理

（一）省、州（地、市）、县政府设立由人事、财政、教育、工商、银行等部门组成的高校毕业生自主创业基金管理委员会，负责基金的管理，并协调解决基金使用中的问题。

（二）基金管理委员会在人事部门设置办事机构，负责办理高校毕业生自主创业借款和贷款贴息审核及借款回收等事宜。同级财政部门负责复审、拨付工作。

六、基金的申请和审批程序

对符合申请基金条件的项目，申请人可按下列程序提出申请：

（一）自主创办、领办科技创新企业需基金借款支持的，由借款人填写《高校毕业生自主创业借款申请表》（附表一），持身份证、毕业证、营业执照、项目可行性报告及担保证明，向核发营业执照工商部门的同级基金管理机构申请借款。

（二）自主创业需贷款贴息支持的，由贷款人填写《高校毕业生自主创业贷款贴息申请表》（附表二），持贷款申请、身份证、毕业证、营业执照及担保证明，向核发营业执照工商部门的同级基金管理委员会办事机构申请贴息，经审核同意后向各商业银行申请贷款。经银行批准贷款后到各级基金管理委员会办事机构办理贴息手续。

（三）各级基金管理委员会办事机构负责对借款和贷款贴息的有关资料进行调查

认证。对符合条件的，应在 10 个工作日内办理完毕审批手续；对不符合条件的，应及时告知借（贷）款人。

（四）贷款贴息利率按照中国人民银行公布的贷款利率水平确定。贴息时间按经办银行发放贷款的时间计算。贴息发生额度由经办银行每季度向同意贴息的基金委员会办事机构据实报送，经财政部门审核后拨付。

七、基金的监督管理

（一）各级政府要高度重视基金的筹集和使用工作，加强对基金使用情况的监督检查，确保基金专款专用。

（二）各级基金管理委员会及办事机构应加强对基金的监管，严格基金的申报、审核和审批程序，降低资金运行风险，保证资金正常运行，并将基金的使用情况报告同级政府。 同时，加强与工商、法院等部门的联系与协调，做好借款的回收工作。对无正当理由逾期 6 个月不还借款的，可通过司法程序冻结其帐户，追究担保人的经济责任。

（三）各商业银行应及时与基金管理委员会办事机构沟通贴息贷款情况，不断加大贷款的发放力度，及时解决贷款中存在问题。

（四）基金接受审计部门的审计。

（五）对违反本办法，弄虚作假、骗取或挪用基金的单位和个人，有关部门除追回资金外，还要对主要责任人给予政纪处分；构成犯罪的，移交司法部门处理。

八、附则

（一）本办法自下发之日起实行。

（二）本办法由省财政厅、省人事厅负责解释。

思考与练习

1．如何确立创业目标？

2．如何撰写企业计划书？

第十章 其他相关指导

本章导读

随着我国大学生就业压力的加大，越来越多的大学生会选择考研或出国深造，还有一部分大学生会选择公务员考试，另外，国家鼓励大学生应征入伍，所以也会有一部分大学生选择入伍当兵。本章主要介绍考公务员、考研、出国留学、应征入伍相关指导及毕业生就业程序。

学习目标

知识目标

- 掌握报考公务员的步骤与条件
- 掌握考研的报名条件及具体报考事宜
- 掌握出国留学的相关内容
- 掌握高校毕业生应征入伍的基本程序
- 掌握大学毕业生就业程序

能力目标

- 在实际学习中，能够熟知考研相关内容，更好地规划自己的考研之路
- 结合自身实际情况，报考合适的公务员岗位

第一节　报考公务员的指导

报考国家公务员是大学生毕业生就业的一条主要途径，也是许多大学生的理想职业岗位。在报考公务员之前，应当了解报考公务员的步骤、所具备的素质以及条件。

公务员，是指依法履行公职、纳入国家行政编制、由国家财政负担工资福利的工作人员。成为公务员，必须通过国家公务员考试。

在我国现阶段，党的机关、人大机关、政协机关、人民法院、人民检察院、群众团体机关招考工作人员的原则上都要参照公务员招考办法同期进行。

一、公务员招考步骤

公务员招考按照各级人事部门的统一部署开展，一般有以下步骤（具体细节上各地及各部会有差异，要以主管招考的相关部门的规定为准）。

（一）发布招考公告（简章）

报考公告（简章）的内容包括：招考单位、职位、专业、人数、资格条件、报名方式、考试科目、内容、报名及考试时间和地点等。

（二）报名

如有网上报名须先在网上填写相关资料，然后将这些资料打印出来，在规定的时间内持相关证件，到指定地点进行资格确认。

如果只是现场报名，考生要到指定的报名点办理报名手续。考生一般应持以下报名材料：应届毕业生持本人身份证、学生证、《应届毕业生就业推荐表》、成绩单、近期正面免冠照；其他人员持本人身份证、户口本、学历证和有关证明材料以及本人近期正面免冠照。

（三）考试

考试包括笔试和面试，笔试一般都统一命制试卷、统一考试时间，并统一组织阅卷评分。对笔试合格的考生，依笔试成绩高低顺序，按招考职位和拟录用人数 1∶3 的比例由人事部门确定面试对象，面试时间会有差异，届时会有通知，并在相关网站公布。

（四）体检和考核

对面试合格的考生，按笔试、面试成绩各占50%的比例合成总成绩，依总成绩高低顺序，按照招考职位拟录用人数等额确定体检、考核人选。体检不合格者，按成绩高低顺序依次补上。

（五）录用

根据考生总成绩高低顺序和体检、考核结果，分类择优拟定录取人选，报省人事部门审批。

（六）试用期

新录用的国家公务员，试用期为1年。试用期满合格的，予以正式任职；不合格的，取消录用资格。

二、报考国家公务员应具备的基本素质

国家公务员素质的高低，直接影响着机关的效率和威信，关系着事业的成败。因此，机关对报考公务员的大学毕业生在素质上有较高的要求。

（一）较高的思想政治素质

有一定的思想政治理论水平，能用马克思主义、毛泽东思想和邓小平理论去分析问题、解决问题。坚决贯彻执行党的基本路线，坚持社会主义方向；坚持理论联系实际、实事求是的思想路线，一切从实际出发，按事物发展的客观规律办事。

（二）良好的职业道德修养

公务员应具备的职业道德修养主要包括以下方面：

（1）全心全意为人民服务。把“人民拥护不拥护，人民高兴不高兴”作为处理公务的准则。

（2）实事求是，秉公执政。公务员应该具备实事求是的优良作风，坚持原则，讲真话，克己奉公，不徇私情；不讲假话、空话、大话，更不能欺上瞒下，弄虚作假，口是心非，投机取巧。

（3）勤政廉洁，禁绝奢华。公务员只有勤勤恳恳地为人民服务的义务，而没有任何利用职务之便占“便宜”的权力。

（4）严以律己，宽以待人。公务员只有严以律己，才能使党和国家的方针政策得到贯彻，才能团结人民取得社会主义事业的胜利。

（三）较强的业务能力

只有熟悉与本职工作相关的业务，才能胜任本岗位的工作。因此，公务员应全面掌握与本职有关的专业知识，以及法律、经济、行政管理等基础知识，具备从事本职工作的基本业务能力。主要包括以下几个方面。

1．调查研究能力

调查研究是公务员的基本功，要不断观察行政运行过程中各种因素的变化；收集、整理、分析各种政务信息，主动寻找问题，针对问题进行调查研究，深入到群众中去听取他们的意见和建议，以作为制订政策、作出决策的重要依据。

2．决策和计划能力

管理的过程就是决策过程。每一个公务员在参与决策时都必须考虑社会影响和社会承受能力，精心地设计方案供领导选择。同时，还要善于将政府的决策变为切实可行的实施计划，变成为人民群众服务的具体行动。

3．综合协调能力

机关是庞大社会工程的组织者，现代社会往往把一件复杂工作的总体分散给无数的人去做，只有每个人完成自己分管的工作，才能使该项工作得以圆满完成。这就要求公务员具有较强的综合协调能力。要学会协调不同部门、不同地区之间的关系，不断解决矛盾，围绕决策要达到的目标，团结各方面力量共同工作。

4．语言文字表达能力

语言文字是相互沟通的媒介，晦涩、冗长的语言使人不得要领，含糊不清的语言会使人误解，语言的误用会造成行政管理的失误。因此，公务员必须熟知和使用规范的语言，力求简洁、准确。

5．公文的撰拟与办理能力

这里的公文指公务文书，是行政管理运行的载体。撰拟与办理公文是每个公务员的基本功。因此，公务员应熟悉和了解公文的种类、体例、格式及办文程序。严格按照有关规则撰写和办理各类公文。

（四）健康的身心素质

健康的身心素质是从事公务活动的前提，也是国家招考公务员的基本素质要求。主要包括健康的体魄、良好的适应能力、合群的性格和多方面的兴趣爱好等。

课堂讨论

讨论一下班级哪些同学适合报考公务员，并说明为什么？

三、报考国家公务员的对象及条件

目前我国招考国家公务员的工作分级进行，国家公务员考试由人事部统一组织实施，地方国家机关招考公务员由各省（自治区、直辖市）人事厅（局）组织实施。虽然报名、考试时间有所不同，但招考条件和考试内容大同小异。

一、招考对象

招考对象为应届和历届毕业的专科生、本科生、研究生（定向培养生除外）。

二、报考条件

（1）具有中华人民共和国国籍；

（2）拥护中华人民共和国宪法；

（3）具有良好的品行；

（4）具有符合职位要求的工作能力；

（5）具有正常履行职责的身体条件；

（6）具有大专以上文化程度；

（7）具有招考职位要求的资格条件。

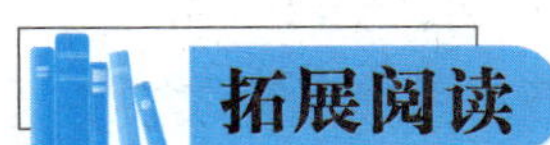

拓展阅读

国家公务员考试与地方公务员考试的区别

1．从概念来说

国家公务员考试是指中央、国家机关以及中央国家行政机关派驻机构、垂直管理系统所属机构录用机关工作人员和国家公务员的考试。地方公务员考试是指地方各级党政机关，为招录机关工作人员和国家公务员而组织进行的各级地方性考试。各项考试单独进行，不存在什么从属关系，考生根据自己要报考的政府机关部门选择要参加的考试，也可同时报考，相互之间不受影响。

2．从考试性质来说

国家公务员考试属于招聘考试，考生填报相应的职位进行考试，通过笔试、面试体检等录用程序，一旦被录取便成为该职位的工作人员。地方公务员考试有资格考试和招聘考试两种，绝大多数地方公务员考试采用的是招聘考试的方式，考生选择职位报名参加考试，考上后就直接录取为该部门的公务员。

3．从招考对象来说

国家公务员考试是面向全国进行招考的，而地方公务员考试主要面向当地的居民和在当地就读的大学生以及本省生源的大学生，一般只有那些技术要求比较强或者学历要求比较高的，属于特殊人才的才会全国范围里面招聘。

各省市对参加考试的应届生的生源要求各不相同，例如，北京公务员考试的招考公告中对外地生源的规定是“北京地区普通高等学校取得留京资格的大学本科以上外地生源应届毕业生”；上海市规定报考者应为“上海高等院校、国务院各部、委、办、局所属高校（含已划转地方的高校）”，或列入“211 工程建设的地方高校的本科以上的优秀毕业生”；广东的要求则比较宽，为“普通高、中等院校当年应届毕业生（非广东生源（户籍）报考者限普通高等院校本科以上毕业生，定向生限在定向地区报考）”。

一般地，政府在招录公务员时对应届毕业生是给予照顾的。近几年，在招考公务员中，对参加了如“西部计划”“特设岗位”“三支一扶”“青南计划”等项目计划并服务期满的同学，还有 5～10 分的加分。

4. 从考试科目来说

国家公务员考试包括笔试（公共科目、专业科目）和面试。近几年这两类职位笔试科目均为《行政职业能力测验》和《申论》，只是在题目设置上略有不同，一般国考的行测是 140 道题目，比地方考试稍微难点，题量也多了 20 道。各个地方的考试科目都是地方自定的，一般都分笔试和面试。笔试科目各有不同，例如，北京考的是《行政职业能力测验》和《公共基础知识》；上海和广东考《行政职业能力测验》和《申论》；浙江省的笔试科目为《综合基础知识》和《行政职业能力测验》，因此，要报考地方公务员考试的同学要注意查阅当地政府公布的招考简章，以便有针对性地进行复习。

5. 从考试时间来说

从 2002 年起，国家公务员招录工作的时间是固定的，报名时间固定在每年 11 月的第一个星期六，考试时间则固定在每年 12 月的第三个星期六。

地方公务员考试时间差异很大，而且每年招考时间会有一些变动，一些省份一年还有春、秋季两次考试。此外，政府还会组织一些选调干部到基层的考试，有些部门还会单独招考。除了省里的考试，各个城市、州地也会有一些零散的考试，大家要注意查询政府部门的相关网站，高校网站也会及时收集信息，发布各地的招考公告。

报考各类公务员考试不受次数限制，只要时间上不冲突，可以参加多次公务员考试，如国家公务员考试、学校所在地的公务员考试、生源地的公务员考试，还有一些对生源没有限制的省份、城市的公务员考试，只要是符合条件的应届毕业生都可以参加。

第二节　考研指导

高等学校和科学研究机构招收攻读硕士学位研究生，是为了培养热爱祖国，拥护中国共产党的领导，拥护社会主义制度，遵纪守法，品德良好，为社会主义建设服务，掌握本学科坚实的基础理论和系统的专业知识，具有创新精神和从事科学研究、教学、管理或独立担负专门技术工作能力的高级专门人才。

一、研究生的种类

（一）按学习方法不同分类

按学习方法的不同，研究生分为脱产研究生和在职研究生。前者指在高等学校和科研机构进行全日制学习的研究生；后者指在学习期间仍在原工作岗位承担一定工作任务的研究生。

（二）按学习经费渠道不同分类

按学习经费渠道的不同，研究生分为国家计划研究生、委托培养研究生（简称委培生）和自费研究生。国家计划研究生的培养经费由国家提供，又分为非定向研究生和定向研究生（简称定向生）。其中非定向研究生毕业时实行双向选择的自由就业制度；定向生则在录取时就必须签订合同，毕业后按合同规定到定向地区或单位工作。委托培养研究生的培养经费由委托单位提供，录取时要签订合同，毕业后到委托单位工作。自费研究生的培养经费由自己提供，有时候也可以从导师科研经费中开支，或获取社会赞助。国家计划非定向研究生，通常就是我们所说的“公费”研究生，目前在硕士研究生招生名额中占据较大份额，但随着连年扩招，自费研究生的份额也在不断扩大。

（三）按照专业和用途的不同分类

按照专业和用途的不同，研究生分为普通研究生和特殊种类研究生。其中普通研究生占绝大部分。目前我国比较成熟的特殊研究生主要有工商管理硕士（MBA）和法律硕士（一般简称“法硕”），近来又出现了行政管理硕士（MPA）。特殊研究生和普通研究生在报考资格、学制要求、学习内容等方面均有很大不同。

（四）按照考试方式的不同分类

按照考试方式的不同，分为以全国统考、单独考试、法律硕士联考、MBA 联考等方式取得资格的研究生。

二、读研究生的途径

对于应届本科毕业生而言，就读研究生可以考虑的路主要是两条：一是保研，二是考研。

（一）保研

保研，即“免试推荐硕士研究生”，一般每年秋季 9 月下旬至 10 月下旬在大四学生中进行筛选，规则制订和操作权由各学校掌握，因此学校不同，保研情况也各有不同。通常有以下几种：

（1）主要基于学习成绩的免试直推。这在保研名额中占据了大部分。一般做法是学校划定基本学习成绩要求，按照一定名额比例下发到各院系，由院系结合其他方面情况，上报名单，学校审批。一般情况下只有班级前几名才可能保研。

（2）特长生免试直推。有些学校为了留住特长人才，往往给予特别优惠，免试推荐就读研究生。常见的有体育类和文艺类特长生，但名额非常少，要求很严，还有许多学校没有此类政策。

（3）校际间免试直推。教育主管部门为了鼓励高校之间学术交流，近几年大力提倡向其他高校免试推荐优秀毕业生。由于各学校保研条件和学生学习状况的差异，有时候在本校难以获得保研资格的学生在其他学校反而可能如愿以偿。因此，如果本校学生成绩很好，排名也比较靠前，但估计本校保研希望不大的，可以试一试跨校保研。需要注意的是，学生应该去寻求有关信息，并主动与对方学校取得联系。

（4）免试推荐、保留入学资格。这类保送生不是马上就去读研，而是保留入学资格一两年，先按照学校安排去有关部门工作，或作为教育部门选派人员去边远地区支教。通过这种途径保送的条件相对要低一些，但也不是人人都能申请，一般只有表现突出的学生干部或活动积极分子才有入选资格。同时，这也不一定是最佳选择，毕竟要耽误一两年的大好青春。

免试推荐并不代表不参加考试，许多学校为了确保推荐质量，还会加试一些科目，如英语、专业课等，而且复试也是必须参加的。

（二）考研

考研是一个艰苦而漫长的过程，一旦下定了决心准备考研，首要的问题就是报考志愿，科学理性地选择学校和专业是考研成功的第一步。在选择报考的学校和专业时，考生应该结合自身的意愿和条件以及将来自己的发展方向来考虑考研志愿。

1．做好心理准备

在决定考研之前问问自己：为什么要考研？经历过本科阶段的学习，在准备考研时我们应该清楚自己真正需要的是什么，又该怎么去做。部分考生对自己的专业很感兴趣，认为应该更加深入地学习研究，用来增长自己的才干；有的需要更换自己的专业，在自己感兴趣或者更有前途的方向求得更好的发展；还有许多考生主要考虑提升学历以便将来能够找到更好的工作。

总之，应当慎重考虑自己所选择的学校和专业是否有利于将来的发展，是否能通过自己的努力来实现目标，是否符合自己的兴趣爱好。

2．选择合适专业

在报考阶段，应该按照社会上的一些评价以及招考人数、录取难度等标准，理性地选择“最适合”的专业。这里，我们将研究生专业分为热门专业、传统专业和特殊专业硕士加以分析。

1）热门专业

热门专业主要指那些切合时代热点，社会需求量大，未来就业前景看好的专业。这些专业因其在社会的需求量大、求职机会多、未来发展也比较光明，为大多数考生所看好。例如，建筑、土木工程、计算机、金融经济类学科、法学学科、新闻类学科等。但是这类热门专业最大特点就是报考人数爆满、竞争激烈，录取比例较低。报考此类专业的学生最好评估一下自己的兴趣和潜力，广泛听取别人的意见，量力而行，选择好自己的专业。

2）传统专业

传统专业主要是指那些社会总体需求量有限的基础学科类专业。这类专业常见的有文史类、哲学类、冶金类、地质类，数、理、化基础学科等。与热门专业相比，这类专业就显得比较冷门。但是由于其多年积累的严谨的治学体系，传统类学科专业对学生的综合素质的培养是其他专业所无法替代的。这类专业在研究生招生培养名额中占有很大的比例，且竞争也不太激烈。

3）特殊专业

特殊专业主要指工商管理硕士（MBA）、法律硕士（JM）和软件工程硕士（MSE）以及公共管理硕士（MPA）等。与倾向于“研究”意义上的硕士研究生相比，专业硕士研究生在培养方面更注重实践与应用，培养的时间也较短（一般为 2 年）。工商管理硕士（MBA）招生考试相对独立，因为培养方向主要在应用方面，因此，特殊专业硕士的专业课水平要求较浅，更多的是考一些主要课程的基础知识。虽然特殊专业硕士招生学校数目少，但一般招生量较大，对于一些跨专业考试的考生来说，报考特殊专业硕士更合适一些，至少可以在专业课上不被“科班出身”的考生拉得太远。

3. 选择合适院校

在选择好专业后，接下来就要确定报考学校。在选择学校时应该考虑到以下因素。

判断一个招生单位的质量通常可以从这几个方面进行判断：在该专业领域的地位；导师的名气、学术成就；该学校（单位）在近年来所取得的学术成果等。在全面了解招生院校真实的信息，权衡利弊后，作出正确的抉择。尤其是那些竞争实力一般的考生，更要借助于信息的收集，选择录取可能性最大的专业和招生单位。适当选择高层次的院校，促使自己加倍努力复习。

具体来讲，首先要统计分析招生院校近 3 年来的录取分数线，一些比较好的学校的总分和单科录取分数线有可能会高于全国统一最低分数线。其次，要统计分析所报考专业近 3 年来的录取平均分。这些数据应该尽量往前多收集几年，可以看出一个趋势，分析一下录取门槛是逐步降低还是逐步抬高，是基本稳定还是剧烈波动。逐步抬高的难度比较大，而波动剧烈的风险比较大。在选择学校和专业时还应考虑尽量避开竞争焦点，把目标定的现实一些，提高自己的录取概率。

总之，在选择学校时一定要把目光放得长远一些，根据社会经济发展和人才需求趋势理性判断专业的就业前景，切忌盲目跟风。其实无论哪个专业，关键是你是否努力取得好成绩，只要有所成就，实现个人目标是水到渠成的事情。

课堂讨论

分析自己是否适合报考研究生并说明原因。如果适合，应如何选择自己所要报考专业及学校？

四、报考条件

符合下列条件的，可以报名参加国家组织的全国统一招生考试。

（1）政治条件。① 中华人民共和国公民。② 拥护中国共产党的领导，愿为社会主义现代化建设服务，品德良好，遵纪守法。

（2）学历条件。考生的学历必须符合下列条件之一：

① 国家承认学历的应届本科毕业生；

② 具有国家承认的大学本科毕业学历的人员；

③ 获得国家承认的高职高专毕业学历后，经两年或两年以上（从高职高专毕业日期算起），达到与大学本科毕业生同等学力，且符合招生单位根据本单位的培养目标对考生提出的具体业务要求的人员；

④ 国家承认学历的本科结业生和成人高校应届本科毕业生（不含自考生和网络教育学生），按本科毕业同等学力身份报考；

⑤ 已获硕士学位或博士学位的人员，可以再次报考硕士生，但只能报考委托培养或自筹经费的硕士；在校研究生报考需征得所在学校同意。

（3）年龄条件。年龄一般不超过 40 周岁，报考委托培养和自筹经费的考生年龄不限。

（4）身体健康状况符合招生单位规定的体检要求。

（5）人事条件。普通高校应届本科毕业生须持有所在学校的推荐信和学生证；在职人员须持有所在单位人事部门的介绍信和工作证；其他人员须持有本人档案所在单位开具的介绍信。如果该单位无人事调配权，则须持上级主管单位人事部门的介绍信。

（6）学历证明。在职人员为大学本科毕业生的，需持毕业证书和学位证书；同等学历者，须持所在单位出具的达到本科毕业程度的证明材料。应届毕业生因尚未拿到学历、学位证书，持学校介绍信即可。

五、报名、考试具体事宜

（一）报名时间

考生正式报名日期一般为每年 9 月至 10 月。现在一律采用网上报名方式，考生自行登录”中国研究生招生信息网”（http://yz.chsi.com.cn）浏览报考须知，按教育部、报考点以及报考招生单位的网上公告要求报名。

（二）考试科目

考研科目分为公共课和专业课，公共课是必考科目，专业课是根据各个学校的专业来定的。公共课包括英语与政治；专业课根据专业要求设置专业考试科目。

（三）考试与录取

入学考试分初试和复试，初试后还要经过复试，才能正式被录取。复试由各招生单位负责，一般安排在 4 月下旬到 5 月上旬左右，各招生单位自行举行。复试合格、体检合格的，在 6、7 月份会收到录取通知书，9 月份正式跨入研究生的行列。

（四）录取中的调剂

由于专业冷热、报考人数多少的原因，每年都会出现某些学校或专业分数线极高，许多成绩过线、甚至高分的考生不能被录取，同时，有些学校或专业则招不满人。这种情况下，一批成绩过线但总分不够高、不能被所报专业录取的考生在条件具备、对方愿意的前提下，可以通过调剂的方式转入本校或其他学校的相关专业。初试成绩符合复试调剂基本分数要求，可以申请调剂。调剂复试的具体要求均以初试结束后教育部发出的录取工作通知的规定为准。届时，考生可通过“中国研究生招生信息网”调剂服务系统填写报考调剂志愿。

拓展阅读

给广大文科本科生的建议

1．专业为纯文科的本科生不要盲目地选择考研

这里的“纯文科”指中文、历史、哲学等相关专业。考研有助于以后更深层次的专业研究，但同时这些专业所学的知识有很大局限性，与社会上需求较多的人才类型不相符，许多研究生毕业向往研究院或新闻出版单位，但需求有限；而到企业当文秘又心有不甘，因此处于尴尬境地，迟迟不能签约。

2．文科生拥有好的文笔是就业的一大优势

从大量招聘单位对文科生的素质要求来看，好的文笔无疑是自己的最大优势。“很多单位都强调要‘能写’的，而且不仅能写公文，还要能写总结、报告等大块文章。”因此，在本科阶段就应该锻炼自己的写作能力。

3．文科生跨专业辅修能增强自己的核心竞争力

人才市场信息显示，越来越多的用人单位青睐文理兼备的复合型人才。文科学生如果辅修或选修过计算机、设计、第二外语等课程，可以更加吸引用人单位的“眼球”。

4．文科生跨专业考理科研究生，毕业更容易就业

文、理科知识都具备的复合型人才是现在最受欢迎的紧俏人才，文科生如能跨专业考理科的研究生，就可以进一步提高自己的能力和素质，就业也就不成问题了。

5．就业选择不要局限于自己的专业

文科学生历来有“万金油”之称，就业范围还是比较宽泛的，只要不将思想局限于所学的专业，多收集信息，拓宽视野，就会有更大的就业空间。

第三节　出国留学指导

一、出国留学的类别及条件

一般来说，出国留学可分为两大类：国家派出和自费留学。国家派出有以下几种情况：一种是由国家有关部委支付经费；二是由世界银行贷款；三是校际交流。还有一种是自筹经费，或由亲友资助，或享受国外奖学金，由个人申请，经有关部门批准后，列入国家计划，出国手续与公费人员一样办理。这就是通常所说的“自费公派”。自费留学是由私人或亲友资助，或享受国外奖学金，出国手续均由个人办理。

（一）公派出国留学人员的条件

1. 政治条件

热爱祖国，热爱社会主义，思想品德优良，在实际工作和学习中表现突出，积极为社会主义现代化建设服务。

2. 业务条件

出国大学生应是高中毕业、成绩优秀的人员。出国研究生应是具有大学毕业及以上水平的成绩优秀的人员，并应根据不同学科的特点，规定出国前参加实际工作的年限。出国进修人员和访问学者应是教学、科研、生产的业务骨干，具有大学毕业及以上水平，并在高等学校、科研单位及工矿企业等部门中从事本专业工作五年以上（特殊优秀者或因工作需要者可适当缩短），或获得硕士学位后，从事本专业工作两年以上，或从事职业技术教育专业工作两年以上的人员。出国进修人员和访问学者的年龄，应根据出国留学的不同种类确定，一般不得超过五十岁。

3. 外语条件

各类出国留学人员都应掌握相应国家的语言文字，能够比较熟练地运用外文阅读专业书刊，有一定的听、说、写能力，经过短期培训即能用外语进行有关学科的学术交流。出国大学生和研究生的外语能力必须达到能听课的水平。

4. 身体条件

各类公派出国留学人员的健康状况，必须符合出国留学的规定标准，经过省、市一级医院检查并得到健康合格证明书（证书有效期为一年）。

（二）公派出国留学人员的选派

（1）公派出国留学人员是指根据国家建设需要，得到国家以及有关部门、地方、单位全部或部分资助，通过各种渠道和方式，有计划派出的留学人员。按国家统一计划，面向全国招生，统一选拔、派出，执行统一经费开支规定的出国留学人员，为国家公派出国留学人员（简称“国家公派”）；按部门、地方、单位计划，面向本地区、本单位招生、选拔、派出，执行部门、地方、单位经费开支规定的出国留学人员（包括个人经本单位同意和支持，通过取得各种奖学金、贷学金、资助等并纳入派出计划的留学人员）为各部门、地方、单位的公派出国留学人员（简称“单位公派”）。

（2）公派出国留学人员分为大学生、研究生、进修人员和访问学者。

（3）出国攻读大学本科、专科和研究生的留学人员在国外的学习年限一般按对方国家的学制，由派出单位确定。出国进修人员和访问学者在国外的期限，根据进修和研究课题的实际需要，一般为三个月至一年，特别情况可为一年半，均由派出单位按派遣计划确定。

（4）派出单位要帮助和指导公派出国留学人员选好在国外学习、进修、实习或从事研究的单位。这些单位应具有较高水平或专业方面特长。

二、公派出国留学人员的申报手续和经费等管理办法

（一）公派出国留学人员的申报手续

公派出国留学的办理程序是：符合公派留学条件者，在接到国外学校的入学许可证件和外汇资助证明后，由本人向所在单位提出申请，经所在单位批准后，按隶属关系，由单位向其上级部委或省、自治区和直辖市申报。上级部门审批同意后，由该部委或省、自治区和直辖市的有关部门负责办理出国手续。

享受对方院校奖学金或资助费的公派出国留学人员，如在出国时尚未拿到资助费现款，可向派出单位申请垫付外汇额度（非贸易外汇三联单），以供购买机票；由亲友提供资助者，其出国旅费，可凭护照和前往国的入境签证，以及国务院有关部委和省、自治区、直辖市主管部门出具的因公派出证明，自备人民币，按规定到中国银行申请兑换外汇。

（二）公派出国留学人员的工资、工龄和有关经费的管理办法

（1）出国进修人员和访问学者，在批准出国留学的期限内，国内工资由原单位照发，

国内计算工龄；国内公派出国攻读博士学位的研究生获得博士学位后，在批准的攻读博士学位期限内，国内计算工龄。公派出国攻读学位的在职人员，在学习期限内的国内工资待遇按国内对同类人员的有关规定办理。

（2）国家公派出国留学人员的出国置装费、出国旅费、在国外学习期间的学习和生活费，研究生和大学生中途回国休假的往返国际旅费等，按国家的统一规定办理。

（3）单位公派出国留学人员的出国置装费、出国旅费、在国外学习期间的学习和生活费，研究生和大学生中途回国休假的往返旅费等，按派出部门、地方、单位参照国家统一规定结合选派单位具体情况制定的有关规定办理。

（4）公派大学生、研究生自费回国休假、探亲，以不影响学习为前提，由驻外使、领馆审批。

（5）学成归国的公派留学人员，一般应回原单位工作，如用非所学，不能发挥本人专业特长，由其所在单位报请各级部委或省、自治区、直辖市的有关部门酌情办理。

（三）因公出国留学人员护照的申领

下列因公出国留学人员，按国家规定，持用因公普通护照：

（1）根据协议、合同被派往国外的留学生、研究生、进修生、访问学者或进行合作研究、讲学、任教的有关人员；

（2）被派往国外实习、接受培训、监造和检验等人员。

上述因公普通护照的颁发机构是我国外交部或授权受理的省、市外事办公室。

三、自费出国留学的有关规定

（一）自费出国留学人员的条件和工龄、待遇

（1）自费出国留学人员是指我国公民提供可靠证明，由其定居外国及香港、澳门、台湾地区亲友资助，或使用本人、亲友在国内的外汇资金，到国外高等学校、科研机构学习或进修的人员。

（2）在高等院校学习的非应届毕业班的学生和归国华侨及其眷属，国外华侨，香港、澳门、台湾同胞和外籍华人在内地的眷属，符合（1）的情况并取得国外入学许可证件和经济担保书的，均可申请自费出国留学。

（3）高等学校应届毕业班的学生，已经列入国家分配计划，应服从分配，为国家服务。

（4）国内在学研究生，一般不得中断学习自费出国留学。

（5）凡全日制高等教育机构公费的各级别毕业生，在读四年级以上（含四年级）学生、研究生及在这段学习期间退学的人员，全日制成人高校的毕业生，都必须按规定完成服务期年限后方可申请自费出国留学。

（6）专业技术骨干人员，包括助理研究员、讲师，工程师、主治医师及以上的人员，

毕业研究生以及优秀文艺骨干、优秀运动员、机关工作业务骨干和具有特殊技艺的人才等，申请自费出国留学，应尽量纳入公派范围，获准后他们在国外留学期间的管理和国内待遇按公派出国留学办法办理。

（7）高等学校在校学生获准自费出国留学的，可保留学籍一年。

（8）获得博士学位回国参加工作的，其在国外攻读博士学位的年限，国内计算工龄，工龄计算办法与公派留学人员相同。

（9）对学成回国工作的自费出国留学人员，凡获得学士以上学位者，其回国国际旅费，由国家或用人单位提供，其国内安家费由用人单位按不同情况给予补助。

（10）自费留学的毕业研究生，大学本科、专科毕业生，要求国家分配工作的，可于毕业前半年与我驻外使、领馆联系，办理有关登记手续，由国家教育委员会负责安排并分配工作；或在回国后向国家教育委员会登记，按同类公派留学人员分配办法及工资待遇的规定办理。

（二）自费出国留学人员护照的申领

自费留学人员属于因私出国，应办理因私普通护照，颁发护照机构是授权受理的各省、自治区、直辖市公安部门。属在校学生的由所在学校签署意见。具体办理手续时，必须备好如下材料：

（1）单位介绍信；

（2）户口薄或集体户口证明，写明本人出生地和出生年月日；

（3）“经济担保”的复印件，并附译文（“经济担保”须经公证后方有效）；

（4）本人近期正面免冠光纸照片五张，并在照片背面用铅笔写上名字；

（5）填写《自费出国留学人员登记表》《本国公民出国申请表》；

（6）用人民币交纳护照费、签证费、手续费、邮费。

为了保证公民的出国申请能够及时得到批准，我国政府规定了公安机关在受理申请后必须在规定的时间内作出批准或者不批准的决定。目前规定的时限是：出国申请的批复一般不超过 30 天，偏僻和交通不便的地方最长也不超过 60 天。

第四节　大学生应征入伍

一、大学生应征入伍的重要意义

从 2009 年起，国防建设进入了新的历史阶段，为优化军队的兵员素质、知识结构，党中央、国务院和中央军委高瞻远瞩，作出了鼓励应届高校毕业生应征入伍的战略部署，揭开了我军现代化建设崭新的篇章。

征兵工作是国防和军队现代化建设的源头工程，是关系国家安全与稳定的一项重要工作，也是党中央、国务院和人民群众赋予各级政府的一项重要职责。随着形势的发展变化，特别是军队现代化建设的发展，每一年的征兵工作都有新的要求。面对复杂多变的国际形势和周边环境，面对传统和非传统安全威胁，我们必须增强国家安全意识，加强军队全面建设。因此，我们一定要充分认识新形下搞好征兵工作的重要性，从国家安全、国防和军队长远建设的高度，认真做好征兵工作，为维护祖国的安全统一和繁荣稳定作出我们应有的贡献。

新世纪新阶段，我军使命任务进一步拓展，中国特色军事变革加速推进，武器装备科技含量和现代化水平大幅提高，迫切需要建设一支高素质的军队。征集大学生应征入伍，是充分依托国民教育资源培养和引进专业技术人员、拓宽士官来源渠道、优化军队结构的实际步骤，是适应我军建设从机械化向信息化转变、缓解部队先进技术装备与人才短缺矛盾、提升部队战斗力水平的有效途径，对于建立强大国防、推进中国特色军事变革和实现军队现代化建设跨越式发展，具有十分重要的意义。

拓展阅读

大学生入伍可算“三笔账”

2009 年 10 月 26 日，教育部举行新闻发布会，向新闻界介绍 2009 年高校应届毕业生应征入伍工作和教育部哲学社会科学研究重大课题攻关项目有关情况。

教育部高校学生司副司长张浩明介绍说，从到部队的发展和退伍以后的就业，国家近期做了周密的设计，这些政策不仅适用于今年的毕业生，今后也将长期适用，还会不断完善。大学毕业生参军入伍应该是很好的选择。对于服役对大学生的影响，张浩明为大家算了三笔账:

第一笔经济帐，服役两年，如果是本科生，按照最高一学年 6 000 元的学费，当兵两年可以拿到最高 24 000 元的学费返还，现在征兵，尤其是城镇，当地政府对入伍的士兵还有一定的经费奖励，如北京非常明确的是凡是入伍的，不管城镇都是一万以上的奖励。我们有的省市，如沈阳、大连高达 4～6 万，也就是一个大学毕业生不仅能够拿回学费，还能拿到当地奖励资金，同时到部队里面去，每个月还有津贴，所以这两年会有一笔很大的经济收入，并不比你两年去工作的收入低。

第二笔是政治账，具有一定规模数量的大学毕业生入伍，将从源头上改变部队兵员结构，提高兵员素质、增强军队战斗力，对加强军队现代化建设、国防现代化建设具有重大而深远的意义。

第三笔是个人的成长账，军队是革命的大熔炉，是大学毕业生发挥聪明才智的大舞台，有利于大学毕业生成长成才，在部队这个大的环境里应该是一个成才的好天地，如果是退伍以后，又有高等教育的文化水平，又有大学军营训练的两年经历，将是地方政权、地方经济发展建设的优质人才。可以想像，大学毕业生在部队锻炼两年回来，就业单位可能更愿意要退伍的大学毕业生而不愿意要刚刚离校的大学毕业生。

二、大学生应征入伍的条件

能够符合入伍的高校毕业生指中央部门和地方所属全日制公办普通高等学校、民办普通高等学校和独立学院的全日制普通本专科生（含高职）和研究生。

（一）应征入伍的政治条件

主要审查应征大学生的年龄、户籍、政治面貌、宗教信仰、现实表现以及家庭主要成员和主要社会关系成员的政治情况等。征集服现役的大学生必须热爱中国共产党，热爱社会主义祖国，热爱人民军队，遵纪守法，品德优良，决心为抵抗侵略、保卫祖国、保卫人民的和平劳动而英勇奋斗。

（二）应征入伍的身体条件

应征人伍的大学生要身心健康、体魄强健。其中，有几项基本条件：

（1）身高。男性 160 cm 以上，女性 160 cm 以上。

（2）体重。男性不超过标准体重的＋20%、－10%；女性不超过标准体重的±15%；标准体重＝（身高－110）kg。个别体格条件较为优秀的应征男青年，体重可放宽至不超过标准体重的 25%，不低于标准体重的 15%。

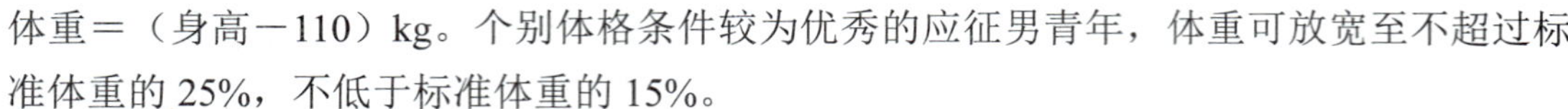

（3）视力。岗位视力标准，大学专科以上文化程度的大学生入伍，右眼裸眼视力放宽至 4.6，左眼裸眼视力放宽至 4.5。

（4）内科。乙型肝炎表面抗原呈阴性。

（5）应征入伍高校毕业生的年龄条件。高职（专科）毕业生当年为 18～23 岁，本科以上学历的可以放宽到当年 24 岁。

（三）应征入伍的预征时间

全国征兵工作在每年冬季进行。对普通高等学校应届高校毕业生实行预征制度，每年

5 至 6 月份，高校所在地兵役机关会同有关部门进入高校，开展预征工作，到毕业生离校为止。普通高等学校应届毕业生，离校前应在就读学校完成兵役登记和预征对象确定工作，持《应届毕业生预征对象登记表》在冬季征兵开始前到入学前户籍所在地县（市、区）征兵办公室报名应征，年底办理正式入伍手续。

拓展阅读

应届大学毕业生女生入伍流程及报名注意事项

高校应届女大学生在毕业网上报名后，需在常住户籍所在地参加实地应征，常住户籍所在地填写错误，将失去应征机会。高校应届毕业生填写生源地所在的县（市、区），高校在校生（含毕业班）填写就读学校所在的县（市、区），同学校所在地相同。高中应届毕业生入读成人高等教育的，按高中应届毕业生身份报名，常住户籍所在地填写生源地所在的县（市、区）。

1. 网上报名阶段

9 月 10 日到 11 月 05 日 18 时，符合征集条件的学生登录学信网进行实名注册，然后进行预征网上报名。

2. 系统审核阶段

11 月 11 日，系统完成对其学籍及高考原始总分数的自动审核，并以报名人员常住户籍所在的省、自治区、直辖市为单位，以其高考分数在全省的相对排名情况，择优选择数倍征集任务数的报名人员作为初选预征对象，系统通过短信通知本人。

3. 打印审核表

11 月 11 日到 13 日，初选预征对象登录报名系统，自行打印《应征女青年网上报名及审核表》，高校应届毕业生同时打印《应届毕业生预征对象登记表》和《应征入伍高校毕业生补偿学费代偿国家助学贷款申请表》。

4. 初审初检阶段

11 月 13 日以后，初选预征对象根据当地兵役机关的通知要求，持《应征女青年网上报名及审核表》参加实地初审初检等，经审查合格的优秀初选预征对象确定为送检对象。

5. 体检政审阶段

11 月底前，送检对象根据当地兵役机关通知要求，参加体检政审和综合素质考评。参加政审时，高校应届毕业生需向县级兵役机关提交《应届毕业生预征对象登记表》和《应征入伍高校毕业生补偿学费代偿国家助学贷款申请表》。

6. 批准入伍阶段

经批准服现役的女青年，12 月底前办理入伍手续。

7. 补偿代偿阶段

次年2月后，符合条件的入伍高校应届毕业生，学校将补偿学费和代偿国家助学贷款款项汇至指定银行账户或贷款银行。

三、应征入伍的优惠政策

为了鼓励高校毕业生应征入伍，国家对高校毕业生入伍服义务兵役的政策进行了完善，入伍大学生可享受以下五方面的优惠政策：

（1）优先征集。应届高校毕业生入伍时，享受优先报名应征，优先体检政审，优先审批定兵，优先安排使用。

（2）学费补偿。由政府补偿学费或代偿国家助学贷款，最高可达2.4万元；其家庭按规定享受军属待遇。

（3）选用培养。高校毕业生士兵可优先选取士官；符合条件的本科以上毕业生可选拔为军官；在报考军校方面，专科毕业生士兵可参加全军统一组织的本科层次招生考试，进入有关军队院校学习；高校毕业生士兵参加优秀士兵保送入学对象选拔，年龄放宽1岁，同等条件下优先。

（4）考试升学。高校毕业生士兵退役后，参加政法干警招录培养体制改革试点考试的，教育考试笔试成绩总分加10分；三年内参加硕士研究生考试初试总分加10分，立二等功及以上的，免试推荐入读硕士研究生；高职（专科）毕业生免试入读成人本科或经一定考核入读普通本科。

（5）就业服务。报考公务员、应聘事业单位职位的，在军队服现役经历视为基层工作经历，同等条件下应当优先录用或者聘用；按照国家规定发给退役金，由安置地的县级以上地方人民政府接收；退役后一年内可视同高校应届毕业生办理就业报到手续，户档随迁。

四、大学生应征入伍的基本程序

（1）报名。每年5～6月，学生向所在学校武装部门或学生管理部门报名。

（2）体检及政审。每年5～6月，按照当地征兵办公室的统一安排，参加身体初检、政治初审。

（3）填写《应届毕业生预征对象登记表》。每年6月15日前，被确定为预征对象后，填写《应届毕业生预征对象登记表》（以下简称《登记表》）和《应征入伍高校毕业生补偿学费代偿国家助学贷款申请表》（以下简称《申请表》）。在校期间获得国家助学贷款的毕业生，提供与国家助学贷款经办银行签订的毕业后还款计划书复印件，一并交到学校。

（4）高校确认。每年6月30日前，《登记表》和《申请表》经学校确认并加盖公章后，由预征对象本人保存。

（5）呈递登记表。每年 10 月 31 日前，预征对象到入学前户籍所在地报名应征，并将《登记表》和《申请表》交县（市、区）人民政府征兵办公室。

（6）批准入伍。12 月 31 日前，预征对象经户籍所在地县（市、区）人民政府征兵办公室批准入伍后，收到《应征入伍通知书》。

（7）学费返还和贷款代偿。次年 2 月，学校将入伍毕业生补偿学费和代偿国家助学贷款款项汇至指定银行账户或贷款银行。

第五节　毕业生就业的程序

一、就业管理部门的工作流程

大学毕业生的就业管理机构，大致由三部分组成：教育部主管全国大学毕业生就业；各省、自治区、直辖市和中央各部委的有关部门分管本地区、本部门的大学毕业生就业工作；各高等学校和各用人单位负责本校毕业生就业的具体事宜和接收安置毕业生事宜。

（一）政府就业管理部门的工作流程

政府就业管理部门的工作流程大致分为以下五步。

（1）人力资源和社会保障部会同教育部等部门对年度国民经济发展和国家重点建设工程情况开展调查研究，制订相应的政策，从而确定年度的就业工作意见。各省、自治区、直辖市、中央各部委按照文件精神制订出本地区、本部门所属高校毕业生就业工作的具体意见。这项工作，一般在毕业前的半年内进行完毕。

（2）教育部在每年的 10 月份左右向各地区、部门提供下一年度的毕业生资源情况，包括毕业生所在学校、所学专业以及毕业生的来源地区等。教育部还负责向社会及时通报毕业生资源情况和需求情况，并适时组织毕业生供需信息交流工作。

（3）各地区、各部门和各高校的就业管理机构在每年的 11 月至下一年的 5 月，采取多种形式召开由学校和用人单位参加的“供需见面、双向选择”洽谈会和并利用网络等方式为毕业生求职择业创造条件，提供服务。

（4）各高等学校在完成全部教学计划以后，按照国家统一要求，一般从 7 月 1 日开始，根据就业方案为毕业生发放《全国普通高等学校本专科毕业生就业报到证》或《全国毕业研究生就业报到证》，并办理离校手续。

（5）毕业生报到工作结束后，各级就业管理机构对当年毕业生就业情况认真地进行总结。教育部门将全国毕业生就业数据转交给人力资源和社会保障部门，由人力资源和社会保障部门继续对离校暂时未就业毕业生提供培训等服务。

（二）各高等学校就业管理部门的工作流程

学校就业管理部门的工作流程大致如下。

（1）生源统计。每新学年开学初（8～9 月），由学校就业中心从学信网下载第二年预计毕业学生的基础信息，由各院系按实际情况进行核对，并补充学生的联系方式等信息，以确保预计毕业学生各项信息准确无误。

（2）制订专业介绍。每新学年开学初（8～9 月），由各高校印制就业宣传册，全面介绍毕业生所学专业、培养目标、专业内容、课程设置、毕业生适应的工作领域、专业前景等情况。

（3）毕业生资格审查。毕业生资格审查的目的是确认和核实每一位毕业生的入学资格，通过审查合格后才能取得毕业资格。毕业生资格审查的主要内容是毕业生姓名、专业、学制、培养方式、生源地等，所审查的内容以学信网和省级招生部门的招生底册上内容为准。如有不一致之处，须出具相关手续。如改名手续，需出具市区级公安部门的改名手续；生源地变迁，需出具户籍变动手续（由现住址所在地的派出所出具户口迁移证明信），降级、休学、转系、转专业等，须出具学籍变动手续（由学生处、教务处共同签字盖章的手续）。

（4）发放就业协议书。就业协议书是明确毕业生、用人单位和学校在毕业生就业工作中的管理和义务的书面表现形式。一般由国家教育部或各省、市、自治区就业主管部门统一印制，一式四份，将由学校就业办统一编号后发放，协议书必须填写清晰，单位名称必须与单位公章一致，不要简写、误写或写别名，复印、自制协议书无效，姓名栏涂改无效，就业协议在毕业生签字、用人单位盖章后经学院就业办盖章后即可生效，并此纳入就业方案。就业协议书是最后派遣的唯一依据，所以要仔细阅读上面的条款及说明，并核对自己的名字、专业是否有误，同时更要妥善保管。

（5）走访。向用人单位介绍毕业生情况，了解各地区就业政策，收集需求信息。

（6）向用人单位发邀请函，收集需求信息，邀请用人单位参加学校毕业生就业供需见面会。

（7）组织校园招聘会、举办毕业生的供需见面会。

（8）针对下一年级学生上就业讲座，进行全方位的就业指导。

（9）收集已签好的就业协议书。协议书一式四份，用人单位填好盖章后再由学校就业办盖章并生效，四份协议书：学校一份（作为就业方案依据）、单位一份、省教育厅一份（派遣依据）和学生本人一份。

（10）学校形成就业方案后上报教育厅。

（11）派遣、离校。① 发放《就业报到证》。《就业报到证》全称是《全国普通高等学校本专科毕业生就业报到证》和《全国毕业研究生就业报到证》，以下简称《就业报到证》，一式两联，分别是《就业报到证》和《就业通知书》（一般装入学生档案中）。《就业报到证》是由教育部统一印制、省级高校毕业生就业主管部门签发，列入国家就业方案的

注意事项

一、本证由中华人民共和国教育部及省、自治区、直辖市高校毕业生调配部门签发，毕业生凭本证到工作单位报到，其他证件无效。

二、毕业生应妥善保管本证，如有遗失，应立即向发证部门申请补发新证。

三、毕业生报到后，持本证及接收单位有关证明到当地公安部门报户口，本证交工作单位留存。

四、本证涂改无效。

全国普通高等学校本专科毕业生就业

报 到 证

中华人民共和国教育部印制

MMVIII 3732480

毕业生才能有的有效证件，报到证是就业管理部门派遣毕业生的惟一依据。根据用人单位返回的协议书，校就业办统一打印《就业报到证》。经省毕办审核批准验印后由校就业办发放到各学院，再发给毕业生本人。主要作用有：接收单位报到的凭证；证明持证的毕业生是纳入国家统一招生计划的学生；凭报到证及其他有关材料办理户口和人事档案等手续；人才服务机构存档的证明。② 户籍关系、档案的转寄。户籍关系由学校户籍管理部门根据就业方案统一办理转迁证明，并发放给毕业生本人。学生离校后持《就业报到证》、户籍关系到单位报到后，持《户口迁移证》《就业报到证》及工作单位证明到辖区公安部门办理户籍迁移手续。档案在毕业生离校后由学校统一寄（送）到用人单位或当地人力资源和社会保障局。

（12）办理改派手续。学生在毕业后一年内可办理改派手续。其程序为：原单位出具退函；新单位出具接收函、原来的《就业报到证》及《就业通知书》到学校就业中心办理改派手续，最后到省教育厅学生工作管理办公室打印新的《就业报到证》，逾期不再办理。

二、派遣与报到

（一）报到所需材料

需要准备《就业报到证》、毕业证、学位证、身份证、党（团）关系、照片。《就业报到证》是毕业生到单位报到的重要凭证，千万不要丢失，一定要妥善保管。一旦丢失《就业报到证》，将无法办理报到手续。

（二）按规定时间报到

毕业生要按《就业报到证》上规定的时间到用人单位或人才交流服务中心报到。

（三）报到受阻，要冷静，弄清原因

如果是由个人言行引起单位不满，应主动承认错误，以求谅解；如果是单位出现问题，应与单位上级主管部门取得联系，解决问题，不要轻易返回学校，必要时可与学校联系。

从学生持《就业报到证》到工作单位报到的那一刻起，就正式走入社会了。

三、人事档案代理

毕业生人事档案代理，是我国在社会主义市场经济体制下的新型管理方式。随着毕业生

人事档案制度改革，建立与社会主义市场的经济体制相配套的人事管理制度，为用人单位和高校毕业生提供了社会化管理和服务体系，完善了高校毕业生人事档案代理，维护了高校毕业生人事档案的完整性和严肃性，规范了高校毕业生人事档案管理工作。

高校毕业生人事档案目前分为两种形式代理：一种是学校毕业生人事档案暂时代理，另一种委托政府人事行政部门所属的人才交流服务机构和省、州（地、市）政府人事行政部门授权的人才中介服务机构。未经授权的单位不得擅自管理高校毕业生人事档案；严禁个人保管本人或他人的人事档案。高校毕业生可根据自己实际情况自愿选择人才交流服务机构管理人事档案。

（一）高校毕业生人事档案代理

高校毕业生人事档案代理是指大学生在毕业离校前，暂未联系到就业单位，或自谋职业、自主创业、需改派报到证的毕业生档案暂时代理，允许留学校一至两年，期间学校负责人事档案的保管。委托代理期满后未落实就业单位的毕业生由学校通知毕业生将其人事档案转至毕业生生源所在地县级以上政府人事部门所属人才交流服务机构委托代理。学校转递学生档案必须完整齐全、严密包封，确保人事档案的安全。要求手续齐全，需单位盖章或本人签字后方能转交。

（二）政府人事部门人才交流服务机构人事档案代理

按照国家有关政策、法规，人社部门人才交流服务机构受理高校毕业生人事档案代理，应与委托人或委托单位签订档案管理合同书，明确保管期限、人事代理双方权利、义务、责任等内容。

政府人事部门主管人事代理工作，所属人才交流服务机构，根据国家人事部有关规定，结合本地区实际情况制订人事档案代理暂行办法，全方位为委托代理人服务。

（1）负责对委托代理人员的人事关系，人事档案的接转和管理，包括各种材料的收集，整理及按规定出具以档案为依据的各类证明材料、身份确认、工龄计算、档案工资调整等。

（2）代理委托人（包括私营企业单位）专业技术职称资格的确定、考试、评审、晋升的申报及其出国（出境）的政审，集体落户手续及毕业转正、定级手续。

（3）被代理人（被代理单位）每年向代理单位报送有关资料，并将代理人在政治思想、工作表现等方面的年度考核材料送人事代理机构归档。见习期满的毕业生委托单位要及时进行考核，对符合转正定级条件者，按要求提供有关材料，由人事代理服务机构办理转正手续。

（4）人事代理机构对委托代理人合同期限已满六个月后，无任何单位或个人续办代理手续的被代理人的人事档案关系，视为单纯存档代理（终止工龄计算，只保留工作身份等人事代理事项）。人事代理实行有偿服务，按国家有关收费项目和标准执行。

青海省高校毕业生就业国家计划项目情况一览表和青海省高校毕业生就业地方计划项目情况一览表如表 10-1 和表 10-2 所示。

表 10-1 青海省高校毕业生就业国家计划项目情况一览表

内容＼名称	“三支一扶”计划	特设岗位计划	“西部计划”
全称	高校毕业生到农村工作基层从事支教、支农、支医和扶贫工作	青海省农牧区义务教育阶段学校教师特设岗位计划	大学生志愿服务计划
实施时间	2006 年开始实施	2006 年开始实施	2003 年开始实施
计划人数	青海省每年约 400 人（详见当年的计划）	近年来每年青海省约 200 多人（详见当年的计划）	青海省每年约 200 多人（详见当年的计划）
报名条件	应届生 学习成绩合格 身体健康 政治条件合格	应届师范、非师范本科，应届师范专科 30 岁以下有教师资格证的往届普通本科生 参加过支教、西部计划的师范生优先 黄南、果洛、玉树三州的生源报考当地中小学特岗教师的，在笔试成绩中加 5 分，同等情况下优先聘用。	普通高等学校应届毕业生
服务计划时间	服务 2～3 年，服务期满自主择业	服务期 3 年，期满自主择业	服务 1～2 年，服务期满后鼓励扎根西部，自主择业和流动就业
招录时间及程序	5 月底至 6 月 20 日，报名并进行资格审查 6 月底前，体检 7 月 5 前，确定人员并进行 3～5 天的上岗前培训	5 月公告 6 月报名 6 月资格审查 6 月考试考核 7 月面试 8 月集中培训 8 月资格认定 8 月签订合同 9 月上岗任教	具体见当年的公告
待遇	生活费补贴标准为 1 650 元/月/人，一年 9 000 元。一次性体检费 100 元/人，交通补贴费 150 元/年/人，管理费 200 元/年/人，人身意外伤害保险和住院医疗保险费	特设岗位教师在服务期间，执行国家统一的工资制度和标准；解决特设岗位教师的地方性补贴、必要的交通补助、体检费，享受相应的社会保障待遇	1．服务期间享受一定的生活补贴（含交通补贴和人身意外伤害、住院医疗保险）。 2．服务期满 1 年计算工龄。

续表

内容＼名称	“三支一扶”计划	特设岗位计划	“西部计划”
政策支持	1．“三支一扶”大学生服务期满考核合格，可报考公务员岗位 15%的针对基层项目服务期满毕业生或事业单位招聘考试笔试加 5 分。 2．3 年内报考省内院校硕士研究生的，经教育部门认定后，在初试总分中加 10 分。	特设岗位教师服务期满可留在当地，在编制内正式聘用并纳入机构编制实名制管理范围，享受当地教师同等待遇。	1．服务期间，可兼职或专职担任所在镇团委副书记、学校及其他服务单位的管理职务。 2．服务期满报考研究生给予加分，优先录取。专科生报考我省本科给予加分。报考党政机关公务员适当加分，优先录用

表 10-2　青海省高校毕业生就业地方计划项目情况一览表

内容＼名称	大学生村官计划	青南计划	优大生（选调生）
全称	青海省选派高校毕业生到农村任职服务的实施意见	青海省大学生志愿服务青南计划	选调应届优秀大学生到基层锻炼
实施时间	2006 年开始连续 5 年实施	2006 年开始实施	1983 年开始
计划人数及服务目标	见当年的计划公告	每年拟派遣省内志愿者 400 名，服务地重点为青南三州（黄南、果洛、玉树）和海北、海南部分贫困县镇。	见当年的计划公告
报名条件	青海省普通高校应往届毕业生和本省生源在外省普通高校毕业回青的大学生	省内普通高校应届毕业生和部分往届毕业生	政治合格，须是党员； 学生干部；学业合格持双证（毕业证、学位证），能力突出，愿扎根基层服务一线。
服务计划时间	服务期 3 年，期满后自主择业	服务期为 2 年，期满后自主择业或通过双向选择鼓励其扎根基层	
招录时间及程序	1．5 月下达计划 2．6 月各州地租织部 3．通过考试考核的方式组织开展招募工作 4．体检 5．培训上岗 6．9 月底报到上岗	1．5 月发布招募信息 2．6 月应届毕业生网上日报名并在高校团委领取登记表 3．高校审核 4．7 月省项目办审核公布名单、组织体检 5．7 月签订合同 6．培训上岗	5 月省委组织部下达计划和报名、学校组织报名推荐、资格审查； 6 月笔试、体检、面试

续表

内容＼名称	大学生村官计划	青南计划	优大生（选调生）
待遇	生活费补贴第一年每人每月 600 元，逐年递增，每月增加 70 元，一次体检费每人 100 元，交通补贴每人每年 150 元，管理费每人每年 200 元，办理人身意外伤害和住院医疗保险	生活补助每月 600 元/人，体检费 100 元，人身意外伤害保险和住院医疗保险 255 元/人/年，交通费 150 元/人/年，管理费 200/元/年	国家公务员待遇
政策支持	1. “三支一扶”大学生服务期满考核合格，可报考公务员岗位 15%的针对基层项目服务期满毕业生或事业单位招聘考试笔试加 5 分。 2. 3 年内报考省内院校硕士研究生的，经教育部门认定后，在初试总分中加 10 分。	报考研究生的总分加 10 分；可以应届毕业生身份报考国家机关公务员；报考青南地区公务员的，笔试总分加 10 分。	

思考与练习

1. 报考公务员应该具备的素质有哪些？
2. 公派出国留学人员须具备哪些条件？
3. 考研时如何选择报考的专业和学校？
4. 高校毕业生应征入伍的优惠政策有哪些？
5. 报到受阻时应如何处理？

参考文献

[1] 赵慧娟. 大学生职业生涯规划究 [M]. 北京：北京大学出版社，2014.

[2] 王艳梅. 大学生职业生涯规划与就业指导教程 [M]. 北京：高等教育出版社，2011.

[3] 张金明，陈楠，张迎娟，等. 大学生就业创业指导与职业生涯规划 [M]. 北京：北京航空航天大学出版社，2014.

[4] 高亚军. 大学生职业生涯规划 [M]. 北京：北京理工大学出版社，2015.

[5] 曲忠生，韩晓黎. 大学生职业生涯规划与职业能力拓展 [M]. 四川：西南交通大学出版社，2014.

[6] 王丽，朱宝忠. 大学生职业生涯规划训练手册 [M]. 北京：北京理工大学出版社，2014.

[7] 张振刚，雷育胜，等. 大学生学习与职业生涯规划 [M]. 北京：清华大学出版社，2014.